▶ 中国服务经济丛书

社会服务业：战略与选择

Social Service Industry

STRATEGY AND CHOICE

孙长学 著

山西出版传媒集团 山西经济出版社

序 言

当今世界，服务业已成为经济社会发展的战略引擎，成为世界经济增长的重点所在。服务业的兴旺发达，是现代经济的重要特征，也是国家竞争优势的重要解释变量。各国工业化、信息化、城镇化、市场化、国际化的深入发展，以及产业结构(供给结构)、需求结构、要素投入结构和产业组织结构的调整升级，正在与服务业发展之间形成广泛深入的互动效应。与此同时，我国发展中不平衡、不协调、不可持续的问题仍然比较突出，加快转变发展方式的要求日趋强烈，迫切要求加快发展服务业，加快形成三次产业在更高水平上协同发展的格局。《国民经济和社会发展第十二个五年规划》提出要以科学发展为主题，以加快转变经济发展方式为主线，坚持把经济结构战略性调整作为加快转变经济发展方式的主攻方向，把推动服务业大发展作为产业结构优化升级的战略重点。推动服务业大发展，有利于顺应我国发展的新的阶段性特征，推动经济社会结构加快转型，是推进经济发展方式转变的重要突破口。

"十二五"时期，是我国经济社会发展的重要战略机遇期，也是推动我国服务业大发展的良机。在此期间，我国全面建设小康社会正处于关键时期，深化改革开放、加快转变经济发展方式正处于攻坚时期。错过"十二五"，就会错过推动服务业大发展的契机!

在"十二五"期间，加快发展服务业，有一系列有利条件，也面临着严峻制约和挑战。特别是，我国经济社会发展面临若干重大阶段性乃至"拐点性"变化，为加快发展服务业提供了特殊机遇和新的要求。一是从2011年开始，我国城市人口将超过农村人口。这意味着城市发展和城市化对服务业发展的拉动作用将明显增强，城市生产方式和生活方式对发展方式转变的带动效应将显著增强。二是我国在总体上处于从中等收入国家向中等发达国家迈进的阶段，需要时刻警惕"中等收入陷阱"。这就要求我国通过发展服务业，在鼓励创新创业和扩大就业，在解决民生问题、缓解社会矛盾、增进社会和谐方面有更大作为。三是到"十二五"末，服务业很可能同时成为三次产业中占国内生产总值比重最高、吸纳就业人数最多的产业。因此，在产业结构优化升级和现代产业体系建设中，更需要把促进服务业大发展放在突出地位，在更广领域、更深层次上推进服务业与三次产业融合发展、协同发展和互动发展。四是我国人口老龄化进一步深化，由此将会深刻影响服务业的人才和劳动力供给，并深刻影响服务业需求（结构）和重点产业选择。到“十二五”末，我国 65 岁及以上老人占总人口的比重很可能超过 10%，60 岁及以上人口很可能超过 2 亿人。

在此背景下，加强对服务业发展的理论和政策研究至关重要。这也是许多发达国家加快服务业发展的重要经验之一。为了从理论与实践的结合上，更好地促进我国服务业发展的理论和政策研究，山西经济出版社邀请我担任主编，推出这套山西省重点图书——“中国服务经济丛书”。本套丛书冠名“中国服务经济丛书”，主要有两个原因。一是服务经济是以服务业为主导的经济形态，代表着以现代服务业为主导的发展方式；在发展服务经济的过程中，必须以发展服务业和促进服务业与三次产业融合发展为重点。这些恰好是本套丛书关注的重点。二是无论当前是按照服务业增加值占国内生产总值的比重，还是按服务业就业占全社会就业的比重，我国都还没有进入服务业占主导地位的服务经济时代。但是，我国已有部分地区、部分行业在发展服务经济方面走在全国前列，发展服务经济同样不可错过战略机遇期。2010 年，在我国 36 个省会城市和计划单列市中，已有 16 个城市服务业占国内生产总值的比重超过 50%。

本丛书的作者主要来自国家发改委宏观经济研究院。基于作者们的研究专长和工作特点，考虑当前国内服务业或服务经济图书市场的状况，本套丛书将力求突出 3 个特点：其一，突出宏观性或战略性。本套丛书大多针对中国服务业发展的宏观性、战略性问题，尽可能进行深入分析。虽有个别书的内容偏重于微观分析，但它关注的内容也是中国服务业发展中较为重要的战略性问题，或较具成长性的领域。其二，突出前瞻性和前沿性。邀请一批主要从事服务业或服务经济理论，特别是政策研究的学者，就中国服务业和服务经济发展的前沿问题进行前瞻性分析，避免空谈，力戒无病呻吟。其三，突出现实指导性和可读性。本套丛书力求有别于主要介绍国际经验或服务业发展一般理论的图书，坚持理论联系实际的原则，针对中国服务业或服务经济发展的现实问题进行探讨，并提出建设性意见。本套丛书还力求增强文字的可读性。当然，本套丛书实际上能否体现以上 3 个特点，最权威的评判是读者，而不是我们作者自己。

本套丛书的出版，首先应该感谢山西经济出版社的慷慨支持，尤其是总编辑赵建廷编审和第一编辑室主任李慧平副编审，他们对出版本套丛书的热情支持让我们感动，他们良好的敬业精神和优秀的专业素质，为提高本书编辑质量提供了保证。赵建廷先生和李慧平女士是我多年的老朋友，我多次受益于他们的支持，这次我又荣幸地获邀担任本套丛书的主编，借此机会感谢他们和山西经济出版社对我的信任，是必须的！本套丛书出版，还要感谢各位作者所在单位，尤其是国家发改委宏观经济研究院及其产业经济与技术经济研究所、经济体制与管理研究所提供了良好的科研环境。

实施“十二五”规划，等于吹响了服务业火热发展的号角。近年来，我国服务业发展的实践如火如荼，对加强服务业和服务经济研究的需求日趋旺盛。但是，坦率地说，我国服务业、服务经济发展的理论和政策研究，同推动服务业大发展的需求仍有很大差距。但愿本套丛书在加强服务业、服务经济理论和政策研究方面能够真正的有所贡献！但愿本套丛书能让广大读者，真正的有所启发，则幸甚！

2011 年 12 月 17 日

于北京西城区国宏大厦

前 言

我国正在进入服务消费和服务经济时代，服务消费是提高生活质量的重要表现。随着我国人均 GDP 整体迈入 4000 美元以上阶段、部分城市人均 GDP 超过 1 万美元，城乡居民的消费结构和热点都将发生一些重要变化，社会服务消费正在成为居民消费升级的一个重点领域和新的经济增长点。社会服务业主要指面向市场需求的教育及培训、医疗保健、文化娱乐、体育健身、养老服务、家政服务、旅游等社会事业领域的服务，也可以认为是能够通过市场化方式发展的社会事业。尽管我国在建立社会主义市场经济体制过程中，一些面向群众基本需求的公共服务出现了所谓过度市场化倾向，但我们应客观清醒地判断，我们已经实现了经济体制的根本性“转轨”，任何社会事业提供的服务内容和方式都必须与社会主义市场经济体制大环境相适应，社会领域的服务和消费才有持续的生命力。同时，居民的消费需求都是分层次的，我们已经走过了商品短缺的时代，服务短缺的时代也正在成为过去，必然由服务短缺转入服务质量及品质为主导的时代。最明显的变化就是，居民的社会服务需求矛盾正从“上学难、看病难”向“上好学难、看好医难”转变，优质的社会服务需求正越来越旺盛。从发展社会事业的顶层设计视角来看，国家一方面应促进政府基本公共职能归位，切实保障群众公平获得免费或廉价的基本公共服务，另一方面应让市场去提供多元化、多层次、优质化的非基本公共服务，这就是具有产业属性的社会服务（或社会事业）。

我国已经进入加快社会服务业发展的黄金时期，社会服务产业发展对经济增长的促进作用正在明显增强。2010 年，教育、文化娱乐、医疗保健、家政服务等社会服务业在拉动城镇居民最终消费中的贡献率已超过 20%，仅次于食品（35.67%），高于交通和通讯（14.70%）、衣着（10.72%）、居住（9.89%）、家庭设备用品（6.70%）等方面，对拉动农村居民生活消费的贡献率也达到了 15.77%。而同期的经济合作与发展组织（OECD）成员国家，教育、医疗保健、休闲文化以及与旅游相关的产业拉动居民消费的贡献率平均在 25%左右，美国、西班牙则超过 30%。据有关机构测算，在我国面向消费型社会整体过渡的条件下，未来社会服务产业占居民消费支出的比重大约有6%~10%[①]的提升空间。

我国社会服务业的发展在应对国际金融危机以来有了长足进步，关于社会服务业的认识和发展思路也逐步清晰。受国际金融危机的影响，用于生产领域的资金规模大幅度压缩，城乡居民对教育、文化娱乐、旅游等消费服务的需求则大幅度攀升。政府在应对金融危机的政策中加大了社会服务领域的投资和基础设施建设，以保障和改善民生对拉动经济增长和转变经济发展方式的作用逐步显现，开始形成了“社会经济”发展的内生动力。应对国际金融危机以来，将保增长与惠民生有机结合起来的成功实践，是我国取得的一条重大经验。此后，在“十二五”发展思路里，把增加投资与改善民生、刺激消费结合了起来，民生投资和民生消费将有力支撑内需的扩大。目前，我国一些城市也纷纷把社会服务产业作为“十二五”的重点加以支持和发展。优质教育、优质医疗、高端养老服务、文化产业等成为吸引投资和宜居城市建设的名片。

本书研究的社会服务业，基本框架分为四部分，采取导论和三个编章的布局。导论主要介绍了社会服务业的基本内涵、发展背景，以及发展社会服务业的重大意义。第一编是关于发展动态和潜力展望，一是从教育、医疗、养老、文化、体育、旅游和家政等不同行业分析了各自领域的现状和问题，二是分析我国社会服务业发展战略机遇，三是分析不同行业领域的发展潜力，四是分析当前制约社会服务业发展的需求、供给和体制等因素。第二编是社会服务业发展的国内外经验与创新案例，主要介绍了美国的医疗和文化产业、我国香港地区的保障房管理与服务、日本的健康产业、印度的医疗旅游产业、菲律宾的家政服务业、英国的社区养老服务，以及成都、潍坊、深圳、上海等地的案例。第三编是战略思路与政策体制，重点阐述了社会服务业发展的战略思路、推进社会服务业发展的改革创新、社会服务业发展的战略重点，以及社会服务业发展的政策体系。

当前，我国社会服务消费需求日益增长，社会服务产业发展方兴未艾，为我国服务业及服务经济的发展注入新的活力，也对内需型经济的形成和转变经济发展方式产生了积极的影响。但是，我国社会服务业发展的理念和环境还没有根本改善，制约服务消费的一些体制性障碍还亟待破除。在理念思路上，社会服务业怎么与市

---

①胡祖才、薛元、刘宇南：《把社会性服务产业培育成为新的经济增长点》，载《宏观经济研究》，2009(9)。

场经济有机融合还需要不断探索，目前由于群众必需的基本公共服务和适宜市场化发展的非基本公共服务还没有形成清晰的定位，政府将过多投入和资源沉淀在优质公立机构，而有限的优质资源难以满足大多数普通群众对追求较高品质的社会服务需求，公众对公立机构的期望出现了偏差甚至不满，社会对市场机制的认识产生了一些分歧。其实，这是市场机制与社会体制怎么结合的一个发展过程，在政府的公共服务职能和供给方式慢慢定位恰当之后，市场机制的应有作用就会显现出来，适宜市场化的社会服务产业就能显示出巨大的生机与活力。理念和体制机制上的不顺并不能阻碍居民对社会服务的巨大需求，在一、二线城市，市场化的高端养老服务机构一房难求的局面正是潜在需求的真实反映。同时，由于国内高水平合作办学、高水平合作办医还处于起步阶段，国内优质高端教育发展与实际需求脱节，正常渠道难以进入机会有限的优质公立学校，国内大量的中产及以上新兴或富裕阶层，无论是知识精英致富、资产增值致富、企业经营致富、灰色收入致富，还是体制转轨时期完成原始积累致富的群体，纷纷将子女送到境外就学，由此转移出去的消费每年数以百亿元增长。2010年全国高考弃考考生就达100万，其中有21%是因留学弃考。过去出国留学主要是研究生，现在高中、预科、本科等“小留学生”数量迅速增长，美国、英国、澳大利亚等国纷纷将吸引中国留学生列为增加国际教育消费的重点，美国为此还将对中国留学签证额度翻番。此外，居民收入水平提高以后，旅游消费就逐渐成为常态消费，加之我国人口众多，国内和出境旅游都呈现爆发式增长态势。

当前，我国加快了社会服务领域的改革，不仅多次出台加快服务业发展的政策意见，中央还先后在医疗、教育、文化等重点领域出台深化医药卫生体制改革、国家中长期教育改革和发展规划纲要、深化文化体制改革推动社会主义文化大发展大繁荣等重大举措，社会服务领域的改革必将成为新时期改革开放的一个亮点。我们始终坚信，在一个拥有13亿多人口的大国，只要抓住和顺应公众不断增长的社会服务需求，社会服务业市场一定会呈现前所未有的发展前景。

我国社会服务业的发展正处于起步加快阶段，发展中的问题还有很多值得研究和探索，但现在的研究积累还不够系统和成熟，希望有更多热心社会事业和社会服务产业发展的有识之士积极关注这一领域，共同致力于推动我国社会服务产业的发展。由于近年来社会服务业的发展非常迅速，社会服务业发展的理论和实践动态新进展未能及时反映在研究中，同时鉴于作者研究水平的局限和时间仓促，书中还有诸多不足甚至错误之处，恳请读者批评指正。

目 录

第二编 国内外经验及创新案例

第三编 战略思路与政策体制

导论　社会服务业的发展内涵及战略意义

着力保障和改善民生，是“十二五”规划建议提出的经济社会发展的重点任务之一[①]。“十二五”时期是我国消费升级的快速发展时期，也是社会服务产业发展的黄金时期。2010年年底我国人均GDP达到29748元，超过了4000美元，在“十二五”时期将迈入人均GDP超过5000美元的阶段，城乡居民消费不断转型升级，改善民生的需求将更加迫切。这一阶段，也是我国完善社会主义市场经济体制的关键时期，一方面，公共服务体制逐步健全，政府将进一步保障和提高基本公共服务水平；另一方面，市场机制在包括公共服务在内的更多领域发挥更大作用，需求的多样化和服务提供方式的多样化相互影响，同步发展。在这一新的阶段，社会服务业将出现一些新的领域、方向和业态，把握好这些新的变化，不仅能够更好地满足民生需求，还能与转变发展方式、扩大内需和形成新的服务产业结合起来，推动社会服务业又好又快发展。

一、社会服务业的内涵及本书研究范围

(一) 社会服务业的内涵

社会服务业属于第三产业。国家统计局在《关于建立第三产业统计的报告》中，将第三产业分为4个层次：第一层次是流通部门，包括交通运输业、邮电通讯业、商业饮食业、物资供销和仓储业；第二个层次是为生产和生活服务的部门，包括金融业、保险业、公用事业、居民服务业、旅游业、咨询信息服务业和各类技术服务业等；第三个层次是为提高科学文化水平和居民素质服务的部门，包括教育、文化、

①《中共中央关于国民经济和社会发展第十二个五年规划的建议》。

广播电视事业，科研事业，生活福利事业等；第四个层次是为社会公共需要服务的部门，包括国家机关、社会团体以及军队和警察等。

学术界及实践应用中对社会服务业的理解存在大小口径的差别。大口径的理解将社会服务业定义为为社会提供各种生产和生活服务的活动，具体包括装卸搬运和其他运输服务业，仓储业，电信和其他信息传输服务业，计算机服务业，软件业，租赁业，商务服务业，研究与实验发展，专业技术服务业，科技交流与推广服务业，地质勘察业，水利管理业，环境管理业，公共设施服务业，居民服务业，其他服务业，教育卫生，社会保障业，社会福利业，新闻出版业，广播、电视、电影和音像业，文化艺术业，体育，娱乐业，国家机构，群众团体、社会团体和宗教组织，基层群众自治组织等28个国民经济行业大类。这一理解将社会服务业等同于第三产业。小口径的理解是，社会服务业包括教育、卫生、体育、文化艺术及广播电影电视业、社会福利业、科学研究和综合技术服务业等6大行业。

（二）社会服务业研究范围

本书认为社会服务业主要包括：教育、医疗卫生、文化体育、社会保障、民政福利、就业服务等社会事业和产业，也包括水、电、路、气、房等基础设施和公用事业。本书主要研究面向市场需求的社会服务业，即教育、医疗卫生、文化体育、养老服务、家政服务、旅游等社会事业领域的社会服务①。

近年来，社会服务业得以重视和发展是与民生问题紧密联系的。民生问题的提出和研究在近些年来很普遍，但将民生问题和服务产业结合尚是最近两年提出的。2008年年底，在研究应对金融危机的一揽子政策措施时，国家发展和改革委员会社会发展司提出扩大服务消费拉动内需的意见。2009年，在研究“十二五”社会发展思路过程中，提出教育、医疗卫生、文化体育、民政福利等发展要遵循事业和产业并重的原则，并明确提出要在基本公共服务基础上，大力发展社会服务产业。在2010年3月召开的全国“两会”上，政府工作报告明确提出了要加快发展“面向生产的服务业”和“面向民生的服务业”，第一次鲜明地将市场需求的社会服务作为社会服务产业的重要内容加以发展，作为拉动消费的热点加以支持。由于明确提出“社会服务”的时间不长，真正对民生与服务结合的研究应该才刚刚开始。国家发展

①也指服务业中可以按照产业化方式发展的社会事业。参见胡祖才、薛元、刘宇南：《把社会性服务产业培育为新的经济增长点》，载《宏观经济研究》，2009(9)。

和改革委员会产业经济与技术经济研究所杨玉英、郭怀英，宏观经济研究院信息部任旺兵等对相关服务业有较多研究，但更多关注生产性服务业和旅游等产业。2010年3月底，国家发展和改革委员会产业协调司在内部座谈会上表示，国家将在“十二五”专项规划中首次编制服务业发展规划，并把社会服务作为其中重要内容加以考虑。可以预见，在“十二五”时期，面向市场需求的社会服务将会得到更大发展，当前正是需要研究相关发展重点和发展政策的有利时机。

社会服务业主要包括社会事业领域，根据政府与市场发挥作用的不同，社会服务内容又可分为两大类：一类是群众必需的基本公共服务，这是主要依靠政府提供的社会服务。另一类是面向市场需求的非基本公共服务，这是主要依靠市场机制满足市场需求的社会服务。

二、当前发展社会服务业的重大战略意义

民生类社会服务业具有市场需求大、发展前景广、产业带动强、就业吸纳多等优势，有助于促进经济结构调整、扩大内需和促进经济发展方式转变，也有助于改善民生、促进社会公平和维护社会稳定。

（一）有利于平衡投资与消费失衡，推动经济发展方式转变

“十二五”时期国民经济和社会发展规划指出，要围绕科学发展观主题和转变经济发展方式的主线来推动经济社会发展。转变经济发展方式需要推动需求结构、供给结构、要素创新结构三大战略转型，其中需求结构转型对应投资、消费和出口三大需求。转变经济发展方式强调要促进经济增长由主要依靠投资、出口拉动向依靠消费、投资、出口协调拉动转变，扩大内需成为重中之重。20世纪90年代，中国居民消费约占GDP的45%（世界平均水平约为60%），到2009年已降到36%。于是，储蓄与消费之间的失衡变得愈来愈严重。

转变经济发展方式的突破口应该明确在最终需求的增长上。因为要素结构调整是长期渐进积累的过程，短期很难调整，而在市场经济条件下，需求起主导作用，主导方面是需求引导供给，当然从长期来看，是供给创造需求。但从现实来看，市场经济是需求约束型经济，正是逃不出需求带动，才出现过剩产能，扩大出口问题。投资与消费不协调也不利于改善民生和保持经济持续稳定发展。满足人民群众日益增长的物质文化需求是发展经济的根本目的，扩大消费是提高人民生活水平、实现

发展成果由人民共享的必然要求。同时，作为最终需求，消费持续较快增长，有利于引导社会资金投向、推动产业结构优化升级，是稳定扩大内需、促进经济发展的重要保障。

随着我国经济实力增强和消费结构升级，社会公共服务需求将快速增长。2008年我国经济总量达到30万亿元，人均GDP超过3200美元，一些发达地区超过1万美元，2010年年底我国人均GDP达到29748元，超过了4000美元，在“十二五”时期将迈入人均GDP超过5000美元的阶段。当前，按世界银行标准我国已进入中等收入国家行列。国际发展经验表明，这一阶段居民生活消费结构将加速升级，实物消费比重持续减少，教育、医疗保健、文化娱乐及旅游等服务消费显著增加，居民消费对经济增长的贡献不断提高。消费结构升级将拉动社会公共服务需求持续增长，而需求得以满足并转化为消费后，又将带动产品和产业结构的升级调整。

（二）有利于绿色产业发展，推动两型社会建设

社会服务产业基本都属于低能耗、无污染产业，符合建设资源节约型和环境友好型社会的要求，是经济效益和社会效益有机统一的新增长点。在投资和出口持续快速增长的推动下，近年来我国制造业特别是能源、原材料等重化工业产能持续较快扩张，高耗能、高排放和资源型产品出口增长迅猛，使得资源环境约束矛盾日益凸显，持续下去将影响我国经济安全和长远可持续发展。同时，当前应对气候变化已成为国际社会的共识，我国已明确提出2020年以前控制温室气体排放的行动目标。无论是从缓解资源环境约束矛盾的现实需求，还是履行我们向国际社会所作的庄严承诺考虑，都必须加快改变主要依靠增加物质资源消耗推动经济增长的粗放型发展方式。社会服务业最主要的成本是人力要素，对资源的消耗和对环境的依赖小，有利于减轻我国资源环境压力，是应当积极鼓励发展的新兴消费产业。

（三）有利于激发社会资本活力，完善市场体系

当前，我国服务业发展相对落后，而体制性问题是制约服务业发展的最大障碍。服务业领域的改革进展相对缓慢，某些服务行业的行政垄断是服务业发展活力不足的体制根源，而这些行政垄断又主要集中于社会服务业领域。一些公共服务产品从计划经济时期的政府“专供”，在社会主义市场经济时期演变为行政性部门的“专营”，公共资源不能有效资本化，社会资源仍然难以进入。政府要提高公共服务的供给能力，在加强国家基本公共服务制度建设的同时，要大力发展社会服务产业，对

非基本公共服务要打破部门和行政垄断，放手让社会资本进入。政府不再以公立机构垄断市场，而要将优质的、非基本公共服务交由社会服务产业来满足。促进社会服务产业发展有利于激发社会资本活力，有利于促进中高级生产要素的市场化，有利于完善社会主义市场经济体系。

（四）有利于提高福利和人力资本积累，提升国家软实力

全球竞争领域的不断扩展，更加需要发展社会服务业，为我国参与全面竞争提供坚实的“软实力”保障。当今世界，国与国之间的竞争越来越表现为综合国力的竞争。随着全球化深入推进，国际竞争进一步加剧，正逐步由传统经济领域的市场竞争、技术竞争等扩展到人才、文化、管理、创新能力等“软实力”领域的竞争，并且后者更具有扩张性、传导性和持续性。为此，我国要参与全面竞争并争取占据全球竞争的制高点，不仅必须始终坚持提升“硬实力”，更要磨炼“软实力”,“软”“硬”结合、统筹发展是真正的硬道理。应当看到，社会事业既是构成软实力的重要内容，也是提升软实力的重要途径。国际竞争领域不断扩展必然对经济社会协调发展提出更高要求，特别是要求现代社会事业在秉承提供社会福利和公共服务的传统功能的同时，突出其对提升人力资本、培养高素质创新型人才和提高国民综合素质不可缺少的现代功能，并使社会事业在国家“走出去”战略大格局中的地位日益突出。2007 年，我国在制定进一步加快长三角地区改革开放的政策意见时，已经紧迫地感受到，制约上海等我国经济发达地区的战略性因素正是社会服务业提供的人才支撑和软实力环境。当前，我国大力推进文化体制改革和文化产业发展，正是提升国家软实力的战略举措。

第一编 发展动态及潜力展望

第一章 我国社会服务业发展现状及问题分析

总体上看，我国社会服务产业已经具备一定的发展基础和规模，但仍落后于经济社会发展的要求，服务供给总量不足，质量不高，服务层次和结构比较单一，产业链条相对较短，产业拉动效应不强，社会服务业在现代经济社会中的应有地位没有充分体现，对消费和生活质量提升的作用还没有充分发挥出来。

一、教育服务业发展现状和问题

（一）教育服务业发展的动力和条件

1. 城乡居民教育服务消费支出不断增加，对教育的重视程度日益提高

我国传统上非常重视教育，将教育视为出人头地的重要途径，逐渐提高的教育支出比重反映了城乡居民家庭对教育的重视。

城镇居民家庭平均每人全年教育支出不断增加，由2005年的571.33元增加到2009年的645.89元（见图1-1）。

2011年1月，《小康》杂志社中国全面小康研究中心联合清华大学媒介调查实验室对4个一线城市（北京、上海、广州、深圳）和13个二、三线城市（杭州、南京、石家庄、沈阳、南宁、武汉、长沙、南昌、呼和浩特、西安、贵阳、重庆、成都）的居民消费状况进行了调查。结果显示：

对于2011年的家庭消费支出重点，在一线城市，"子女教育"以25.4%的得票率排名第六，前面五位依次是：饮食、住房、电子产品、服装和旅游，而在二、三线

城市,"子女教育"以高出一线城市 8.4 个百分点的得票率位居第三，前面只有"饮食"和"住房"，二、三线城市的居民更倾向于在子女教育上多花钱。

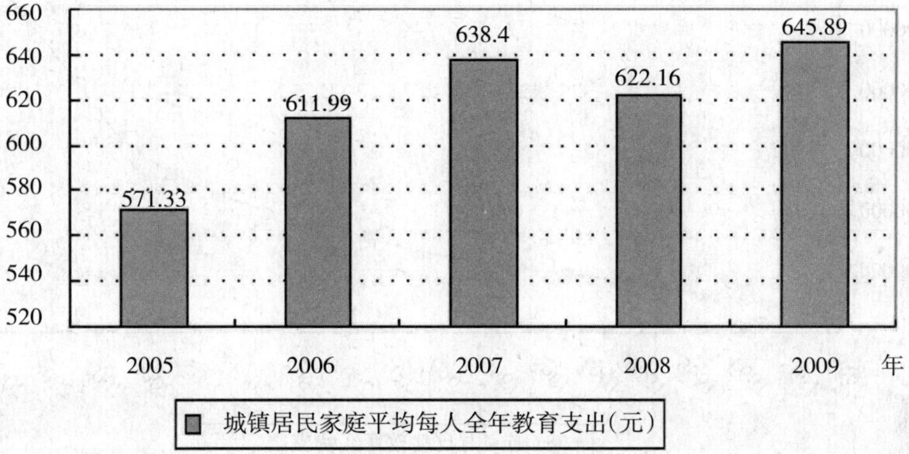

图 1–1 城镇居民家庭平均每人全年教育支出

2. 国家教育经费投入快速增加，保基本教育的力量日益增强

2006 年修订的《中华人民共和国义务教育法》，确立了由政府负全责的义务教育经费保障机制。特别是农村义务教育建立了中央和地方"分项目、按比例"分担的经费保障新机制，为我国义务教育健康发展提供了制度保证。

2000 年国家财政性教育经费支出为 2563 亿元，2009 年上升到 12231.09 亿元，9 年间增加了 4.77 倍（见图 1–2）。

2008 年全国教育经费总投入达到 14500.74 亿元，比上年的 12148.07 亿元增长 19.37%，占 GDP 的比例为 3.48%，比上年的 3.22%增加了 0.26 个百分点。其中，国家财政性教育经费为 10449.63 亿元，比上年的 8280.21 亿元增长 26.20%。

2009 年，中央和地方各级政府预算内教育拨款（不包括教育费附加）为 11419.30 亿元，比上年的 9685.56 亿元增长 17.90%。其中，中央财政教育支出 1981.39 亿元，按同口径比较，比上年增长 23.55%，高于中央财政经常性收入约 2.72%的增长幅度。

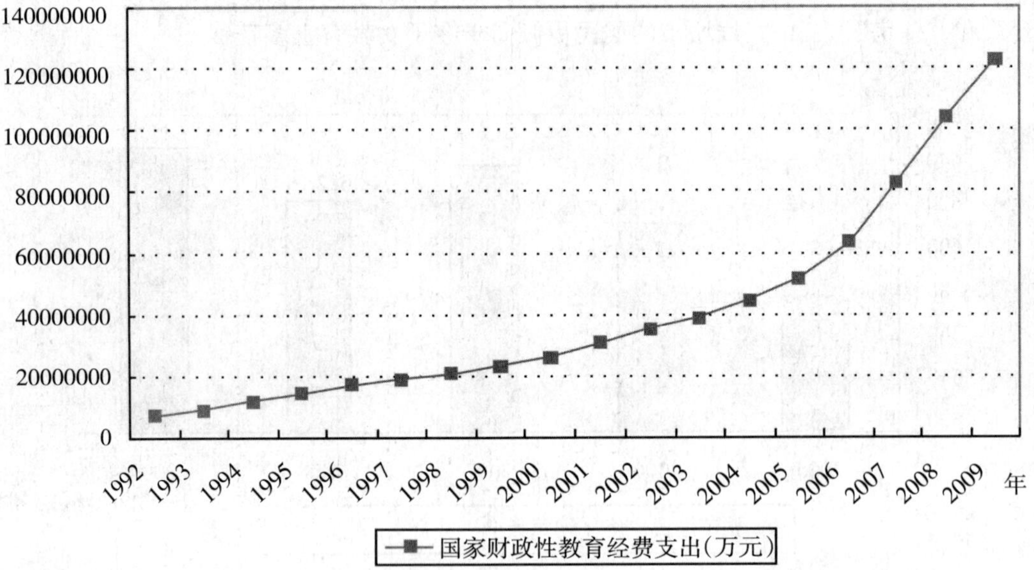

数据来源：相关年份《中国教育经费统计年鉴》。

图 1-2 1992~2009 年国家财政性教育经费支出

生均事业费标准逐年提高。2008 年，普通小学生均预算内事业费支出为 2757.53 元，比上年的 2207.04 元增长 24.94%；普通初中生均预算内事业费支出为 3543.25 元，同比增长 32.24%；普通高中生均预算内事业费支出为 3208.84 元，同比增长 21.16%；中等职业学校生均预算内事业费支出为 3811.34 元，同比增长 22.00%；普通高等学校生均预算内事业费支出为 7577.71 元，同比增长 15.76%。由此可见，义务教育，尤其是普通初中生均投入增长态势最为突出。

城乡差异和地区差异有所缩小。近年来，国家坚持教育资源向农村地区、民族地区、边远贫困地区和薄弱学校倾斜，加快缩小城乡、区域、校际教育差距，新增教育经费主要用于农村。通过国家贫困地区义务教育工程、西部地区“两基”攻坚、农村危房改造工程、农村寄宿制学校建设工程、农村中小学现代远程教育工程、义务教育保障机制建设等，城乡差异和地区差异有所缩小。以教育经费为例，1995 年农村小学和初中的生均经费都是全国平均水平的 60%左右，到了 2006 年这个比例上升到 90%以上，而在 2008 年，农村义务教育阶段的生均经费增长比例已经超过全国平均水平。就义务教育阶段的初中入学率而言，2002 年初中入学率全国平均为

91%，东部地区高达 95.5%，西部地区仅为 82.1%，东西差距达到 8.8%。随着西部地区“两基”攻坚的实施，西部地区初中入学率迅速提高，2006 年达到 89.4%，与东部地区相差 5.8%。东西部差距比 2002 年减少了 3%。这说明国家采取公共财政优先向农村地区义务教育倾斜的保障性政策，一定程度上缩小了城乡和地区差距。为保障进城务工农民子女享受义务教育的权利，各地落实“以流入地政府管理为主，以全日制公办中小学为主”、对农民工子女接受义务教育实行与当地学生同等对待的政策。2009 年中央财政下拨 20 亿元，专项用于解决农民工子女上学问题。有统计数据显示，2009 年，农民工随迁子女在流入地小学、初中就学人数达到 997.1 万人，在公办小学和初中就读的分别占 77%和 80%。

3. 高等教育进入大众化阶段，高等教育选择日益多样化

高等教育在国家发展中扮演着培养更多优质的创新型人才的重任，为国家经济的转型提供人力资源。1998 年的《面向 21 世纪教育振兴行动计划》提出了“到 2010 年高等教育规模有较大扩展，入学率接近 15%”的目标，但由于 1999 年以来全国高等教育扩招使得这个指标提前了 5 年，在 2005 年就得以实现。2010 年《国家中长期教育改革和发展规划纲要（2010—2020 年）》提出，到 2020 年，高等教育的毛入学率要达到 40%（见表 1–1）。

高等教育毛入学率快速飙升，普通高校规模急剧扩张。1990 年中国高等教育的毛入学率只有 3.4%，1998 年为 9.8%。2002 年，我国高等教育毛入学率达到 15%，正式进入高等教育大众化阶段，比原计划提前 3 年。2008 年中国各类高等教育在学人数达到了 2907 万人（含成人高校），比 2000 年翻了一番多，高等教育毛入学率进一步提升到了 23.3%，2009 年达到 24.2%。我国高等教育规模先后超过俄罗斯、印度和美国，成为世界第一。2008 年全国普通高校的校均规模达到 8679 人，是 1992 年的 4 倍多。

结构有所调整，高等教育质量稳中有升。1978 年我国招收的研究生只有 10708 人，2008 年我国招收了 44.64 万名研究生。2002~2007 年我国研究生的招收人数翻了一番，而专科生招收规模的增长速度比不上本科生的扩招速度。为了提高高等教育的质量，国家相继出台了“211 工程”和“985 工程”。经过 10 年建设，“211 工程”学校在人才培养、科学研究、社会服务能力等方面都有了很大提高，其中研究生培养能力提高了 5 倍，科研经费增长了 7 倍，SCI 论文发表数增长了近 7 倍，具有博士学位的教师增加了近 5 倍，仪器设备总值增长了 4 倍。一批高水平大学与世界一流大学的差距明显缩小。

表 1-1 教育事业发展主要目标

指 标	单位	2009 年	2015 年	2020 年
学前教育				
幼儿在园人数	万人	2658	2658	4000
学前一年毛入学率	%	74.0	74.0	95.0
学前两年毛入学率	%	65.0	65.0	80.0
学前三年毛入学率	%	50.9	50.9	70.0
九年义务教育				
在校生	万人	15772	16100	16500
巩固率	%	90.8	93.0	95.0
高中阶段教育 *				
在校生	万人	4624	4500	4700
毛入学率	%	79.2	87.0	9.0
职业教育				
中等职业教育在校生	万人	2179	2250	2350
高等职业教育在校生	万人	1280	1390	1480
高等教育 **				
在学总规模	万人	2979	3350	3550
在校生	万人	2826	3080	3300
其中:研究生	万人	140	170	200
毛入学率	%	24.2	36.0	40.0
继续教育				
从业人员继续教育	万人次	16600	29000	35000

注 * 含中等职业教育学生数；** 含高等职业教育学生数。

数据来源:《国家中长期教育改革和发展规划纲要（2010-2020 年)》。

高等教育转型正在全方位、加速度、深层次地进行。所谓全方位，主要是指近年来我国高等教育的转型涵盖了高等教育的诸多领域，集权的管理方式正在向分权的管理方式转变，由单一的政府举办向政府举办与民办混合结构转变，由单一的政府财政拨款向财政支付、社会出资、受益者负担的多渠道经费来源结构转变，狭窄的专业知识课程体系正在向宽博的通识教育课程与专业知识课程相结合的课程体系转变。所谓加速度，主要是指近些年来我国高等教育的转型过程是非匀速的、赶超跳跃式的。1978 年到 1998 年的 20 年间本、专科招生数的增长幅度，1999 年到 2001

年的 3 年就基本达到了。所谓深层次，主要是指近年来我国高等教育的转型在深层次的制度层面、观念层面也有所体现。比如“通识课程”、“博雅课程”的开设已经成为许多高校的一种教学实践。学习外国高等教育的先进经验以及由此而带来的高等教育理念的深刻变化构成了近年来我国高等教育转型的一种思想文化背景。

多样化接受高等教育选择增多。出国接受高等教育人数不断增加。根据教育部的统计，2010 年高考实际报名人数为 946 万，比上年减少了 74 万。有专家分析适龄人群报考数量的减少为主要因素。而这些放弃高考的学生中有很大部分是因为选择了出国留学。有美国高考之称的 SAT 测试，2002 年的中国内地考生只有 200 多人，2011 年，这一数字已经直逼 2 万人。

4. 职业教育规模不断扩张，吸引力不断增强

随着我国的工业化进程加快，对技能型人才的需求大大增加；信息化进程加快，产品周期和技术周期缩短，对一线劳动者培训需求量大大增加；城市化进程加快，将近 2 亿农民从农业岗位向城镇农民工转移需要培训；这些都已经对加快发展职业教育提出了新要求。进入 21 世纪以后，国家三次召开全国职业教育工作会议，把职业教育作为经济社会发展的重要基础和教育工作的战略重点，提出了一系列推进职业教育改革与发展的政策措施。在优先发展教育的全局中，明确要大力发展职业教育，加快培养数以亿计的高素质劳动者和数以千万计的技能型专门人才，为全面建设小康社会和构建和谐社会提供强大的智力支持和人才保障。2002 年制定了《国务院关于大力推进职业教育改革与发展的决定》，2005 年又颁布了《国务院关于大力发展职业教育的决定》，这些政策的出台有力地促进了职业教育的发展。

（1）中央财政加大了对职业教育的投入。自 2003 年以来，中央财政已经累计投入 53 亿元，重点支持了 1080 个职业教育实训基地、1235 个县级职教中心和示范性中等职业学校、70 所示范性高等职业技术学院的建设，组织实施了“中等职业学校教师素质提高计划”，完成了 1.2 万名骨干专业教师的国家级培训任务。2006 年国家示范性高等职业院校建设计划正式启动，2007 年 5 月职业院校贫困学生资助计划开始实施，加大对普通本科高校、高等职业学校和中等职业学校家庭经济困难学生资助的力度，国家财政每年将安排 500 亿元，资助 2000 万名家庭经济困难学生，使他们能够接受职业教育。

（2）规模扩张与基础能力建设齐抓并举。中央财政从 2005 年开始拿出 100 亿元用于职业教育的基础能力建设，计划建设 2000 个用于职业院校学生实习实训的场所、1000 个县级职教中心、1000 所示范性中等职业学校和 100 所示范性高等职业学

院。2007 年中等职业学校招生规模达到 801 万人，与普通高中的招生规模大体相当，提前实现了“十一五”期间中等职业教育规模发展的目标，基本实现了教育结构调整的战略意图。为提高劳动者的就业能力，各级政府的相关部门以及社会机构举办了多种形式的职业技术培训。2007 年全国资格证书培训共注册学生 467.6 万人次，比 2002 年增加 444.4 万人次，结业学生达到 662.8 万人次，比 2002 年增加 630.9 万人次。岗位证书培训也迅速发展，2007 年全国岗位证书培训共有注册学生 614.1 万人次，比 2002 年增加 587.6 万人，结业学生 804.5 万人次，比 2002 年增加 684.7 万人次。另外，国家通过组织实施了“国家技能型人才培养培训工程”、“国家农村劳动力转移培训工程”、“农村实用人才培训工程”、“成人继续教育和再就业培训工程”，年培训城乡劳动者达 1.5 亿人次。

5. 素质教育的探索日益深入

（1）由统一计划招生模式向学校自主招生模式转变。为克服“一考定终身”的弊端，推进素质教育实施和创新人才培养，按照有利于科学选拔人才、促进学生健康发展的原则，不断探索招生与考试相对分离的办法。如 2005 年开始实行的高校自主招生就是国家对现有的教育考试制度进行的一次改革尝试。高校拿出一定比例的招生计划（原则上不超过年度本科招生计划总数的 5%），通过自主考试选拔具有超常的创新和实践能力，或在文学、艺术、体育等方面有特殊才能，学科竞赛获奖或综合素质名列前茅的应届高中毕业生，通过考试并签订协议的考生高考后可以低于学校录取分数线若干分的成绩被录取。目前共有 59 所高校有资格进行自主选拔录取改革试点。这种做法有利于鼓励学生创新，并加大了学生自主选择的空间。

（2）课程改革与综合素质考查体系建设不断推进。2001 年我国颁布了《基础教育课程改革纲要》，全面启动了“基础教育课程改革”，由义务教育阶段开始渐次展开，其核心理念是构建一个“让学生全面而有个性地发展”的课程体系。2004 年开始的高中新课程分为必修课程和选修课程两部分，由学习领域、科目、模块 3 个层次构成，更加重视学科间的相互联系和认知行为的相互影响和迁移，并将社会实践和通用技术课程纳入必修课程。这种课程设置方式既兼顾到学生的全面发展，又照顾到学生个性特长的发展，是一次对具体实施素质教育的大胆探索。

6. 民办教育持续发展

2009 年，全国共有各级各类民办学校（教育机构）10.56万所，比上年增加 0.56 万所，各类学历教育在校生达 3065.39 万人，比上年增加 240.99 万人（见表 1-2）。同时，民办教育结构不断优化，民办高校、民办中等职业教育学校和民办幼儿园数量不断增加。属于义务教育领域的普通小学、普通实践教育、民办学校数有所减少。

表 1–2　各级各类民办学校数

	民办普通高校	民办普通高中	民办中等职业教育	民办普通初中	民办职业初中	民办普通小学	民办幼儿园
2005 年	252	3175	2017	4608	25	6242	68835
2006 年	278	3246	2559	4550	11	6161	75426
2007 年	297	3101	2958	4482	6	5798	77616
2008 年	640	2913	3234	4408	7	5760	83119
2009 年	658	2670	3198	4331	4	5496	89304
2009 年全国各级各类学校数	2305	14607	14401	56100	200	280200	138200
2009 年各级各类民办学校占比（%）	28.55	18.28	22.21	7.72	2.00	1.96	64.62

数据来源：相关年份《全国教育事业发展统计公报》。

7. 我国教育培训市场规模高速增长

据不完全统计，截至 2009 年年底，我国民办培训机构有 1.9 万多所。据德勤咨询（上海）有限公司等机构发布的教育培训行业报告显示，2009 年中国教育培训市场总值约 6800 亿元，到 2012 年整个教育培训市场规模将达 9600 亿元。培训内容从学前到博士生、从外语到乐器、从考雅思到考公务员，种类繁多。近年来，我国教育培训业的发展特点：

一是品牌教育综合化发展。以新东方为例，上市后新东方开始在幼儿教育、职业教育、中高考辅导、个性化家教等领域强势进攻，利用新东方的品牌优势在各个领域进行扩张。巨人教育集团在融资前就开始了在全国发展的战略部署，融资后在全国并购了一些地方大型培训机构，很快实现了集团化的运营模式，同时巨人的幼儿教育和家教得到了快速发展，目前已经形成了综合化的品牌格局。巨人教育集团注重开辟教育蓝海，2007 年开始并购钢笔字速成项目，2008 年投资研发，目前已经在市场上销售，销售不到半年，全国加盟商达到 200 多家，巨人研发的《巨人五天钢笔字速成项目》在全国开启了将大型情景喜剧和教育完美结合的经典案例。

二是专业教育机构连锁化和品牌教育项目连锁。在品牌机构综合化发展的趋势下，专业机构注重向纵深发展，例如旭日弘文作文，专注作文考级，在全国设立了考级基地，快速开发市场，推动地方加盟商开启作文教育的新革命，像这样专业化的机构专注某个领域是快速成长的重要策略。专注造就专业，为此在品牌机构竞争的条件下，加快专业化机构的核心竞争力是与品牌机构竞争的策略。教材的标准化、服务的一体化、优质教育资源的共享，将成为一种趋势。

三是融资机构并购趋势化。国际出版教育集团英国培生集团日前在京宣布，其分支“培生教育”正式并购英语培训教育机构——华尔街英语（中国）。2008 年“培生教育”收购了上海乐宁进修学院，并持股北京戴尔国际英语学校，正式进入中国英语培训市场。此次并购,“培生教育”将继续保留“华尔街英语”品牌，进一步扩展教学网络，为更多中国在职商务人士提供英语培训。这是国际教育集团大举进军中国的趋势，目前已经获得融资的教育机构都开始了自己的圈地运动，新东方并购了铭师堂等高考复读教育机构，安博教育在全国并购了一些课外辅导培训和职业化教育机构，环球雅思早就开始圈地，巨人教育集团在武汉、南昌、西安、广东、广西等城市大量并购了当地规模最大的教育培训机构。

（二）教育服务业发展面临的主要问题

1. 应试教育思路转变缓慢，教育质量难以保证

应试教育思维不仅仅在公立学校，而且在教育培训行业也占主导地位。教育服务大多是为了考试。首先，应试教育影响学前教育的成效。学前教育对于人的行为习惯和个性养成非常重要，将为幼儿的终身发展奠定基础。一些家长无视幼儿身心发展规律，过分关注学前教育的工具性，将其视为帮助孩子尽早获得竞争优势的“超前教育”，过早地为孩子进行职业定向，强迫孩子超前学习知识和才艺。一些幼儿园为了迎合家长的心理，提前教幼儿学习小学知识,“小学化”的倾向相当严重，违反了教育规律，严重地损害了幼儿的身心健康。

应试教育导致对优质教育资源的激烈争夺。少数优质学校与多数普通学校、薄弱学校并存的客观现实，造成学生和家长不得不择校的现状。这种“择校”、“大班额”问题的实质是人民群众对优质教育资源的强烈需求同城区优质教育资源供给不足之间的矛盾，更是应试教育产生的深远影响。此外，由于择校生大多是在父母的意愿下进行的被动选择，有的家长、学生对自己的定位偏高，如果通过一段时间的努力没有达到自己的预期目标，很容易就会产生挫败感，学习积极性受到打击，自

暴自弃，结果适得其反。

2. 教育去行政化步伐缓慢且艰难，公立和私立学校缺乏公平竞争环境

现代学校管理制度仍未建立，高校去行政化进程有待继续推进。从教育管理制度上来说，虽然集权的管理方式正在向分权的管理方式转变，但是这种转变由于处在进行过程中，还存在着诸多矛盾与问题。其中最突出的是，长时期政府高度集中管理体制下形成的观念、行为模式仍然具有相当大的惯性，对现行政府部门处理高校与政府关系产生着影响。政府如何改变与高校的关系，如何限制自身过多的“越位”，如何进一步扩大高校的办学自主权并将其落到实处，这些是高等教育集权的管理方式向分权的管理方式切实转变之根本。

3. 教育培训服务业市场秩序混乱，行业监管有待加强

权威调查表明，目前学前教育、职业培训的行业平均毛利率达到35%左右，其中行业领军企业的毛利率甚至高达60%。在巨大利润面前，资本趋之若鹜，培训机构遍地开花，但行业监管却没跟上。目前教育培训机构办学监管涉及教育、工商、劳动、民政等多个部门。一些专家认为，目前教育培训市场乱象丛生，与行业准入门槛低、“多头管理”有直接关系。许多企业在工商部门注册教育咨询公司，按规定不能开展培训，但他们以教育咨询之名，大搞教育培训，无人监管。

4. 城乡结合部和城市新区教育服务资源缺乏

随着城乡一体化进程的推进和城市边沿的不断扩展，大城市城乡结合部和城市新区不断发展，然而，对基础设施投入的重点很少涉及社会事业方面，有小区、有路、无学校的情况越来越普遍。新城、新区的教育设施配建不能及时到位，给城市教育、交通造成极大的压力。

城乡结合部是城市居民与农村人口交互存在的区域，也是行政机构并行交错管理的难管区。同一块地域城市居民与农户分属于两个不同的政府辖区。很多城乡结合部教育资源发展未纳入城市发展规划，教育资源严重不足。城乡结合部多是城市的扩展区域，城市居民人口增加较快，势必造成该区域城市学校生源的陡增，再加之农村对优质教育资源的渴求，又造成了城管学校生源超编，人满为患，而郊区管辖的学校生源则逐年减少，存在生源不足的现象，导致教育资源浪费。

二、医疗卫生服务业发展现状和问题

2009 年《中共中央、国务院关于深化医药卫生体制改革的意见》和《医药卫生体

制改革近期重点实施方案（2009—2011 年）》正式发布实施，我国医药卫生改革进入一个新的历史阶段。2010 年,《国务院办公厅转发发展改革委卫生部等部门关于进一步鼓励和引导社会资本举办医疗机构意见的通知》，进一步消除影响社会资本举办和发展医疗机构的政策性障碍，推动医疗卫生服务业发展。

（一）医疗卫生服务业发展的动力和条件

1. 城乡居民医疗保健服务消费支出比重不断增加，带动医疗消费增长

从 1990 年到 2009 年，我国城镇居民的医疗保健服务消费占消费总支出的比重由 2.01%上升到 6.99%；农村居民的医疗保健服务消费占消费总支出的比重由 3.25%上升到 6.52%。非公立医疗机构在满足人民日益增加的医疗卫生服务需求、带动医疗消费增长方面具有重要作用。

2. 卫生技术人员数量快速增长，基层卫生人才培养不断加强

2010 年年末，全国卫生人员总数达 820.8 万人（见图 1–3）。2008 ~ 2010 年，全国卫生人员总数年均增长 6.4%，其中，卫生技术人员增长速度最快。

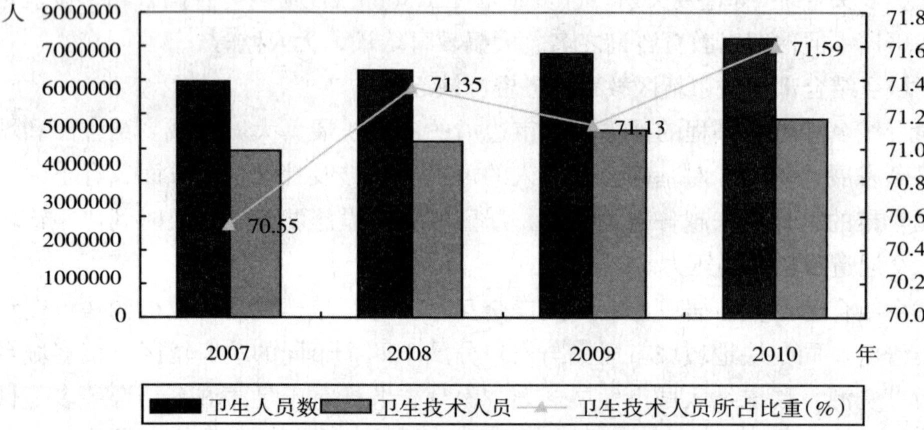

图 1–3 2007 ~ 2010 年卫生技术人员增长情况

每千人拥有卫生技术人员数逐年增加，从 2008 年的 3.92 人增加到 2010 年的 4.37 人（见表 1–3）。与其他国家相比，我国每千人拥有的医生数并不低，世界卫生组织（WHO）在 2000 年提出要实现全球每千人口医生数为 1 人的目标。美国社会学家英克斯尔提出的社会现代化标准中，每千人口医生数为 1.25 人。我国的每千人医生数已经超过了世界平均水平（见图 1–4）。

表 1-3　2005~2010 年卫生技术人员及每千人拥有的卫生技术人员数

单位：人

指标	2005	2007	2008	2009	2010
卫生技术人员	4564050	4913186	5174478	5535124	5876158
每千人拥有卫生技术人员	3.57	3.76	3.92	4.15	4.37
执业医师	1622684	1715460	1791881	1905436	1972840
每千人拥有执业医师	1.27	1.31	1.36	1.43	1.47
执业(助理)医师	2042135	2122925	2201904	2329206	2413259
每千人拥有执业(助理)医师	1.60	1.62	1.67	1.75	1.79

数据来源：《2011 中国卫生统计摘要》。

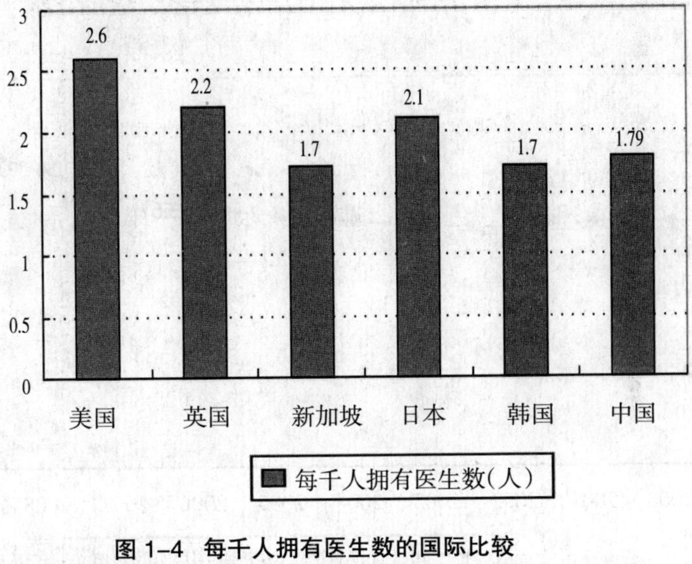

图 1-4　每千人拥有医生数的国际比较

医改两年来，国家继续组织实施“万名医师支援农村卫生工程”，积极推进城乡医院对口支援，实施“西部卫生人才培养项目”等，1110 多所三级医院与 2139 所县级医院建立了对口支援和协作关系，每年选派 2 万余名城市优秀医务人员到县医院和乡镇卫生院开展医疗服务和人员培训工作。为中西部地区乡镇卫生院和基层部队招收 1 万多名定向免费医学生，安排 1.5 万名基层医疗卫生机构在岗人员进行全科医生转岗培训。2008~2010 年，乡村医生和卫生员快速增加，增长速度超过了全国卫生技术人员的增长速度。

3. 医药卫生体制改革不断推动，为医疗服务业发展创造良好环境

一是公共卫生得到显著加强，重大疾病得到有效防控。二是覆盖城乡的医疗卫生服务体系不断完善。截至 2009 年年底，全国每千人口床位数为 3.20 张，每千人口执业（助理）医师数为 1.62 人，每千人口注册护士数为 1.30 人。通过努力，城乡基层卫生服务网络体系基本建立，基层医疗卫生服务条件和能力得到显著提高，城乡居民尤其是农民就医条件得到切实改善。三是覆盖城乡居民的多层次医疗保障体系基本建立。新农合制度在我国农村全面建立，2008 年年底，全国有 2729 个县（市、区）开展新农合，已经覆盖全国农村地区，参合人数达 8.33 亿人，参合率达 90%以上。四是国家基本药物制度初步建立。制定了国家基本药物遴选和管理办法，公布了国家基本药物目录。基本药物零售指导价格在全国范围内贯彻实施。2009 年开始在 30%的城乡基层医疗卫生机构实施国家基本药物制度。五是公立医院改革试点开始启动。社会办医规模开始快速增长，多元化办医趋势初步显现。

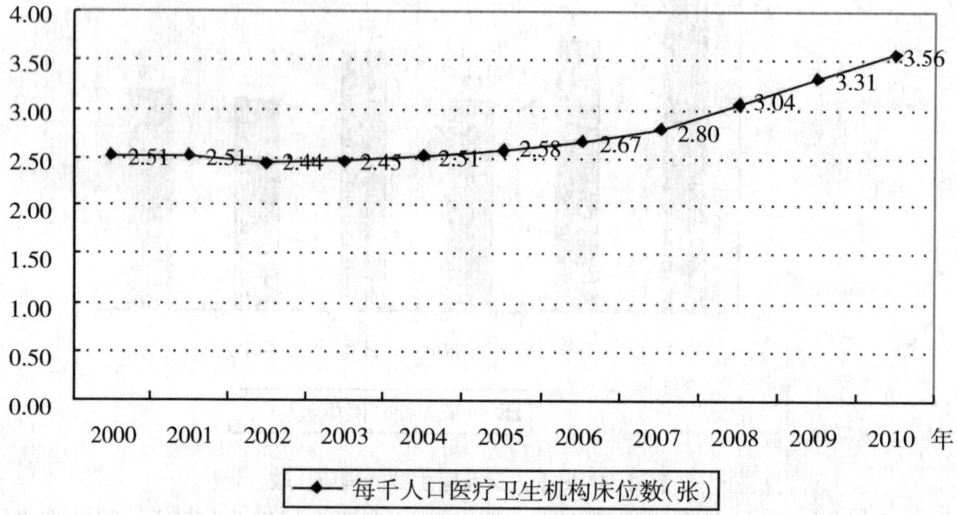

图 1–5 每千人口医疗卫生机构床位数

4. 政府对医疗卫生事业的投入快速增加，个人卫生支出比例有所下降

近 3 年的数据表明，无论是卫生总费用还是卫生费用占 GDP 的比例上升幅度都很明显。卫生总费用占 GDP 的比重由 2008 年的 4.63%提高到 2009 年的 5.15%。随着政府日益明确基本医疗卫生供给的政府主导责任，政府卫生支出和社会医保卫生

支出在卫生总费用中所占比例均呈现递增态势，个人现金支出所占比例有所下降。2009 年全国卫生总费用达 17541.9 亿元，其中：政府卫生支出 4816.3 亿元（占 27.5%），社会卫生支出 6154.5 亿元（占 35.1%），个人卫生支出 6571.2 亿元（占 37.5%）(见图 1–6)。

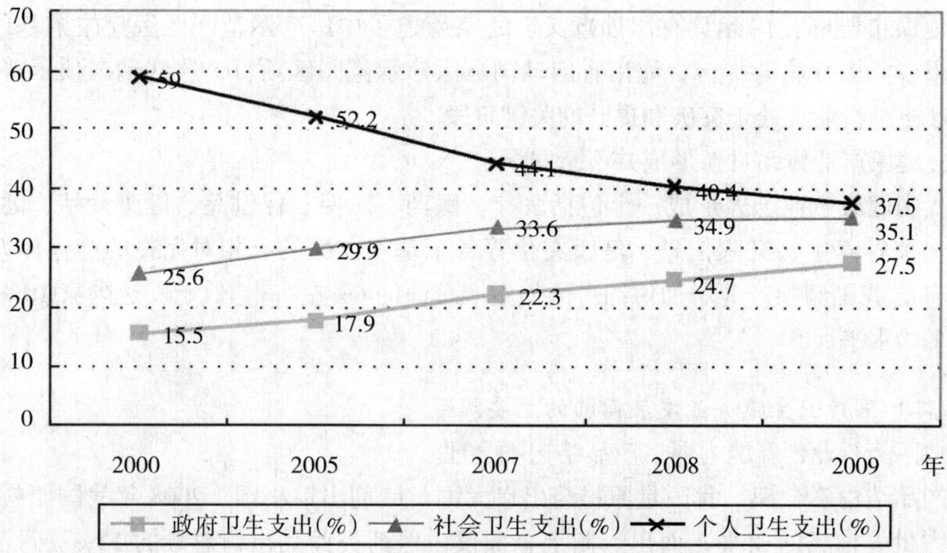

图 1–6 卫生总费用构成

5. 医疗消费需求与旅游、文化、生态等产业融合发展的趋势日益呈现

据美国一家专门从事旅游经济研究的部门 RN–COS 的报道，在过去几年里，世界旅游医疗产业呈高速增长态势。在 2000 年，世界旅游医疗业的总产值不足百亿美元，而到了 2005 年已达到 200 亿美元，2007 年估计有 230 亿 ~ 240 亿美元，其发展势头十分惊人。目前，全球每年医疗旅游行业的市场价值约为 1000 亿美元。在很多国家，医疗旅游已经成为旅游产业的支柱。世界七大医疗旅游产业市场，亚洲占了四位，有泰国、新加坡、马来西亚和印度，其中医疗旅游最常见的服务项目为牙科、整形手术、关节置换手术、心脏科手术、癌症治疗、人工生殖技术及健康检查。我们周边的泰国、印度、新加坡、菲律宾、马来西亚、韩国等在医疗旅游服务市场上处于领先地位。我国的医疗旅游业也正在兴起。在 2011 年的金砖国家领导人峰会、博鳌亚洲论坛期间，海南省政府宣布建立“海南国际医学示范园区”，目的就是想要把高端现代服务业当做海南省发展的一个重点产业加以推广，海南省已正式规划参

与医疗旅游行业的国际市场竞争。世界医疗旅游大会（World Medical Tourism Conference）是医疗旅游行业组织，拥有丰富的医疗、保险资源，并以其强大的组织管理能力，影响着行业的资源分配与发展方向。该组织认为中国的医疗旅游刚刚起步，北京、上海、广州、海南、大连等地具有非常大的潜力。我国在中西医结合治疗方法的研究方面成就显著。目前，北京、上海高端医疗服务产业化的发展，对提升两地城市国际化内涵具有深远意义。北京筹建了中医药示范园区医疗旅游基地，上海市成立医疗旅游平台，海南省启动国际医疗示范园区项目，这些动态预示着我国医疗旅游行业正处于突破和提升的关键阶段。

6. 健康产业体系日益形成并不断健全

我国健康产业已经形成一个包括医疗、医药、医保、保健品、健康食品、健康管理、美容养生、健康信息、健康文化等各个基本方面的、相对完整的产业体系。2007 年，我国健康产业增加值约占国内生产总值的 6%左右[①]，低于发达国家 10%以上的平均水平。

（二）医疗卫生服务业发展面临的主要问题

1. 医药行业创新能力弱，产品结构不合理

产品结构不合理。我国是原料药出口大国，制剂出口小国。2008 年我国原料药出口占世界市场的 35%，而出口制剂金额仅占医药类商品出口总额的 13%。目前，我国能够生产并直接销往欧美等国的药品制剂仅 12 个企业的 12 个品种。

仿制生产能力强，自主创新能力弱。医药行业是我国严重缺乏自主知识产权产品和核心技术的行业之一，我国化学药品 97%以上为仿制药，且产品均质化严重，竞争激烈，缺乏被国际上认可的创新药物，在激烈的国际竞争市场上，很容易受到市场变化的冲击。而专利制度对药品创新的保护力度更加不够。我国几乎所有先进的制药技术都来自国外，新药市场基本为外资公司控制，整个行业的对外技术依存度非常高。

国内药品研发投入低。国内制药企业每年新药研究投入只占销售收入的 1%左右，远低于国外药品生产企业 15%~20%的研发投入水平，也低于印度（研发投入占销售额的比例为 6%~12%）。

①健康产业中，医疗服务业和医药业 1.2 万多亿元，健身娱乐产业市场规模 800 多亿元，保健食品年市场规模 600 多亿元，健康保险市场为 574 亿元左右，健康管理产业市场规模已超过 300 亿元。数据来源：《2008 生物技术和新医药产业白皮书》及第五届健康产业论坛材料。

市场集中度不高，市场竞争能力不足。2008 年全国有制药企业 4702 余家、药品批发企业 1.3 万家，“多、小、散、乱”的局面依然存在。中国医药工业十强占全国纯药品工业产值的 11.5%，而世界前十强的集中度达 49%，美国前十强的集中度达 51%，世界前 50 强已超过 69%。目前外资企业的产品在我国医药产品销售总额中占据 27%左右的份额；在大城市中，外资药和进口药已占据 60%~65%的市场份额。

产业安全形势严峻。全球化背景下，辉瑞、默克、罗氏等全球前 20 大制药企业均已在华投资设厂和设立研发机构，主导了国际标准，并不断兼并国内有潜力的企业，致使国内市场的外资控制率、股权控制率、技术控制率不断提升，这对我国医药产业的冲击相当严重，尤其是在研发、环保、兼并等方面带来巨大的挑战。长期来看，必然对我国医药产业的自主权和国家健康安全构成威胁。例如，2007 年度中国制药领域最大的一起外资并购案是拜耳以 10.72 亿元收购东盛止咳及感冒类西药非处方药业务及相关资产。

药品定价不合理。我国现行的药品定价方法只含物质成本，不含技术成本，未考虑高新技术的附加值。同时，外资药已过发明国专利保护期的原研制药品比国内通过 GMP 同类的仿制药品，针剂价格可以高出 35%，其他剂型可以高出 30%。这使得外资企业享受到“超国民”优惠政策，国产和进口药品同质不同价，不利于国内企业提高产品质量和占领国内市场。

药品质量与安全形势严峻。药品注册申报资料造假和临床试验造假，随意改变工艺、违规投料、违规使用非法原辅料、简化检验程序现象普遍。

2. 医疗器械企业总体规模小，产业集聚效应不足

企业总体规模小，结构不合理，市场占有率偏低。2008 年中国医疗器械行业实现销售收入 694.35 亿元，仅占全球市场规模的 5%[①]。进出口结构呈现“高进低出”的特点：进口商品以医用 X 射线设备、彩色超声波诊断仪等高技术、高附加值设备为主，而出口是以棉制手术用巾、药棉、纱布、导管等低附加值耗材类为主。目前国内近 70%的医疗器械市场已被跨国公司占领，除少数品种外，国内医疗卫生机构的中高档医疗仪器设备中进口产品占总装机容量的比率高达 90%以上。

分布相对集中，但产业集聚效应尚不充分。医疗器械行业主要集中在长三角、珠三角等经济区域，尤其是北京市、上海市、广东省、江苏省等经济比较发达的省

①《2009 年全球及中国医疗器械行业研究报告》，2009 年 5 月。

份。此外，成渝地区、环渤海区域的成长也比较快。国家设立了医疗器械国家研究基地，地方有医药科技园，但是产业集聚效应尚待发挥。

企业自主创新能力不足，难以发挥后发优势。技术创新及成果转化能力薄弱，产品仍以仿制、改进为主，产品同质化竞争严重。不少关键技术和核心部件仍被国外大公司所控制。

3. 医疗保险发展严重滞后于经济和社会发展的需要

基本医疗保险覆盖面、筹资水平和补偿水平有待进一步提高。城镇基本医疗保险基金结余居高不下，2008 年累计结余已高达 3432 亿元，基金累计结余增长速度甚至超过了基金收入增长速度。商业健康保险的发展严重滞后于经济和社会发展的需要。2006 年我国商业健康保险保费收入占人身保险保费收入比例的 8.81%，而在一个成熟的保险市场，商业健康保险保费收入占人身保险保费收入的比例一般为 30% 左右。

4. 医疗卫生资源总量仍显不足，优质资源缺乏

2010 年，我国每千人口注册护士 1.52 人，医护比为 1：0.85，合理的医护比应达 1：2。每万人口专业公共卫生机构人员 4.65 人。《2010 世界卫生统计年鉴》的数据显示：中国的每万人床位数在 2000～2009 年间约为 30，韩国为 86，新加坡为 32，日本为 139。

5. 公立医院“一家独大”局面仍未打破，医疗资源差异化发展方向未明确

缓解“看病难”的问题，既要合理配置现有医疗卫生资源，又要增加医疗卫生资源，支持社会资本兴办医疗机构。现有医疗资源不仅过于集中在大医院，且过于集中在公立医院。由于对行业资源的行政性垄断经营直接造成部门管理的主要精力是经营部门资产，而非全社会的行业管理。政府强化公共服务的正确决定被一些公共服务管理部门曲解为进一步扩大公立医院供给。2010 年公立医院数为 13850 个，而民营医院数为 7068 个（见表 1–4）；公立医院诊疗人次 18.7 亿人次（占医院总数的 91.7%），民营医院 1.7 亿人次（占医院总数的 8.3%）。2010 年公立医院的病床使用率达 90%，而民营医院仅 59%。同时，公立医院不断扩张特需的非基本医疗服务项目，挤占社会资本进入空间。由于公立医院包揽了基本和非基本医疗服务，且缺乏竞争，导致高标准、个性化的医疗资源缺乏，制约了提供优质医疗服务的医疗产业的发展。社会办医的发展方向应定在特需医疗方面，发展非基本医疗卫生服务，用市场机制配置优质医疗资源，满足高层次医疗服务需求。

表 1-4 2005～2010 年我国公立和民营医院数

单位:个

	2005	2007	2008	2009	2010
公立医院数	15483	14900	14309	14051	13850
民营医院数	3220	4952	5403	6240	7068

数据来源:《2011 中国卫生统计摘要》。

三、养老服务业发展现状

(一) 养老服务业发展的动力与条件

我国人口老龄化发展快速,需要老年护理服务的老年人口规模相当庞大。目前,我国老年人口平均生活不能自理率超过 8.81%,据此推算,全国生活不能自理老年人口数量,2010 年达到 1530 万人,2020 年将超过 2000 万人。伴随着社会主义市场经济体制的不断完善,我国政府高度重视养老服务体系的构建和发展,无论是法律法规和政策文件的出台,抑或是公共财政投入的增加和各项优惠政策的落实,均彰显出政府推动养老服务体系建设的支持和决心,这也是养老服务体系能够快速发展的关键原因。

1. 养老服务体系的法律法规和政策体系日益健全

我国政府始终高度重视养老服务事业,先后颁布和实施了一系列法律法规,成为推动养老服务体系迅速发展的基础。《中华人民共和国宪法》规定:"中华人民共和国公民在年老、疾病或者丧失劳动能力的情况下,有从国家和社会获得物质帮助的权利。"《老年人权益保障法》规定,各级人民政府应当将老年事业纳入国民经济和社会发展规划,逐步增加对老年事业的投入,并鼓励社会各方面投入,使老年事业与经济社会协调发展。《农村五保供养工作条例》规定,各级人民政府应当把农村五保供养服务机构建设纳入经济社会发展规划。《中华人民共和国营业税暂行条例》规定,养老院提供育养服务免征营业税。2000 年民政部、国家计委等 11 部委联合发布了《关于加快实现社会福利社会化的意见》,提出了推进社会福利社会化的指导思想、基本目标和总体要求,社会福利机构实现投资主体多元化、服务对象公众化、服务方式多样化和服务队伍专业化,并从建设用地、税收、公用事业收费和费用补贴等角度制定了诸多优惠政策。2006 年国务院办公厅转发全国老龄委办公室、发展改革委等 10 部委的《关于加快发展养老服务业的意见》,要求按照政策引导、政府扶持、社会兴办、市场推动的原则，逐步建立和完善以居家养老为基础、社区服务为依托、机构养老为补充的服务体系。2008 年全国老龄委办公室、发展改革委等 10 部委联合发布的《关于全面推进居家养老服务工作的意见》提出，力争“十一五”期间全国城市社区基本建立起多种形式、广泛覆盖的居家养老服务网络。《社会养老服务体系建设“十二五”规划》即将颁布实施，提出到 2015 年基本形成制度完善、组织健全、规模适度、运营良好、服务优良、监管到位、可持续发展的社会养老服务体系，居家养老和社区养老服务网络基本健全。

2. 养老服务业的运行模式日臻完善

遵循社会福利社会化的基本理念，我国养老服务体系的运行模式在不断完善。摒弃计划经济体制下养老服务由政府独包统揽的传统福利思想，当前我国在逐步建立和完善以居家养老为基础、社区养老为依托、机构养老为补充的养老服务体系。政府组织建立公开、平等、规范的养老服务业准入制度，积极支持以公建民营、民办公助、政府补贴、购买服务等多种方式兴办养老服务业，鼓励社会资金以独资、合资、合作、联营、参股等方式兴办养老服务业。公建民营和民办公助是当前养老服务业的主体运行模式，此外还有实行企业化管理的纯商业性养老服务模式，在实践领域不同模式发挥着各自不同的运行优势（见表 1-5）。

表 1-5 养老服务业不同模式的优势和劣势比较

模式	优势	劣势
公办	有雄厚的政府财力作后盾，有稳定的人员配备和规范的管理制度，具有福利性，能够最大限度地维护公平。	过度强调福利性不可避免地会增加国家的财政负担，工作人员常常会形成官僚思想，容易滋生腐败，没有竞争压力。
公建民营	能够广泛动员私人部门参与老龄事业中，拥有纯民营养老服务模式的优势。	容易出现合作方过度使用硬件设施的行为，追加硬件投资的意愿不强，不利于养老服务业的可持续发展。
民办公助	通常是非营利性，提供低价养老服务，注重人性化服务，提供温馨生活环境。	不可避免地存在效率低下、市场竞争意识不强等问题，在日常管理、人员安排、服务提供上都存在一定的效率损失。
纯民营	通常具有极强的市场竞争意识，提供多层次的养老服务，管理方法灵活，管理手段多样，服务上敢于创新。	强调市场调节和效率优先不可避免地忽视公平，以营利为目的。

3. 养老服务机构床位数持续快速增加

近年来，随着各级财政投入的不断加大，养老服务机构的床位数和入住人员都得到持续快速增加。2004~2009 年，各类老年福利机构的床位数从 115.4 万张增至 266.2 万张，收养人员从 87.4 万人增至 210.9 万人；其中城市老年福利机构的床位数从 37.9 万张增至 49.3 万张，收养人员从 28.0 万人增至 32.3 万人；农村老年福利机构的床位数从 77.5 万张增至 208.8 万张，收养人员从 59.4 万人增至 173.0 万人。同时，人均床位拥有量也在不断上升。以 60 岁为基准，每千名老人床位数从 2006 年的 10.3 张增至 2009 年的 15.9 张（见图 1–7）。

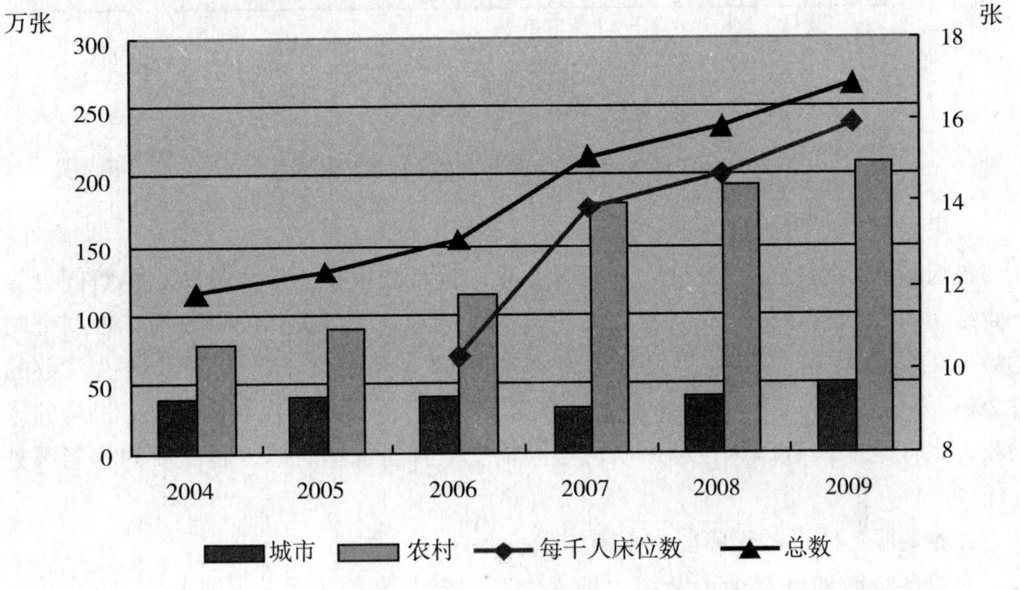

图 1–7　2004~2009 年养老服务机构床位数

4. 养老服务机构床位使用率不断提高

伴随着人们养老观念的逐步转变和养老服务质量的逐步改善，虽然养老服务机构的床位数持续快速增加，床位使用率仍在不断提高，但部分养老服务机构仍然出现“一床难求”的局面。2005~2009 年，老年福利机构床位利用率从 75.4%提高到 79.2%，其中城市床位利用率从 74.5%降至 65.5%，农村床位利用率从 75.9%提高到 82.9%（见图 1–8）。值得注意的是，城市床位利用率有所下降并非意味着城市养老服务床位过剩，而是养老服务质量无法满足老年人养老服务需求的真实反映。

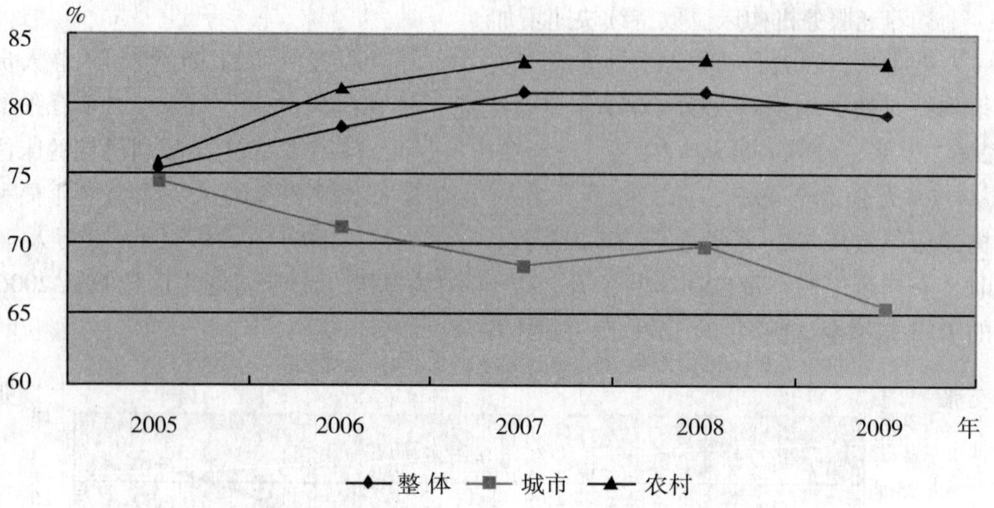

图 1-8 2005~2009 年养老服务机构床位利用率

5. 民间资本所占比重逐步上升

各级政府鼓励社会力量进入养老服务业，从行政审批、资金补贴、税费优惠等方面给予大量政策扶持，充分发挥民间资本参与养老服务提供的积极性。根据全国老龄办的调查数据，2008 年民办养老服务机构共有床位 41.2 万张，约占总数的 17.2%，入住老年人 23.8 万，床位利用率为 57.8%。近年来，民办养老服务机构的床位数、入住老年人数、床位利用率均呈大幅度上升，承担着越来越重要的养老服务责任。

6. 养老服务体系的保障能力不断增强

随着各级政府和社会不断加大投入力度，养老服务体系的保障能力不断增强。一是养老服务的覆盖面得到扩大，从传统福利对象延伸到广大老年群体，有助于提高老年人的晚年生活质量，初步实现基本养老服务的均等化。二是养老服务机构的床位数大幅增加，而床位数被视为衡量养老服务体系发展水平的关键指标，床位数的增加提升了养老服务的供给能力，从而可以满足更多老年服务对象的需求。三是养老服务体系布局更为合理，打破了以行政区划来发展养老服务业的传统观念，而是综合根据老年人口数量、规模效益和交通便利等因素来选址布局，大大提升了养老服务资源的配置效率。部分沿海经济发达城市根据人口密度和老年人生活的实际需要，对乡镇村级养老服务机构进行集中合并，以充分利用现有养老服务资源。

7. 养老服务内容日益丰富

为满足老年群体日益增长的物质文化需要，我国养老服务的内容在不断丰富。传统养老服务体制下，养老服务机构的目标主要是满足城镇“三无”人员和农村五保户的基本生活需求，虽然包括吃、穿、住、用、行等方面，但仅仅停留在基本生活层面，因此服务内容也主要是围绕基本生活需求来展开的，属于生存型服务。现代养老服务体制下，养老服务机构的目标还包括满足其他老年群体的养老服务需求，包括老年学习、老年娱乐、老年康复和精神慰藉等，属于发展性和享受型服务。在养老服务体制由传统型向现代型转变的背景下，养老服务体系必然要对服务内容进行扩充和更新，集学习、娱乐和康复为一体的养老服务机构更易受到老年群体的青睐，事实上大多数养老服务机构也在朝着这一方向努力，让老年人的晚年生活更为丰富多彩。

8. 养老服务水平逐步提高

与规范管理机制和加强人力资源开发相伴随，我国养老服务体系的服务水平在不断提高。服务理念的提升是服务水平提高的前提，越来越多的养老服务机构不再将服务对象视为被管理的群体，而将其视为合作伙伴，通过深入沟通交流来获取服务对象的需求愿望、评价想法和改进建议，为下一步完善工作提供参考。运行机制的完善是服务水平提高的保证，养老服务体系在运行机制中逐步引入市场化理念、效益等要素，让有限的养老服务资源发挥更大的功能作用。员工素质的提高是服务水平提高的智力基础，越来越多的养老服务机构开始重视护工、护士等专业护理人员的队伍建设，以提高服务的质量和专业化水平。

(二) 养老服务业发展面临的主要问题

受传统养老观念、资金投入和政策措施等因素的影响，我国养老服务体系的发展仍明显滞后于经济社会发展和老龄化的客观需要，严重制约了老年生活质量的提高。

1. 养老服务供不应求的矛盾非常突出

随着服务对象范围的扩大和老年人养老服务需求的上升，养老服务供不应求的矛盾日趋尖锐。以养老机构的床位数为例，2008 年 60 岁及以上老年人口每千人拥有的床位数为 14.7 张（见表 1-6），远低于市场经济发达国家 50 ~ 70 张的平均水平，与增长更为迅速的老年人养老服务需求相比，养老服务床位的供给能力明显不足。据老龄委等机构测算，2015 年我国 60 岁及以上老年人为 2.13 亿人，按每千人床位数为 30 张计算，约需床位总数 639 万张，按目前床位数年均增长率 13.6%推算，2015 年缺口约为 66.9 万张，而床位数达标的年均增长率约为 15.7%。养老服务机构床位数增加将面临老年人口规模扩大和人均床位拥有量提高的双重压力。如果考虑到仍有巨大潜在需求尚未得到释放的话，养老服务供不应求的局面将更为严峻。随着人口老龄化和高龄化程度的提高，潜在需求将会逐步转化为现实需求，养老服务的潜在压力也随之转化为现实压力。如果不能尽快增强养老服务体系的有效供给能力，广大老年群体的生活质量必将难以提高，“空巢化”现象将更为严重，甚至有可能影响到社会稳定和社会和谐。

表 1–6 2006~2009 年各类老年福利机构的床位供给率

年份	床位数		60 岁及以上老年人口		千人拥有床位数	
	总数（万张）	增长率（%）	总数（万人）	增长率（%）	总数（张）	增长率（%）
2006	153.5	16.8	14901	–	10.3	–
2007	212.8	38.6	15340	2.9	13.9	34.7
2008	234.5	10.2	15989	4.2	14.7	5.7
2009	266.2	9.1	16714	4.5	15.9	8.2

注：千人拥有床位数 = 床位总数 ÷ 60 岁及以上老年人口 × 1000

数据来源：《民政事业发展统计报告》（2006~2008）；《国民经济和社会发展统计公报》（2006~2008）。

2. 养老服务体系发展的地区差距相当显著

与经济社会发展不平衡相对应，我国养老服务体系发展也存在明显的地区差距，不仅体现在机构数、床位数和服务对象人数等量的指标上，还体现在服务水平、专业化程度和管理机制等质的内容上。总体而言，经济发达省市的发展水平高于经济欠发达省市，即使同一省市内，经济实力强的地区也要强于经济实力相对较弱的地区。经济发达地区的养老服务体系在基础设施、设备配置和运营管理机制等方面均走在全国前列，追求更为人性化的服务，使老年人真正产生“老有所养、老有所学、老有所为、老有所乐”的感觉。经济实力较弱地区养老服务机构的房屋建筑相对比较简陋，普遍仅设有简单的无障碍设施，康复、娱乐等设施比较缺乏，绿化、生活环境非常一般。

目前养老服务机构床位的城乡分布存在两个显著特征：一是农村多于城市，农村约占总数的 80%，但有逐年递减趋势；二是农村利用率高于城市，平均高出约 3 个百分点。相比较而言，我国农村老年人占老年人总数的比例要低于床位数所占比例，这说明农村人均床位拥有量要高于城市。在此背景下，城市床位利用率仍低于农村，其中深层次原因在于，城市养老服务机构床位数不仅增长较慢，而且与城市老年人的实际需求相比仍有较大差距，导致老年人一方面需要提供越来越多的床位，另一方面需要大幅度提高与床位相配套的养老服务水平。随着城镇化的不断推进和城乡人口的加速流动，城市养老服务机构床位达标的压力将会越来越大。

3. 养老服务的专业化程度不高

目前大多数养老服务机构难以提供专业化的养老服务，主要表现在 3 个方面。一是养老服务机构的业务综合性不强，专业化服务缺乏发展动力。如福利院、养老院和敬老院在老年病、慢性病的防治上就显得力不从心，只能求助于医疗卫生机构，护理院和老年康复中心虽然在医疗卫生服务上略胜一筹，但因进住人员基本上为病患者而让其他老年人有所不适。二是养老服务机构的相关设备配置不全，专业化服务缺乏基础条件。大多数养老服务机构将工作重心放在老年人的日常起居照料上，没有能力和精力为老年人提供更多的专业化服务。三是养老服务资源没有得到充分利用，专业化服务缺乏拓展空间，从而造成资源闲置与资源短缺并存的局面。

4. 养老服务的规模效应难以充分发挥

当前我国养老服务机构的规模普遍偏小，主要体现在床位数量和服务人数上。200 张床位以下的养老服务机构占到总数的 90%以上，50%左右的养老服务机构的职工人数不满 20 人，农村敬老院尤为明显。在养老服务机构的成本核算中，固定成本所占的比重较高，如房舍等基础设施建设，增加服务人数的边际成本在一定范围内是逐步降低的，从而带来规模效益。但我国养老服务机构的规模总体偏小，相关设施的利用效率不高，规模经济难以形成，导致服务对象的人均费用成本较高。

5. 老年护理人力资源不足和综合素质偏低

老年护理人力资源不足，远远不能满足不同年龄、不同层次老年人的各种需求。以北京为例，1999~2003 年，北京市的老年人口大约增加了 0.83 个百分点，护理人员与社会总人口之比却下降了 0.63 个百分点。我国养老服务人员的综合素质偏低，主要体现在文化程度、专业化能力、培训情况和服务质量等方面。家政人员和护工是养老服务的提供主体，除少数高标准的养老服务机构外，大多数养老服务机构的家政人员和护工均为女性下岗职工、农村妇女和外来务工人员，文化程度基本上为中专及以下，同时普遍缺乏专业的护理知识，经过简单培训后就上岗工作，大部分还需要边干边学。尤其是护工缺乏必要的应急实务培训，在面临非常规的突发事件时往往会手忙脚乱，结果事与愿违。与日常生活照料相比，精神慰藉对绝大多数护工来说更是一片空白，他们满足不了老年人在亲情和心理上的期待。

6. 民办养老服务机构发展的制度性障碍因素比较多

当前我国的养老服务机构主要有公办组织、民办非企业组织和企业 3 种类型，与公办养老服务机构相比，民办养老服务机构的性质定位相当尴尬，发展处境相当艰难。大多数民办养老服务机构均处于“四无”状态，即无法人资格、无法开设银行独立账户、工作人员无明确身份及待遇、管理经费无保障。养老服务机构的性质定位不明晰导致管理体制不顺，如敬老院不能独立承担责任，其所有社会经济活动的法律后果只能全部由政府来承担。民办养老服务机构的政策优惠难落实，发展步履维艰。虽然文件将养老服务机构建设用地纳入优先供应范围，但民办养老服务机构基本上享受不到划拨的优惠，只能通过协议出让获取，但过高的土地价格让大多数民办养老服务机构望而却步。文件规定民办养老服务机构在用电、用水、管道燃气、通信等方面按居民使用价格标准执行，但电力、自来水、燃气和电信等企业均实行市场化管理，在具体实践上不好掌握。

7. 入住对象错位导致养老服务床位供求更为紧张

养老服务机构床位的使用对象应以失能半失能老人为主，通过日常照料、专业护理等服务帮助其解决生活不便，通过心理慰藉、文化娱乐等服务帮助其排乏解闷，以体现社会互助与社会公平。但现实情况往往是，包括公办养老服务机构在内的大多数养老服务机构选择性地收住自理或半自理老人，失能半失能老人被拒之门外，这样既可以减少养老服务机构的服务成本，又能降低养老服务机构的运营风险，但从全社会角度来看，这不仅是公共养老服务资源的极大浪费，而且是养老服务机构公益性的偏离和迷失，长此以往将无法缓解养老服务床位供求紧张的局面。

四、文化事业和文化产业发展现状

（一）文化服务业发展的动力与条件

1. 文化服务政府单一供给模式基本打破，多元供给模式正在形成我国以“区别对待、分类指导，循序渐进、逐步推开”方针为指导，积极推动文化体制改革，培育多元文化供给主体，文化服务政府单一供给模式基本打破。一方面，公共文化服务政府多元供给模式不断建立和完善，积极探索通过运用政府购买、特许经营、投资补助、贷款贴息等多种方式，形成多元化的政府公共文化服务供给模式，同时，推动公共服务建设和运营市场化，探索由社会专业化组织负责公共服务的建设、管理和运营。另一方面，大部分经营性文化事业单位实现转企改制，发展成为文化产业新的推动力量。一批大型国有文化企业通过兼并、重组、上市，成为具有极强竞争力的市场主体。文化市场基本实现开放，民营、外资等多种资本在文化产业投资中比重增加，在公平、有序、统一的市场环境下，民营企业、外资企业与国有文化企业公平竞争，共同创造价值，实现文化产业的繁荣发展。以公有制为主体、多种所有制共同发展的投资主体多元化的产业格局进一步得以巩固。在经营性单位中，2008 年实收资本 83238 亿元，其中公有资本与非公有资本之比为 47.5：52.5，与 2004 年的 51：49 相比，非公有资本所占比重有所上升。鼓励和引导非公有资本进入文化产业的政策效果明显。

随着文化体制改革的不断深入，经营性单位数量明显增加，新兴文化服务业得以快速发展，大量骨干文化服务企业涌现。截止到 2008 年年底，共有经营性单位 38 万个，占全部法人单位的 82.6%。与 2004 年相比，经营性单位数量增加 13 万个，增长 52%，所占比重提高近 4 个百分点；经营性单位从业人员数增长 14%，资产增长 55%，主营收入增长 65%，增加值增长 132%。属于文化产业“外围层”的娱乐文化服务、旅游文化服务、广告服务、会议及展览服务及网吧等新兴文化服务行业发展迅猛。与 2004 年相比，2008 年我国文化产业“外围层”法人单位数增长 89%，从业人员数增长 61%，资产增长 103%，主营收入增长 150%，增加值增长 248%。2008 年，在文化服务企业中，资产和营业收入超过 1 亿元的分别有 1582 家和 977 家，分别比 2004 年增加 587 家和 512 家。近年来涌现出的骨干文化服务企业多为广告、传媒、电视网络公司、出版和报业集团、影视制作等行业的大型企业和集团化经营单位。

2. 公共文化服务体系基本建立，文化建设的保障体系更加完善

覆盖城乡的公共文化服务网络初步形成，服务能力得到提高。以国家大剧院、国家博物馆为代表的一大批标志性骨干文化设施在大中城市建成使用的同时，加大对农村地区、西部地区、少数民族地区文化基础设施建设的扶持力度。“十五”期间基本实现“县县有图书馆文化馆”目标，“十一五”规划提出到 2010 年基本实现

“乡乡有综合文化站”的建设目标。2008年，全国共有公共图书馆2825个，县市级文化馆2829个，博物馆1798个，乡镇（街道）文化站37938个（见表1-7）。实施重大文化工程，带动社会文化工作的开展。全国文化信息资源共享工程，运用现代科学技术，实现优秀文化信息资源在全国范围内共建共享。截至2008年年底，文化信息资源共享工程资源量达到73.91TB，比2007年的65TB增加了8.91TB。其中，国家中心完成18.8TB，国家图书馆提供了2.62TB，各地建设52.49TB。数字资源在丰富广大人民群众特别是经济欠发达地区群众的精神文化生活、缩小城乡之间文化发展上的差距等方面发挥了重要作用。送书下乡、流动舞台车、古籍保护、中华再造善本等重要工程达到了预期目标。

表1-7 文化事业主要发展情况

指标名称	单位	2000年	2005年	2007年	2008年	备注
公共图书馆	个	2677	2762	2799	2825	
县级图书馆	个	2244	2385	2414		
县级文化馆	个	2907	2779	2806	2829	
乡镇综合文化站	个	39348	34593	32976	37938	由于撤乡并镇、行政区划改革等原因，导致乡镇综合文化站数量减少
博物馆	个	1392	1581	1722	1798	
全国重点文物保护单位数	个	750	1271	2351	2351	
广播综合人口覆盖率	%	92.47	94.48	95.43	96	
电视综合人口覆盖率	%	93.65	95.81	96.58	97	

国家出台了一系列促进文化建设的政策，加大财政文化投入、开征文化事业建设费、引导文化公益捐赠、支持社会力量兴办文化事业、扩大市场准入等，使长期

困扰文化建设的投入不足、资金短缺等难题得到一定程度的缓解。十七大以来，国家财政对文化事业的投入达到了历史最高水平。“十一五”期间，全国文化事业费和文化设施建设投入大幅增长。截至 2009 年，全国文化事业费总计超过 900 亿元，年均增幅 25.28%，是“十五”总和的 1.81 倍。全国文化设施建设投入 186.71 亿元，年均增长 20.48%，竣工总面积 701.7 万平方米。在全国文化事业费增加的基础上，中央和省级财政设立了专项扶持资金，加大对农村地区，特别是老、少、边、穷地区文化建设的扶持力度。

文化政策进一步完善，文化法规进一步健全，文化法律框架体系初步形成，为文化的健康发展提供了根本保障。

3. 文化产业加速发展，产业结构日趋合理

目前，我国已基本形成了由娱乐市场、演出市场、音像市场、电影市场、网络文化市场、艺术品市场等组成的统一、开放、竞争、有序的文化产业市场体系，初步建立起以综合行政执法、社会监督、行业自律、技术监控为主要内容的文化市场监管体系。到 2008 年年底，全国文化系统登记注册的文艺表演团体达 5114 个，艺术表演场馆 1944 个。文化市场形成多样化、多层次、多渠道的文化产品供给新格局和传播快、覆盖广、容量大的文化产品流通新网络。2009 年 7 月，国务院出台《文化产业振兴规划》，对加快我国文化产业发展起到了极大的推动作用。大量资本和人力资源涌入文化产业领域，一个以公有制为主体、多种所有制共同发展的文化产业新格局正在逐步形成。演艺、音像、艺术品等传统文化产业较快增长，网络、游戏、动漫、流媒体等新兴文化产业迅速崛起，一批有较强实力、竞争力、影响力和自主创新能力的大型文化企业和企业集团脱颖而出，一批具有民族特色、自主知识产权和原创性的知名文化品牌应运而生。

截至 2009 年年底，我国经营性文化产业机构已达32 万家。文化产业日益成为市场经济条件下繁荣社会主义文化、满足人民群众精神文化需求的重要途径，文化产业对国民经济增长的贡献不断上升。2008 年，我国文化产业实现增加值 7630 亿元，占 GDP 比重 2.43%，2004 年至 2008 年间，文化产业增加值年均增速（现价）高于同期 GDP 年均增速（现价）3.6 个百分点，文化产业增加值占 GDP 比重由 2.15%提高到 2.43%。2008 年我国文化产业法人单位主营业务收入为 26802 亿元，比 2004 年增长 65%；文化服务企业法人单位营业利润 981 亿元，增长 5 倍多；规模以上文化产品生产企业利润 592 亿元，增长 110%。2009 年上半年，我国文化产业平均增幅高达 17%，演出、动漫游戏、影视、出版、新媒体增幅达 20% ~ 40%。文化产业日

益成为经济结构调整的重要着力点和新的经济增长点，在经济社会发展中的地位和作用更加突出。

2009 年的国际金融危机，既凸显了文化产业在我国经济发展方式转变中的作用，又在客观上加快了文化产业的优胜劣汰，各行业结构更趋合理。演艺、艺术品、电影、文化会展等传统行业获得新生。

2009 年第五届深圳文博会总成交额达到 877.62 亿元，比上年激增 25.4%。2009 年中国内地电影票房达 62.06 亿元，同比增长 42.96%，均创历史新高。而动漫、游戏、数字影视等新兴文化产业，更是借助高新技术的发展，实现了产品形式、商业模式、销售渠道等多方面的变革，成为文化产业中的朝阳产业。2009 年，仅网络游戏的产值就达 258 亿元，同比增长 39.5%。在高科技的条件下，由于传统产业与新兴产业并存，传统产业借助现代科技实现升级，新兴产业向传统文化汲取营养，我国文化产业正在形成更为合理的产业结构。

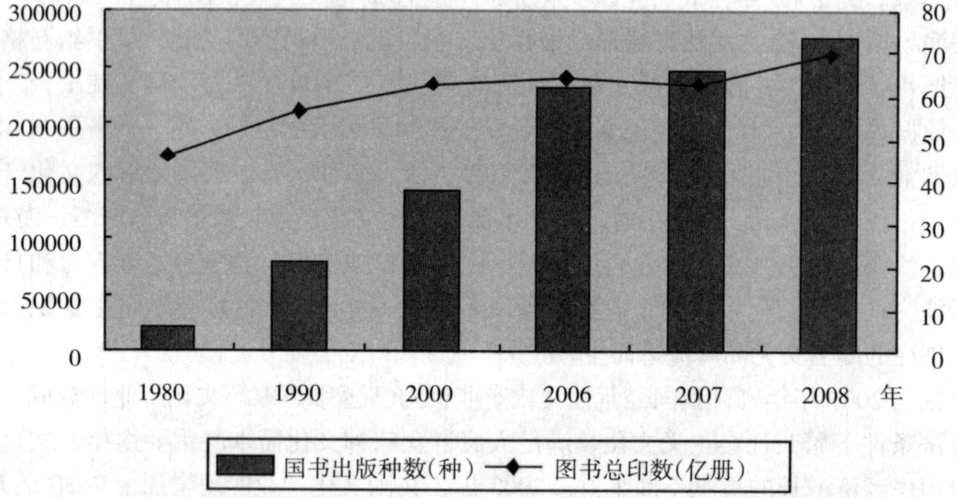

图 1-9 主要年份我国图书出版种数及总印数

文化产业的“核心层”包括新闻服务、出版发行和版权服务、广播电影电视服务和文化艺术服务等 4 个类别，共有从业人员 332 万人，拥有资产 8331 亿元，全年营业收入 5775 亿元，实现增加值 2512 亿元，比 2004 年增长 107.6%。“外围层”包括以互联网信息为主的网络文化服务，以旅游、娱乐为主的文化休闲娱乐服务和以广告、会展、文化商务代理为主的其他文化服务等类别，共有从业人员248万人，拥有资产9319亿元，全年营业收入6140亿元，实现增加值2181亿元，比2004年增长247.6%。与2004年相比，"外围层"无论是在人员和资产配置上，还是在营业收入和增加值等方面均有较大的发展（见图1-10）。

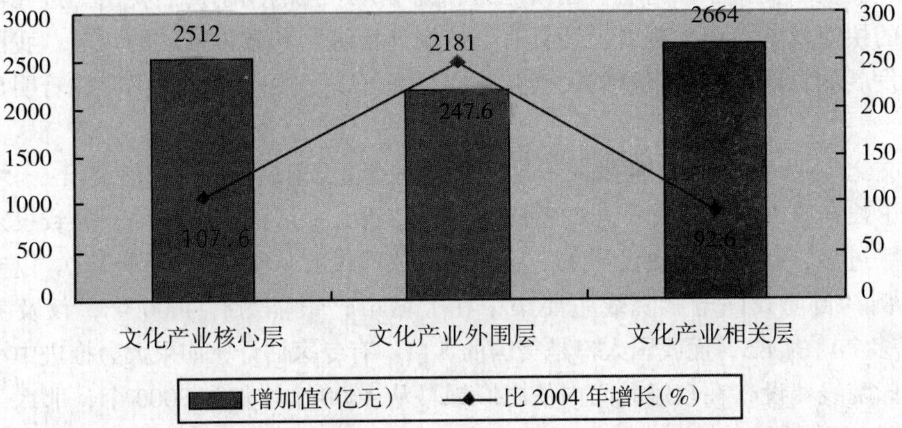

图1-10 2008年文化产业内部结构及其变化

4. 中外文化交流活跃，文化软实力日益增强

党的十七大强调要提高国家文化软实力，表明我们党和国家已经把文化软实力作为实现中华民族伟大复兴新的战略支点。目前，我国同世界上160多个国家和地区保持着良好的文化交流关系，先后与145个国家签订政府间文化合作协定和近800个年度文化交流执行计划，全方位的对外文化交流的新格局已经形成。文化外交已经成为我国继经济、政治外交之后的第三大支柱，成为国家整体外交战略的一个重要组成部分。对外文化交流渠道逐渐拓宽，通过实施品牌战略，从深度和广度上拓展活动的影响力，"春节品牌"、"相约北京"、"亚洲艺术节"、"中国上海国际艺术节"等已成为在世界上广泛传播中华文化的重要载体。《武林外传》、《三国演义》等一批国产原创动漫产品畅销日韩、欧美等70多个国家和地区，出口额突破4亿元。一批有实力的文化企业积极走向世界，开拓国际市场。据商务部统计，2007年我国文化产品和服务进出口贸易总额为166.4亿美元，其中核心文化产品进出口贸易总额达到129.2亿美元，比2006年增长26.6%，是2001年的3.7倍；文化服务进出口贸易总额为37.2亿美元，比2006年增长39.9%，是2001年的6.1倍。2008年，电视节目

进口总额45421万元，出口图书653万册，金额共计3131万美元。我国文化产品进出口不平衡的局面有所改观。

（二）文化产业发展面临的主要问题

由于长期以来投入不足，我国文化产业发展的基础依然薄弱，总量较小、市场主体弱小、技术支持手段落后、创新能力和竞争力不强的问题仍然突出。近几年文化产业的快速发展在很大程度上还具有“体制性松绑”和政策推动的效应。我国文化产业发展的总体水平与丰富的民族文化资源和经济发展水平之间仍存在着明显的落差。

1. 文化产业高速发展，但投入不足，基础设施建设落后的问题依然突出

由于长期以来强调文化产业的特殊属性，忽视其一般的产业属性，导致投入不足，欠账过多，基础设施建设严重落后的局面依然没有从根本上得到扭转。以电影产业为例，目前我国电影院线主要集中在大城市，银幕约有4000个，仅及美国（20000多个）的1/5，而我国人口是美国的5倍。有专家估计，如果大力推进中小城市的电影院线建设，在较短时间内使电影银幕从4000个增加到8000个，那么，电影票房至少可以增加一倍。

2. 文化体制改革取得了重要进展，但市场化水平低，产业集中度和集约化程度不高

近年来通过深化文化体制改革，一批经营性文化事业单位完成转企改制，少数具备条件的企业已经上市，市场在资源和要素配置中的作用初步得到发挥。但由于文化体制改革尚未到位，文化领域条块分割和市场壁垒仍然严重，导致企业规模普遍过小，产业集中度和集约度低下，文化市场缺乏战略投资者，难以形成实施国家重大项目的能力。

3. 文化创业投资和文化资源开发热潮持续升温，但文化经营人才缺乏，投融资支持体系严重滞后

随着文化市场有限度开放，社会资本和相关产业资本纷纷进入文化产业，文化创业投资热潮、文化资源开发热潮持续升温，区域文化产业异军突起，亮点纷呈。但文化经营性人才缺乏，投融资支持体系严重滞后，企业贷款难度大，普遍缺乏创业和发展资金，导致发展后劲不足。

4. 国家出台了一系列扶持政策，但配套政策不完善

国家已经出台《“十一五”时期文化发展规划纲要》，制定和发布了一系列扶持

政策，对于引导文化产业快速发展起到了积极作用。但由于缺少针对文化产业特点的系统配套的政策措施，使得文化市场难以迅速提高资源配置效率。例如，面向试点地区的优惠政策其他地区无法享受，文化娱乐业仍按 20 世纪 80 年代制定的 20%消费税征收，成为制约文化产业发展的重要因素。

5. 文化服务贸易逆差依然较大，文化软实力和影响力有待进一步提高

近年来，我国对外文化贸易大幅增长，文化服务贸易逆差逐年缩小，但绝对额仍然较大。以图书版权贸易为例，2000 年，我国图书进出口贸易为 10∶1，2005 年为 8∶1，到 2007 年，缩小到 5∶1。另据中国科学院中国现代化研究中心近日发布的《中国现代化报告 2009——文化影响力指数评估》，我国的文化影响力指数居于美国、德国、英国、法国、意大利、西班牙之后，排名世界第七。这表明，我国的文化软实力和影响力有明显提升，但与我国作为世界第三经济大国的地位还很不相称。在日趋激烈的国际文化竞争中，国外文化资本、文化企业、文化产品不断涌入，我国的文化资源优势还没有转化为文化竞争优势，文化产品进出口存在严重逆差，当代文化的国际影响还很有限。我国文化企业在国际文化市场进多出少、业务单一，对外文化交流和文化传播严重“入超”,“文化赤字”很大。2008 年，我国电视节目进口总额 45421 万元，出口总额 12476 万元，进口总额是出口总额的 3.6 倍；电视节目进口量 20550 小时，出口量 10300 小时，进口量约是出口量的 2 倍（见图 1–11）。

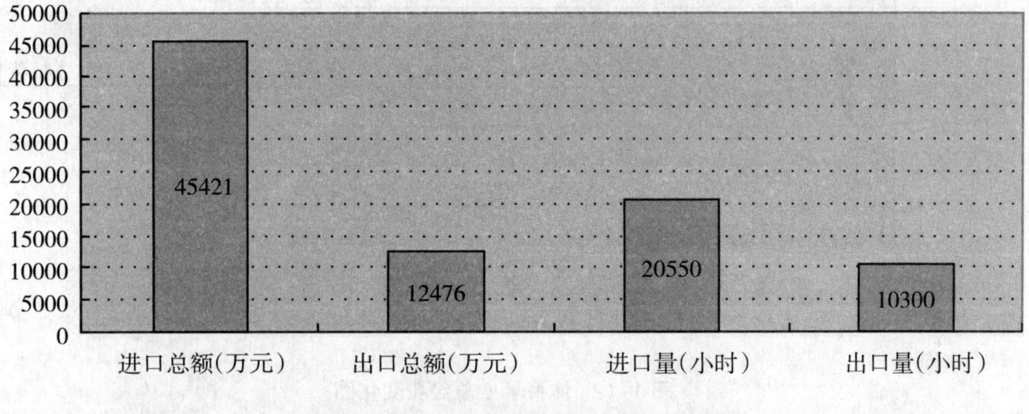

图 1–11　2008 年全国电视节目进出口情况

我国文化的对外影响力与我国的国际地位及经济社会发展水平相比还有不小差距。我国要从提高综合国力、提高国际竞争力和掌握意识形态斗争主动权的战略高

度，大力加强文化建设，谋划文化的更大发展。

五、体育健身相关服务业发展现状

（一）体育健身产业发展的动力与条件

1. 体育事业的整体投入逐步改善

我国十分重视对体育事业的投入，1978~2008 年各级财政对全国体育系统共投入资金 1842.4 亿元，其中中央投入 295.2 亿元，地方政府投入 1547.2 亿元（见图 1-12、图 1-13）。新中国成立初期至 1977 年，国家对体育事业的财政投入为 22.8 亿元。将两个历史时期作比较，政府对体育事业的财政投入扩大了 81 倍。1978 年体育事业的财政投入为 2.5 亿元，2008 年增加到 383.9 亿元，扩大了 137 倍。进入新世纪，随着北京奥运会主办权的获得，我国对体育事业的投入明显增加，特别是地方对体育的投入进入一个新的高度。

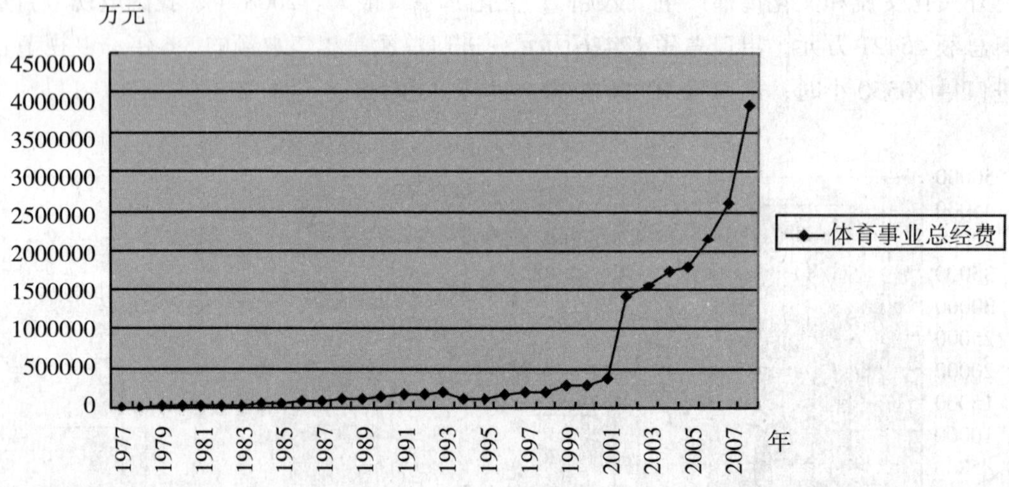

图 1-12 体育事业总经费变化图

资料来源：根据《体育事业统计年鉴》汇编。

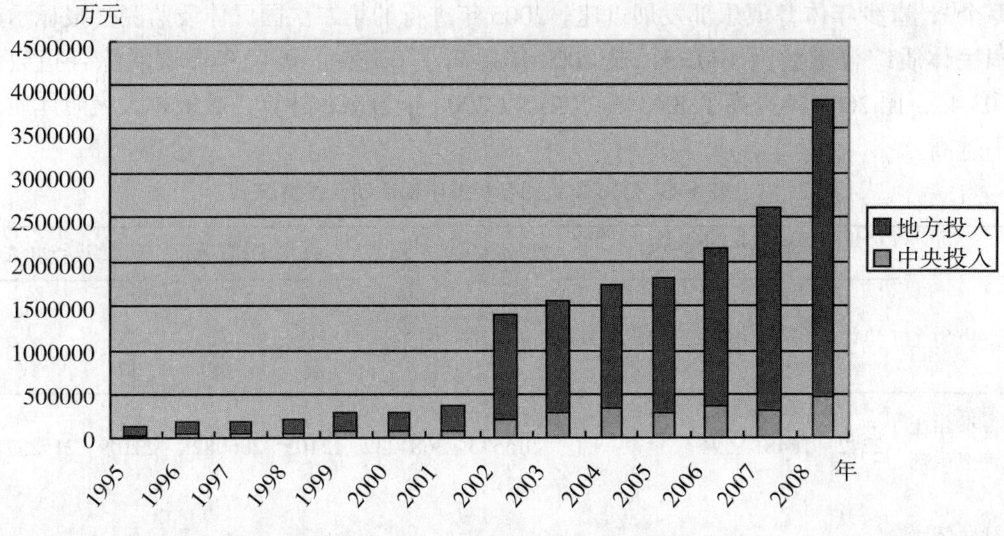

图 1-13　1995~2008 年我国中央与地方政府投入

数据来源：《体育事业统计年鉴》，2009 年。

2. 群众体育发展达到新的水平

根据第五次全国体育场地普查结果，截至 2003 年年底，我国有各类体育场地 850080 个，其中标准体育场地 547178 个，非标准体育场地 302902 个，占地面积为 22.5 亿平方米，建筑面积为 7527.2 万平方米，场地面积为 13.3 亿平方米。以 2003 年年底全国总人口 129227 万人（不含港澳台地区）计算，平均每万人拥有体育场地 6.58 个，人均体育场地面积为 1.03 平方米，人均投入体育场地建设资金为 148.15 元。同第四次全国体育场地普查（截至 1995 年 12 月 31 日）数据相比，人均体育场地面积增加了 0.38 平方米，增长 58.46%，年平均增长率为 5.92%。人均投入体育场地建设资金增加了 117.09 元。每万人拥有体育场地数增加了 1.58 个，增长 31.6%。《2007 年中国城乡居民参加体育锻炼现状调查公报》显示，2007 年全国有 3.4 亿城乡居民参加体育锻炼，全国“经常参加体育锻炼”的人数比例为 28.2%（含在校学生）。

2009 年，《全民健身条例》的颁布和“全民健身日”的设立，标志着我国群众体育进入了一个新的发展阶段。群众体育组织化、科学化水平不断提高，群体组织已基本覆盖全国城乡，全国性单项体育协会、省区市体育总会、行业体协达到 176 个；全国共建立省级社会体育指导中心 23 个；全民健身城乡体育指导站和健身站点近 21

万个[①]，青少年体育俱乐部发展迅速。2005 年进行的第二次国民体质监测公报显示[②]，国民体质综合指数为 100.75，比 2000 年提高了 0.75%。国民身体素质综合指数为 103.43，比 2000 年提高了 3.43%。（注：以 2000 年为 100 计算，数值越大表明体质水平越高。）

表 1-8 2008 年我国各类俱乐部活动开展情况

	体育俱乐部数量					教练员数（人）	会员数（人）	年办培训班（人）		年组织活动（人）	
	总计	国家级	省级	地级	县级			年次数	年人数	年次数	年人数
青少年体育俱乐部	2242	1648	594			15575	3684232	12105	2860828	23109	21529713
社区健康俱乐部	7376	140	316	2297	4623	16121	1392790	12630	1388457	54196	11982867
其他俱乐部	7722	1207	270	2555	3690	11984	1323464	37839	676201	17335	1976302
总计	17340	2995	1180	4852	8313	43680	6400486	62574	4925486	94640	35488882

数据来源：《体育事业统计年鉴》，2009 年。

3. 竞技体育水平不断得到提高

新中国成立以来，我国把竞技体育的赶超型发展作为体育事业发展的重要手段，逐步形成了以奥运会为最高层次的竞技体育发展战略和中国特色的竞技体育举国体制，竞技体育的综合实力和国际竞争力也不断提高。截至 2009 年 12 月底，我国运动员共获得世界冠军 2425 个，创超世界纪录 1213 次，中国已经成为国际体育舞台上一支具有强大竞争力的重要力量。

起步于 20 世纪 90 年代的我国职业体育和赛事经济，经过 10 多年的发展，初步形成了以足球、篮球、排球和乒乓球职业联赛以及 F1、网球“大师杯”、高尔夫球“精英赛”等各类商业性赛事构成的体育赛事产业体系。截至 2008 年，我国四大职

①国新办举行新闻发布会，刘鹏介绍新中国 60 年体育成就，《中国体育报》，2009 年 9 月 29 日。

②第二次国民体质监测公报，http://www.sport.gov.cn/n16/n1077/n1467/n1587/616932.html

业联赛所辖的职业俱乐部总数超过 130 家，其中足球 28 家（中超 15 家，中甲 13 家），篮球 54 家（男子 35 家，女子 19 家），排球 32 家（男子 16 家，女子 16 家），乒乓球 20 家（男女各 10 家）。职业俱乐部数量的增加不仅形成了广阔的竞赛表演市场，也带来了体育赞助和消费者观赛规模的增加，活跃了体育市场。篮球 CBA 职业联赛自 1995~2008 年的 13 个赛季，平均每个赛事的现场观众人数达到 76 万人，平均上座率达到 80%以上。排球、乒乓球等职业联赛上座率也达到 60%以上。

4. 体育产业发展迅速

2006 年，全国体育及相关产业从业人员 256.30 万人，实现增加值 982.89 亿元，占当年 GDP 的 0.46%；2007 年全国体育及相关产业从业人员 283.74 万人，实现增加值 1265.23 亿元，占当年 GDP 的 0.49%，按可比价比 2006 年增长 22.83%；2008 年全国体育及相关产业从业人员为 317.09 万人，实现增加值 1554.97 亿元，占当年 GDP 的 0.52%，按可比价比 2007 年增长 16.05%。

北京奥运会的成功举办，推动了我国体育产业的迅速发展。根据《北京奥运会财务收支和奥运场馆建设项目跟踪审计结果》，截至 2009 年 3 月 15 日，北京奥组委计算的奥运会直接收入为 213.63 亿元，支出 202.06 亿元，收支结余超过 10 亿元。经按奥组委各年度实际支出项目分析计算，2008 年度北京奥运会直接支出 162.14 亿元，核算增加值 64.21 亿元，直接拉动体育产业占 GDP 比重提高了 0.58 个百分点。若扣除北京奥运会收支数据因素，2008 年北京市体育产业实现增加值 89.8 亿元，比 2007 年增长 24.2%；占 GDP 的 0.81%。

目前全球有 65%的体育用品是中国制造，中国的体育用品加工企业超过 3000 家。我国体育彩票市场空间也较大，全国每年销售量在 200 亿元左右。

（二）体育健身产业发展面临的主要问题

在体育事业上所取得的成就并不能等价于体育产业竞争力的提高。体育产业竞争力的核心支点在于消费的要素决定，消费的持续与扩展才是实现体育产业可持续发展的根本之路，其关键在于有一个稳定的、不断发展的体育消费市场。在中国，体育消费不仅是提高国民身体素质的系统工程，更是满足体验时代讲究效用的娱乐性消费和促进产业发展壮大的经济性行为。①

①魏农建等:《中国城市体育消费构成实证：基于产业市场开发的研究》,上海,上海财经大学出版社,2010 年,第 1 页。

1. 群众体育的发展仍严重落后

2008 年，我国体育系统内的体育事业资金共支出 3327020.6 万元，其中，群众体育支出 691053 万元，群众体育占体育事业经费支出的比例仅为 20. 77 %。虽然到 2008 年年底中国体育场地数量达到 104 万个，每万人拥有 7.9 个，但与美国、日本等发达国家每万人拥有 200 个的数量相比还有较大差距。

体育俱乐部共有 17340 个（见表 1–8），体育社团 22727 个，与发达国家有很大差距（见表 1–9）。2008 年全国人口有 13.28 亿，每 76587 人才能参加一个俱乐部，每 58434 人才拥有一个体育社团。青少年体育俱乐部 2242 个，而全国青少年人数有 3 亿多，每 133809 名青少年才能参加一个青少年俱乐部；公益性社会体育指导员 1042529 名，一名公益性社会体育指导员要指导 1274 人，而日本 2007 年共有 235054 名（包括体育辅导员）社会体育指导员，平均约 553 人就享有一名社会体育指导员。

表 1–9 主要国家俱乐部情况表

国别	总人口数（万人）	俱乐部总数	俱乐部成员数（万）	每个平均成员
德国	8252	88000	2680	305
法国	6038	170000	1000	60
英国	5987	106423	820	77
中国	132802	17340	640	369

数据来源：英法德俱乐部数据来源于 Carter Report on Sport，2005，人口数来源于世界银行，以 2004 年年中统计。中国数据来源于《体育事业统计年鉴》(2009)。

2. 体育产业对国民经济的贡献率不大

美国体育产业的年产值为 2100 亿美元，是汽车制造业总收入的两倍，占 GDP 的 2%；澳大利亚体育产业对 GDP 的贡献也超过了 1%；意大利以“足球工业”为主的体育产业自 20 世纪 80 年代末就已成为国民经济的十大支柱产业；然而，我国体育产业对 GDP 的贡献却不足 0.5%。

3. 体育核心产业不突出

体育产业由本体产业和相关产业组成。本体产业包括体育竞赛表演业、体育健身娱乐业、体育博彩业、体育培训业、体育场馆服务业、体育组织等。在西方发达国家，相关产业（体育用品制造业和体育用品销售业）的产值并不统计在体育产业中。成熟的体育产业中，体育竞赛业和健身业应该占据核心和主导地位。我国以1994年足球职业化为节点的职业竞赛已有15年历史，但并没有带来竞赛表演业的繁荣。以2007年为例，2007年全国体育及相关产业各领域增加值的构成为：体育用品、服装鞋帽制造占70.98%，体育用品、服装鞋帽销售占8.82%，体育组织管理活动占7.06%，体育健身休闲活动占4.65%，体育场馆建筑占3.53%，体育彩票占2.34%，体育场馆管理活动占1.82%，体育培训活动占0.63%，体育中介活动占0.24%。①

4. 体育产业发展严重不平衡

体育产业发展的不平衡包括区域的不平衡和城乡不平衡。以体育用品制造业为例，2002~2007年其产品销售收入排名前6位的省（市）主要是广东、江苏、山东、浙江、福建和上海（见表1-10），该6个地区所属的7大类体育制造业产品销售收入的市场份额之和均在90%以上。

表1-10 2002~2007年我国体育用品制造业市场集中水平指标

2002	2003	2004	2005	2006	2007
广东(21.68)	广东(20.29)	广东(18.51)	广东(23.28)	广东(23.33)	广东(27.10)
上海(17.90)	上海(20.05)	上海(18.10)	山东(18.14)	山东(21.13)	江苏(16.94)
江苏(16.13)	浙江(15.07)	山东(17.31)	浙江(15.02)	江苏(14.47)	山东(16.37)
山东(14.58)	江苏(14.63)	浙江(16.06)	江苏(14.22)	福建(11.58)	浙江(12.42)
福建(12.39)	山东(13.51)	江苏(13.80)	上海(11.65)	浙江(11.32)	福建(11.84)
浙江(10.56)	福建(9.35)	福建(9.66)	福建(11.27)	上海(11.15)	上海(7.80)
93.24	92.90	93.44	93.58	92.98	92.47

数据来源 陈颇，赵恒：《中国体育用品制造业产业集聚程度变动趋势的定量研究》，《天津体育学院学报》，2009年第1期。

体育产业的城乡发展不平衡逐渐明显。受经济发展水平等因素的影响，城镇居民参加体育锻炼的消费水平高于乡村。在参加体育锻炼的人群中，城镇居民有

①数据来源于2010年全国体育产业工作会议。

74.5%的人有过体育消费，乡村则为69.4%，城镇居民全年人均消费水平为718元，而乡村为355元。

从区域分布来看，东部地区的体育产业发展要明显高于西部，西部地区体育发展水平的落后也影响到其体育产业的发展，这种影响也体现在体育消费上（见表1-11、图1-14）。

表1-11 西部各省（区、市）体育本体产业收入占事业收入的情况

	重庆	四川	贵州	云南	西藏	陕西	甘肃	青海	宁夏	新疆
事业收入（万元）	936	31268	3757	1219	62	2228	189	3	179	1183
主体产业收入(万元)	315	900	30	69	0	80	28	3	4	15
所占比例(%)	33.65	2.88	0.8	5.66	0	0.04	14.81	100	2.23	1.27

资料来源 刘青:《竞技体育管理方式——西部的路径与抉择》，北京，人民体育出版社，2007年。

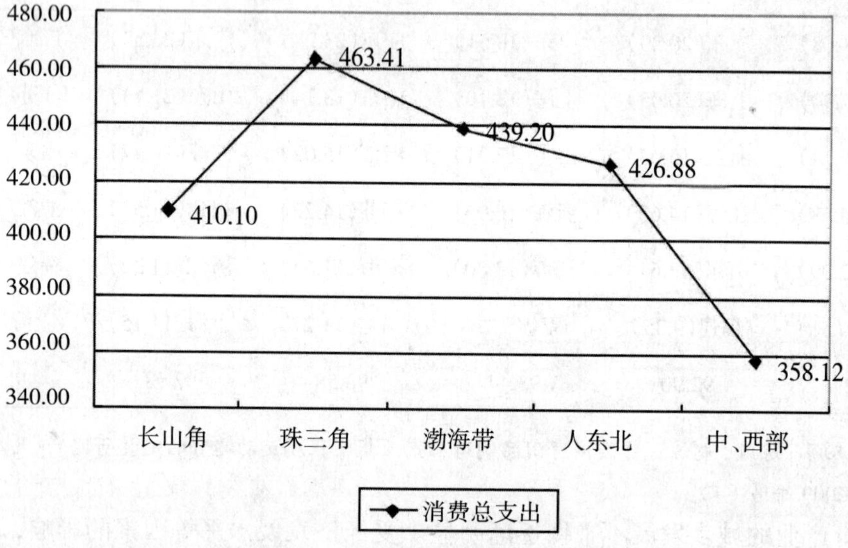

图1-14 不同经济区域人群的体育消费支出均值

数据来源 魏农建等:《中国城市体育消费构成实证》，第223页，上海，上海财经大学出版社，2010。

六、旅游业发展现状

（一）旅游业发展的动力与条件

1. 我国旅游业呈持续快速增长势头，居民的旅游消费需求日益旺盛

《中国统计年鉴》数据显示，2009 年我国国内旅游人数为 19.02 亿人次（约人均 1.4 次 / 年），同比增长 11.1%，其中城镇居民 9.03 亿人次，农村居民 10 亿人次。国内旅游收入为 10183.69 亿元，同比增长 16.39%。全国入境旅游人数为 12647.59 万人次，国际旅游外汇收入为 396.75 亿美元。我国城镇居民旅游总花费 7233.8 亿元，农村居民旅游总花费 2949.9 亿元，我国人均旅游花费 535.4 元，其中，城镇居民人均 801.1 元；农村居民人均 295.3 元。城镇居民人均旅游支出占人均消费性支出的 6.53%，农村居民人均旅游支出占人均生活消费支出的 7.40%①。

2. 旅游产业总体平稳快速发展，产业规模基本形成，在国民经济中的比重日益增加

除 2008 年由于受到金融危机的影响，使得入境游人次和收入有所下降以外，在已经过去的几年中，我国旅游业总体上保持了平稳快速发展。2007 年，入境旅游人数达 1.32 亿人次，其中过夜旅游 5472 万人次；旅游外汇收入达 419 亿美元，我国已成为全球第四大入境旅游接待国；国内旅游达 16.1 亿人次，人均出游超 1 次，市场规模位居世界前列；出境旅游达 4095 万人次，居亚洲第一位。2007 年，旅游业总收入首次突破 1 万亿元，达到 1.09 万亿元（见表 1-12）。

表 1-12　2006~2008 年我国旅游业发展状况

	2006	2007	2008
入境游人次	12494.21 万	13187.33 万	1.30 亿
入境游收入(亿美元)	339.49	419.19	408.43
国内游人次(亿)	13.94	16.10	17.12
国内游收入(亿元)	6230	7770.62	8749.30
出境游人次(万)	3452.36	4095.40	4584.44
旅游业总收入(亿元)	8935	10957	1.16 万

数据来源：国家旅游局 2006～2008 年统计公报。

①国家统计局:《2010 中国统计年鉴》,北京,中国统计出版社,2010。

截至2007年，我国已有各类旅行社1.8万家，星级饭店1.3万座，各类景点景区2万余家，大中专院校旅游专业在校学生规模73万人，旅游直接从业人员1000多万、间接从业人员4900多万（见表1–13、表1–14、表1–15）。与此同时，我国在联合国世界旅游组织的影响也迅速提高，2007年，中文正式成为世界旅游组织官方语言。

表1–13 2006～2008年全国星级饭店的规模及经营情况

	2006	2007	2008
星级饭店数目(家)	12751	13583	14099
固定资产原值(亿元)	3957.45	4298.57	4353.25
全年平均房出租率(%)	61.03	60.96	58.30
星级饭店营业收入总额(亿元)	1482.86	1647.03	1762.01

表1–14 2006~2008年旅行社的规模和经营情况

	2006	2007	2008
旅行社数目(家)	17957	18943	20110
资产总额(亿元)	484.80	517.00	521.86

表1–15 2006～2008年全国旅游培训规模

	2006	2007	2008
旅游院校总数(所)	1703	1641	1775
在校学生(万人)	73.49	77.38	84.46
在职人员培训总量(万人次)	286.52	320.94	338.28

数据来源：国家旅游局2006～2008年统计公报。

3.旅游市场结构出现新变化，旅游新产品不断涌现，旅游业态更加丰富

放假办法的改革，导致"十一五"期间出现了上半年假日多于下半年，使得国内旅游上半年长线游客减少、短线游客增加，城市周边旅游大量增加，而下半年长

线游客增加，出境旅游总量继续增长。出游高峰呈现新的规律性变化。除春节、暑假和“十一”继续是长线旅游的高峰期，元旦、清明、“五一”、端午、中秋等长周末出现短途为主的出游高峰。

旅游和休闲方式日益多样化。传统观光旅游继续发展，度假休闲旅游及自驾游、科考、探险、体育、文化和健康旅游等形式明显上升，出现了旅游新业态快速发展的局面。

(二) 旅游业发展面临的主要问题

1. 旅游产业深层次矛盾凸显

旅游市场发育不充分，突出表现在市场机制不健全，市场规则不完善，旅游环境如政策法律环境、交通运输状况以及其他相关配套设施不健全，无法适应旅游业高速发展的需要；各地区、各部门、各企业之间无序竞争日趋激烈；服务质量无法满足旅游跨越式、井喷式发展；国内旅游业缺少具有国际竞争力的大企业，旅游产业人员素质不适应现代产业的要求。

2. 出境旅游的高速增长和旅游服务管理之间的矛盾加剧

相比于其他两个市场，我国的出境游发展较晚。但是近年来，随着我国人民生活水平的不断提高、各项国际交流活动的日益增多，出境旅游市场呈现出飞速发展的态势，出境旅游人数迅速增长。根据国家旅游局公布的数据，2008 年出境总人次数为 4584.44 万，比 2007 年增加 11.9%，其中因私出境为 4013.12 万人次，年度增长 14.9%，因公出境为 571.32 万人次，年度增长 5.25%。与出境游的火爆场面相比，旅游服务管理水平却未能相应地提高，从而加剧了两者之间的矛盾。我国的出境游多是通过相关旅行社组团或跟团的方式展开的，而从事相关业务的团社多数软件设施达不到标准，违规、虚假广告较为普遍，旅行社经营不规范、旅游服务质量不到位的现象仍然大量存在，旅游投诉数量居高不下，对出境游市场的发展造成了不良影响。另外，一部分国内游客利用出国游渠道滞留不归、非法偷渡等问题时有发生，这也是旅游行政管理机构和旅游企业必须应对的新挑战。

3. 国内旅游低层次、粗放型的增长方式面临挑战

近年来，国内旅游市场呈现出火爆场面。旅游消费需求的快速增长对供给方提出了更高要求，然而在国内旅游市场上，传统的低层次、粗放型的增长方式仍未得到根本转变，难以适应旅游业产业转型升级的要求。多年来，我国国内旅游发展中存在着一流资源、二流开发、三流服务的粗放型增长方式，具体表现为注重单纯的

数量扩张，对旅游资源的开发平面化，服务单一化，经营本位化，严重地影响了旅游产品的档次和品位的提升。在旅游资源和产品开发、项目设施建设、组织接待服务等方面，仍比较普遍地存在着水准不高、起点较低，甚至粗放、简单地学习模仿、低水平重复建设等问题。过度依赖自然旅游资源，忽视人文旅游资源和社会旅游资源的开发工作，对资源项目和产品服务的品位、主题内容和消费目标定位、科学文化内涵挖掘，特别是功能特性的特色化、科学化重视不足，从而导致新产品和新业态不够丰富。这些问题严重地阻碍了旅游公共服务和供给能力的提升，无法满足国内旅游消费需求的快速发展。这种供需之间的矛盾在一定时段和特定区域会表现得尤为突出，如度假旅游产品供不应求，部分地区旅游住宿设施不足，与旅游配套的基础设施不足，部分时段对交通的压力增大等。

4. 旅游法规建设滞后，执法水平和能力亟待提高

我国旅游行业法制建设整体上明显滞后，严重不适应旅游市场快速发展的要求。我国旅游行业至今还没有一部综合性的旅游法，只有《旅行社管理条例》、《导游人员管理条例》、《中国公民出国旅游管理办法》3部行政法规，旅游业包括的六要素中，只有旅行社领域的法规比较健全。就旅游业发展本身的要求来看，旅游执法本应是一个有机的统一体，但由于我国现行的行政管理体制和行业分割问题，导致旅游资源和产业要素分散于各个部门，其结果便是旅游管理权力的分散。名义上各级旅游局是旅游行业的主管部门，但实际上能够管理到的领域只有旅行社，现实中虽然旅游部门被赋予了统管旅游接待设施和旅游服务标准之责，但实际上各行业部门管理领域以内的旅游景区（点）很难被管理到位。因此出现了旅游发展面越大，各部门间的矛盾也就越多，旅游执法的支撑基础就越薄弱的局面。从执法队伍建设上看，由于相应的执法培训跟不上，执法人员对法律法规条文和程序不熟，很容易出现执法不当、执法随意等问题。

5. 旅游产业链不够优化，深层次矛盾凸显

旅游产业链是否优化成为影响旅游业作用发挥的关键，拉长旅游产业链、优化旅游企业产业整合被认为是发挥旅游业对相关产业带动效应的有效方式。与发达国家旅游业的作用相比，我国旅游业的发展仍有很大差距。第一，由于尚未建立起完善的市场经济机制和现代企业制度，导致旅游产业行业内部结构、旅游企业数量结构和质量结构存在不合理性，从而决定了旅游产业链内行业结构不合理。第二，政府及其行政职能机关出于地方保护的目的，采用不合理的行政手段和行政命令干预旅游市场的正常发展，使区域内企业形成垄断行为，导致行政区域性市场壁垒过高，

阻碍了相关要素在不同地区、部门和企业之间的自由流动。第三，各行业和各企业之间缺乏合理的利益调节机制，从而阻碍了旅游产业链的稳定。旅游产业整体竞争实力的增强往往需要牺牲某个环节的经济利益，通过利益调节机制给予牺牲企业一定的利益补偿，从而使各旅游企业间形成稳定的互惠互利关系，但恰恰是这一点在现实中难以实现。第四，旅游行业中普遍存在信用缺失，导致产业链上各企业之间合作的交易成本太高，严重降低了企业间合作的积极性，妨碍了旅游业专业化分工优势的充分发挥，使旅游产业链的构建更加难以实现。

6. 旅游业从业人员整体素质不适应发展要求

旅游人力资源素质的高低成为决定各个国家旅游业竞争力的一项重要指标，旅游业的健康发展依赖于一支高素质的从业人员队伍。而我国的现实情况是，旅游业的快速发展导致旅游从业人员数量规模急剧膨胀，人员来源和背景复杂，旅游从业人员总体素质不高，难以适应旅游业飞速发展和升级转型的需要。我国导游队伍呈现出女性为主、年纪较轻的特点，从学历结构看，导游人员的学历普遍偏低，这在中文类导游人员中显得更为突出；从专业结构看，中文类导游人员以旅游类专业为主；从导游等级结构看，持导游资格证书和初级导游员证书者占绝大多数，中级、高级、特级导游员所占比例极低，导游队伍等级结构不合理的问题非常突出。在经理队伍方面，从学历结构看，我国旅行社经理人员的学历较低，国内旅行社部门经理学历更低一些；从专业结构看，旅行社经理人员所学专业以旅游类、管理类专业为主。由于旅游院校的专业设置不能紧密结合实际，有些毕业生学非所用，旅游资源的策划、规划和开发方面专业人才缺乏，旅游饭店、旅行社的管理者和一般从业者也都很少受过专业化的教育或培训。上述因素不仅是导致我国旅游服务水平整体比较落后的主要原因，也是影响我国旅游业国际竞争力的重要因素。

七、家政服务业发展现状

（一）家政服务业发展的动力与条件

家政服务就是指将部分家庭事务社会化、职业化，由社会专业机构、社区机构、非盈利组织、家政服务公司和专业家政服务人员来承担，以帮助家庭与社会互动，构建家庭规范，提高家庭生活质量，以此促进整个社会的发展。

随着经济的迅速发展和社会的不断进步，人们的生活水平越来越高，服务业在社会生活中的地位显得越来越重要，原来的家庭自我服务也开始逐步转变为从市场购买，越来越多的家庭要求社会提供形式多样、质量满意的家政服务。发展家政服务业，既有助于改善人民生活，又有助于开发就业岗位以解决就业问题，还有助于刺激消费并拉动有效需求。2000年8月，劳动和社会保障部颁布了《家政服务员国家职业标准》，将家政服务员确定为国家的一种职业，也把家政服务业纳入了规范性发展的轨道。2010年9月，温家宝总理在国务院常务会议上研究部署发展家庭服务业的政策措施，将发展家庭服务产业提升到了国家战略层面，其后，国务院办公厅又专门出台了关于发展家庭服务业的指导意见。家庭服务的发展无疑正面临重大的机遇与挑战。

近年来，我国各地家庭服务业均有较快发展，全国已有家庭服务企业和网点50多万家，从业人员1500多万人，大致形成20多个门类、200多种服务项目。它所提供的服务内容从传统的保洁、理家、照顾老人和孩子，到商品配送、电器维修、送餐上门、房屋维护等，涉及人们生活的方方面面。从目前看，国内家政服务企业的运营模式主要集中表现为三类组织形式，即中介型家政服务企业、员工制家政服务企业和会员制家政服务企业。

产生于80年代初期的中介制家政服务企业的组织形式是新中国成立后出现最早的家政服务组织运作模式，它开创了新中国成立以来家政服务组织化运作的先河。在中介制家政服务企业组织形式出现后，政府有关部门才开始制定政策，使其存在和发展在理论上得到认可，在实践上逐步健全。

员工制家政服务企业则属于精品型家政服务组织运作模式，该企业的结构管理较为规范，在团队建设方面少而精良；企业组建投入少、风险小，无需大规模、大设施即可获得高收益。员工制家政服务组织实行“六统一”的基准服务模式：即统一招生、统一培训、统一考核、统一持证、统一安排工作、统一后期管理。家政服务员均要经过统一培训、统一考核，考核合格后统一持证上岗，由家政服务企业统一负责为家政服务员安排工作，且由家政服务企业对家政服务员和其雇主实施全程的后期规范管理。在这种家政服务的运营模式中，其秉承的基本原则是：家政服务员是作为家政服务企业的员工派遣给雇主，家政服务企业对家政服务员和雇主实施全面、全程管理；家政服务员与雇主之间只存在服务与被服务的关系，两者之间不直接发生经济往来，且合作期间两者面对的永远是家政服务企业。企业获得收益的是每月的管理费而非一次性的中介费或年度性会费。即由家政服务企业来保障两者的安全、服务质量，平衡两者的权益从而充分解决了雇主和家政服务员的后顾之忧。

会员制家政服务企业是介于中介型家政服务组织和员工制家政服务企业两种模

式之间的一种经营管理模式。根据不同经济收入的雇主对家政服务员的需求，利用市场经济手段对雇主的不同服务需求而采取不同的服务、管理方法。

中介制家政服务企业和会员制家政服务企业都要求企业规模大、场地大、投入大，但都不能确定可以获得高收益。而员工制家政服务企业作为精品型家政服务组织具有投入少、收益较高的优势，是未来家政服务行业发展的必然趋势。

（二）家政服务业发展面临的主要问题

1. 受传统观念影响制约，从业人员社会地位偏低

社会对家政服务业的认识不足。受传统观念的影响，很多人仍然把家政服务视作“服侍人”的低人一等的行业，因此，碍于面子，部分下岗失业者宁愿赋闲在家也不愿“屈就”于家政服务，加上社会对家政服务行业从业人员的宣传不够，致使家政服务行业的社会地位偏低。

2. 家政服务员的素质亟待提高，权益保障问题急需解决

家政服务人员普遍缺乏专业训练，难以适应市场发展需求。由于大多数服务人员文化程度偏低，缺乏专业训练，服务内容单一，仍然以传统的保洁服务、照顾护理婴幼儿和老人为主，服务能力、服务水平、服务质量层次较低。同时，由于很多家政人员缺乏组织，家政服务公司和从业人员没有劳动合同，权益受损时难以通过制度化渠道解决。没有保底工资，收入高低完全和业务量相关，许多从业人员另谋职业。

3. 家政服务队伍不稳定，用人家庭的需求难以保证

许多家庭实际上已有条件聘用家政服务员，但由于目前家政服务市场选择余地小，难以找到合适人选。家政服务人员中，保洁员占较大比例，但保洁工作一年中只有两三个月为旺季，其余的月份收入较微薄，导致部分人员转行从事其他工作。劳动供给渠道不通畅。由于缺乏规范管理，从业人员自找雇主、雇主通过小广告（从业人员自打的广告）或亲戚朋友介绍找家政服务人员的雇用方式成为一种普遍现象，从而导致家政服务公司形同虚设，雇用双方不能建立长期稳定的合作关系，致使“有人没事干，有事没人干”的现象时有发生。家政服务企业规模小，发展后劲不足。职工流动性较大，服务收入低，基本还是家庭作坊式的操作，难以做大做强。

4. 职业介绍不健全，影响家政服务发展

家政服务市场管理混乱，呈现无序状态。由于我国家政服务行业没有明确的主管部门，没有统一的行业标准，没有法律法规的保护和制约，使得家政服务市场良

莠混杂，从业人员的可靠性和诚信度被大打折扣，严重制约着家政服务业的健康有序发展，大量黑家政的存在扰乱了家政市场，阻碍了注册企业的做大做强。

5. 立法不完善，没有专门的法律来规范家政服务市场

目前，家政服务人员与客户之间的关系被认为是雇用关系，因此并不属于《劳动法》的调整范围，根据《最高人民法院关于审理劳动争议案件适用法律若干问题的解释》第四条规定家庭或者个人与家政服务人员之间的纠纷，不符合《劳动法》的调整范围。第二条规定的用工主体因服务或提供劳务发生的纠纷，应当是按照雇用关系处理。而且家政服务业本身的性质特殊，如工作时间、福利待遇、劳动保障等，都无法用《劳动法》来规范，由此决定了家政服务业被排除在《劳动法》适用范围之外。到目前为止，我国尚没有一部调整规范家政服务业的全国性的法律或法规，因此也决定了家政服务业的非正规就业地位，同时也决定了家政服务员的不稳定，使他们感觉没有归属感，工作积极性偏低。

第二章　我国社会服务业发展战略机遇分析

一、居民服务消费需求变动迎来的机遇分析

（一）社会由生存型向发展型转变

世界银行将国家或者经济实体划分为 4 个收入档次，分别为低收入、下中等收入、上中等收入以及高收入国家。这一分类标准非常明确且每年调整一次。最新分类（2007 年 7 月 1 日公布）收入门槛（见表 2–1）。

表 2–1　世界银行对国家或经济实体的分类

国家或经济实体划分	人均 GNI 指标
低收入经济体	低于 905 美元
下中等收入经济体	906 ~ 3595 美元
上中等收入经济体	3596 ~ 11115 美元
高收入经济体	高于 11116 美元

我国 2010 年人均 GDP 为 29748 元，超过 4000 美元，进入上中等收入经济体。从经济发展水平、消费结构、产业结构、就业结构、城镇化率等 5 个方面来看，我国已经开始从生存型社会向发展型社会过渡（见表 2–2）。

按照这些指标及其参考值，我国在 21 世纪初（2000 ~ 2003 年）已开始由生存型阶段向发展型阶段过渡。这与我国在 21 世纪初“实现了由解决温饱到总体上达到小康的历史性跨越”的判断相一致。在发展型阶段，消费结构、经济结构和社会结构与生存型社会相比有了重大变化，经济、社会与政府体制需要全面创新，使之与发展型阶段的社会结构相适应。

表 2-2 判断生存型社会与发展型社会的基础性标志

判断标准	判断指标	指标参考值	我国首次达到参考值的时间（注 1）	2008 年指标实际值（注 2）
经济发展水平	人均 GDP	超过 1000 美元①	1100 美元（2002 年）	3266.8 美元
消费结构	恩格尔系数	低于 50%②	39.4%（城镇，2000 年） 49.1%（农村，2000 年）	37.9%（城镇） 43.7%（农村）
产业结构	一、二、三产业比重	第一产业比重不超过 15%；第三产业比重不低于 40%③	14.1%（第一产业，2001 年） 45.2%（第二产业，2001 年） 40.7%（第三产业，2001 年）	11.3%（第一产业） 48.6%（第二产业） 40.1%（第三产业）
就业结构	第一产业就业比重	低于 50%④	50%（2000 年）	39.6%
城镇化	城镇化率	不低于 40%⑤	40.53%（2003 年）	45.68%

数据来源：（注 1）列下的“人均 GDP”数据来自《2006/2007 国际统计年鉴》，其他数据来源于《2006 年中国统计年鉴》；（注 2）列下数据均来源于《中国统计摘要 2009》（人均 GDP 根据同期汇率换算）。转引自迟福林：《第二次转型》，北京，中国经济出版社，2010。

①从发展阶段分析，人均 GDP 是一个国家经济发展水平的重要指标。按照邓小平的设想，我国要实现小康，一个重要标准就是人均国民总收入达到 1000 美元，这也是一个国家消费结构升级的重要起点。

②联合国粮农组织标准：恩格尔系数在 59%以上为贫困；50%～59%为温饱；40%～50%为小康；30%～40%为富裕。

③用产业结构分析一个国家或地区的发展阶段时，通常把第一产业的产值不超过 10%（亚洲国家不超过 15%）、第三产业的产值超过 40%作为参考指标。参见中国科学院国情分析小组：《国情研究第四号报告：机遇与挑战》，北京，科学出版社，1995。

④按照国际通行的标准，工业化初期结束的标志之一是农业劳动力比重不超过 55%；工业化中期结束时农业劳动力比重低于 30%。参见于刃刚：《配第—克拉克定理评述》，《经济学动态》，1996 年第 8 期。

⑤城镇化水平是衡量一个国家或地区现代化程度的重要标志。世界银行对全球 133 个国家的统计研究表明，当人均 GDP 从 700 美元提高到 1000～1500 美元、步入中等发展中国家行列时，城镇人口占总人口比重将达到 40%～60%。参见杨风、梁伟：《农民市民化发展路径探析》，《资源与人居环境》，2006 年第 13 期。

(二) 大众消费阶段到来

随着我国由生存型阶段进入发展型阶段（见表 2-3），全社会的需求结构进入战略调整期。主要表现为两大方面：一是社会需求由生活必需品向耐用消费品的升级；二是社会需求由私人产品向公共产品的升级。

表 2-3 生存型社会与发展型社会的结构特征

	消费结构特征	经济结构特征	社会结构特征
生存型社会	经济发展水平不高，以温饱为特征的衣食住行等基本物质需求是整个消费需求的主体	农业在国民经济中的比例比较高，工业、服务业的比例较低，经济发展对人力资本的要求程度低	多数社会成员从事农业，社会贫困发生率较高，社会分化不明显
发展型社会	经济发展水平逐步提高。以人的全面发展为特征的消费需求多样化，基本物质需求比例明显降低	农业比例较小，工业、服务业在国民经济中占主导地位，经济发展对人力资本的需求程度较高	多数社会成员从事工业和服务业，由于市场和分工的拓展，社会群体开始分化

资料来源：中国（海南）改革发展研究院课题组。

根据罗斯托经济增长阶段理论，“大众高消费阶段”（简称“大众消费阶段”）的前兆是，社会关注与资源配置会发生由偏重生产向偏重消费的历史性转折，“社会的主要注意力就从供给转到需求，从生产问题转到消费问题和最广义的福利问题”。与此同时，“资源越来越倾向于被引导到耐用消费品的生产和大众化服务的普及”。罗斯托通过对许多国家“大众消费阶段”的历史发展分析认为，这一阶段的重要内涵有二：一个是耐用消费品的普及化，以前仅为少数富人享用的耐用消费品，大量进入一般居民家庭。迅速普及的耐用消费品不少于四类：独立式住宅，汽车以及公路交通，各种家用电器，高档食品；另一个是社会结构的变化。新的中产阶层的形成，专业人员以及白领职业队伍的迅速增加，城市化加速以及城市人口居住的郊区化。

我国城镇居民恩格尔系数在 1996 年降到 50%以下，2000 年农村居民恩格尔系数也降到 50%以下，到 2008 年，城镇恩格尔系数进一步降到 36.3%，农村恩格尔系数则降到 43.1%。一方面，在食物支出比例大幅度降低的同时，耐用消费品的需求大幅度增加，主要表现在城乡居民对住房、汽车、电脑、高档电器等消费品的需求更加普遍，大额消费支出持续攀升。另一方面，由私人产品需求到公共产品需求的升级。由生存型阶段进入发展型阶段，突出地反映在城乡居民的发展型消费支出比例明显超过生存型消费支出比例（见表 2–4，表 2–5）。近几年来，全社会公共需求增长速度相当快，个人用于公共产品的年均支出，大概是 90 年代中期以前 5 年的支出规模。以城乡居民在医疗保健和教育等方面的支出为例，1990 ~ 2006 年，这些满足公共需求的支出在个人消费总支出中的比重呈现明显上升的趋势（见图 2–1）。

表 2–4 1990 ~ 2008 年城镇居民人均消费性支出构成 单位：%

指 标	1990	1995	2000	2005	2006	2007	2008
人均消费性支出	100	100	100	100	100	100	100
食品	54.3	50.1	39.4	36.7	35.8	36.3	37.9
衣着	13.4	13.5	10	10.1	10.4	10.4	10.4
居住	7	8	11.3	10.2	10.4	9.8	10.2
家庭设备用品及服务	10.1	7.4	7.5	5.6	5.7	6	6.2
交通通讯	1.2	5.2	8.5	12.5	13.2	13.6	12.6
文教娱乐用品及服务	11.1	9.4	13.4	13.8	13.8	13.3	12.1
医疗保健	2	3.1	6.4	7.6	7.1	7	7
其他商品及服务	0.9	3.2	3.4	3.5	3.6	3.6	3.7
生存型消费	67.7	63.6	49.4	46.8	46.2	46.7	48.3
发展型消费	32.3	36.3	50.5	53.2	53.8	53.3	51.8

数据来源：根据《中国统计年鉴》(2008)和《中国统计摘要》(2009)数据整理计算。

表 2–5 1990 ~ 2008 年农村居民人均消费性支出构成 单位：%

指 标	1990	1995	2000	2005	2006	2007	2008
人均生活消费总支出	100	100	100	100	100	100	100
食品	58.8	58.6	49.1	45.5	43	43.1	43.7
衣着	7.8	6.9	5.7	5.8	5.9	6	5.8
居住	17.3	13.9	15.5	14.5	16.6	17.8	18.5
家庭设备用品及服务	17.3	5.2	4.5	4.4	4.5	4.6	4.8
交通通讯	1.4	2.6	5.6	9.6	10.2	10.2	9.8
文教娱乐用品及服务	5.4	7.8	11.2	11.6	10.8	9.5	8.6
医疗保健	3.3	3.2	5.2	6.6	6.8	6.5	6.7
其他商品及服务	0.7	1.8	3.1	2.1	2.2	2.3	2.1
生存型消费	66.6	65.5	54.8	51.3	48.9	49.1	49.5
发展型消费	33.4	34.5	45.1	48.8	51.1	50.9	50.5

数据来源:根据《中国统计年鉴》(2008)和《中国统计摘要》(2009)数据整理计算。

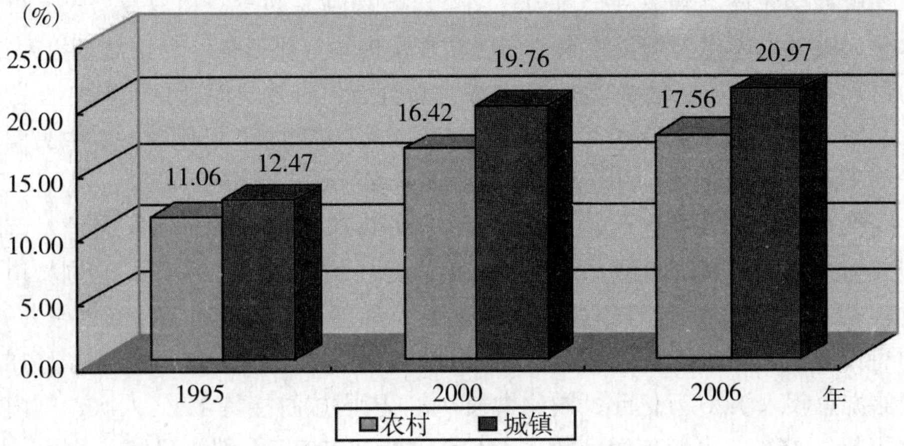

数据来源:《中国统计年鉴》(2007)。

图 2-1 1990～2006 年城乡居民医疗教育支出占总支出的比重

公共需求结构也在发生变化。一方面，公共需求主体快速扩大，广大农民和城镇中低收入者逐步成为公共需求的主体。另一方面，公共服务项目不断扩大。新阶段广大社会成员的公共需求，不仅包括义务教育、公共卫生、基本医疗、社会保障等基本公共服务项目，还涉及中低收入群体的基本住房问题、环境保护问题和食品安全、卫生安全等公共安全问题。

（三）社会需求加快升级

人民群众物质文化需求进入快速增长的历史阶段。按照马斯诺需求层次理论，人们在解决基本的吃穿住行以后，对精神文化、健康安全、生活质量的认识和标准普遍提高。随着更多的地区迈入中等以上收入发展水平，更多的城乡居民进入中等收入群体，新兴社会阶层分化涌现，形成高、中、低不同档次的有效购买力，不仅对基本服务保持旺盛需求，对多样化、专业化、优质化的非基本服务提出更高要求，从而形成多层次的社会需求基本形态。当前，需求加快呈现四大转变：从生存需求向发展需求转变；从物质需求向精神文化需求转变；从实物需求向服务需求转变；从外部驱动向以个体发展的内在需求为动力转变。

社会转型刚刚起步，社会需求拓展的空间巨大。我国改革开放的前 30 年主要集中在经济领域，社会转型才刚刚起步。未来 5 年加快社会转型，推进社会建设，既可以缓解社会矛盾，释放社会压力，又可以带来巨大的投资和消费需求。仅以城乡基本公共服务均等化为例，未来5年要初步实现均等化目标，大致需要投入20万亿元的财政资金，使居民消费率提高3～5个百分点，有效地促进我国走向消费大国①。

2009年，受国际金融危机影响，在全球市场疲软的不利环境下，中央实施了一揽子刺激消费、改善民生的政策措施，我国众多领域需求增长强劲。

受汽车购置税减半、十大产业振兴等利好政策影响，我国汽车产销量首次超过美国成为全球第一大汽车消费市场。文化消费强劲增长。2008年，全国城市电影票房收入62.06亿元，同比增幅达到42.96%，全年新增影院142家，新增银幕626块，平均每天增长1.7块银幕。全年共放映农村电影781万场，观众人次达到18.15亿。我国旅游总收入1.26万亿元，同比增长9%，国内旅游接待19亿人次，国内旅游收入增幅超过15%，出境旅游人数4766万人次。1979年，邓小平第一次出访美国的时候，对时任总统卡特说，我们能不能一年派5000名留学生到美国，而在2009年，我国一年赴美留学生约10万人。目前，我国已有7亿多手机用户，互联网网民数量达3.38亿户，双双位居世界第一，其中新增网民70%在农村地区。以信息技术为代表的科技创新和产品创新正在迅速改变人们的生活方式，新的消费业态和需求热点正源源不断地涌现。我国是一个拥有13亿多人口的发展中国家，正处于工业化、城镇化快速发展时期，有7亿多劳动力资源和规模庞大的人才队伍，有25万亿元的居民储蓄。

随着民生逐步改善，将有力扩大城乡居民即期消费需求，极大地释放潜在消费需求，不断创造新的消费需求，人民群众物质文化需求将出现大发展的历史时期，必将促使社会服务业转变供给和服务模式，推动社会服务产业发展。

（四）进入公共产品短缺时代

公共产品短缺是城乡居民的普遍感受。上学贵、看病贵、养老无保障、就业难、房价高、环境污染等问题已成为城乡居民普遍面临的难题。城乡居民在教育、医疗、社会保障等公共产品上的支出费用远远超出人均收入的增长速度。以医疗保健为例，1990～2008年的18年间，城乡居民人均医疗保健支出年均增幅分别为21%和15%，比同期城乡居民人均收入的增幅分别高出7个和4个百分点。我国财政在公共产品上的投入不仅远低于发达国家，也低于一些经济发展水平相当或低于我国的发展中

①迟福林：《民富优先：二次转型与改革走向》，北京，中国经济出版社，2011年。

国家。例如：在社会保障方面，我国社会保障支出占 GDP 的比重为 2.3%，远远低于发达国家。在德国和法国，政府用于失业救济和养老等社会保障支出占 GDP 的比重高达 24%，美国和英国约为 12%，日本为 18%。

随着我国经济社会发展，公共产品需求将快速扩展。人口老龄化、城镇人口扩张、劳动人口增加等都对公共产品形成巨大需求。与此同时，政府转型的滞后制约了公共产品供给的增加，大量的公共产品需求，尤其是非基本公共产品需求仍需通过市场机制来满足。

二、转变经济发展方式形成的机遇分析

（一）发展方式转型必将传导并促进社会服务产业发展

改革开放以来的头 30 年，我国主要进行了经济体制的转轨发展，即中国经济社会的“第一次转型”。“十二五”开始的未来 30 年，我国将进入“第二次转型”时期，即经济发展方式的转型，这必然传递到社会事业领域并推动社会事业发展方式转变。

金融危机之后，我国经济面临着四方面的挑战：一是在外部需求扩张较长时期难以恢复到危机前水平的情况下，如何扩大国内需求，特别是消费需求，改变经济增长对外部需求的过度依赖；二是在产能过剩压力下，如何提升制造业的技术、知识和人力资本含量，加快发展生产性服务业，改变经济增长对传统工业规模扩张的过度依赖；三是在资源环境矛盾加剧的条件下，如何降低能源资源消耗和排放强度，改变经济增长对资源和要素大规模、高强度投入的过度依赖；四是在低成本比较优势开始减弱的条件下，如何加快培育以自主创新和人力资本为基础的新的竞争优势，改变经济增长对低成本优势的过度依赖。因此，新一轮经济转型既要化解过去高增长时期积累的矛盾和问题，也要为经济复苏后我国经济迈上新台阶，实现均衡协调可持续增长创造条件。为此，我国需要实施扩大内需战略，改变消费率不断下降的局面（2000 ~ 2009 年，投资率从 36.5%上升到 47.5%，消费率则由 62.3%下降到 48.6%）(见图 2-2)；实施产业转型升级战略，解决我国产业发展在关键环节的缺乏问题；实施创新驱动战略，使创新要素向企业集聚；实施绿色发展战略，推动绿色发展。

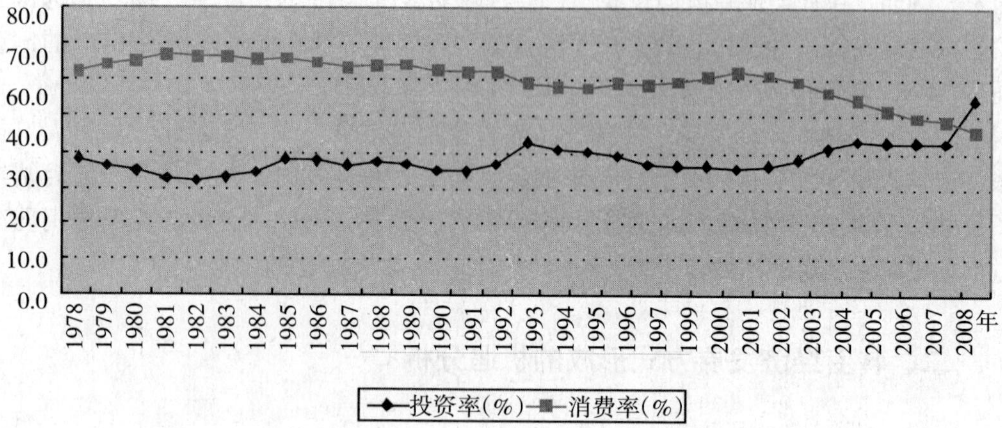

图 2-2 1978~2008 年我国支出法 GDP 构成

以上四大战略转型都将传导至并促进社会服务产业发展。消费水平的提高与社会发展密切相关，社会体制改革和社会发展滞后，对经济的约束性越来越大，扩大对社会服务业的需求是扩大内需的重要内容，且随着经济发展水平的提高和人民生活的改善，城乡居民对教育、医疗卫生、文化、体育的需求将进一步增加。服务业是主要依赖人力资本的产业，对劳动力素质和劳动力结构的需求变化将直接影响社会事业的需求。

2009 年我国开始提出重点发展战略性新兴产业，发挥创新和服务创造价值的能力，这都需要社会事业提供更强的智力支持。要走创新驱动和服务创造价值的路径，都有赖于提升社会事业对经济发展的支撑作用。

（二）社会服务领域政府投资力度不断加强

政府对社会事业投入的增加为社会事业发展转型创造了有利条件。公共财政的不断健全成为支持社会事业转型发展的财力保障。财政用于主要社会事业项目的支出不断增加（见表 2-6）。

表 2-6 中央和地方财政对主要社会事业支出情况

年份	教育事业费（亿元）	文体广播事业费（亿元）	抚恤和社会福利救济费社会保障补助支出（亿元）	卫生事业费（亿元）	以上各类支出占财政总支出的比重（%）
2003	2937.34	489.33	1760.94	778.05	27.47
2004	3365.94	587.14	2087.96	854.64	26.12
2005	3974.83	703.4	2534.03	1036.81	26.06
2006	4780.41	841.98	3031.58	1320.23	25.73
	教育（亿元）	文化体育和传媒（亿元）	社会保障和就业（亿元）	医疗卫生（亿元）	以上各类支出占财政支出的比重（%）
2007	7122.32	898.64	5447.16	1989.96	30.12
2008	9010.21	1095.74	6804.29	2757.04	32.07
2009	10437.54	1393.07	7606.68	3994.19	30.71

注：与以往年份相比，2007 年财政收支科目实施了较大改革，特别是财政支出项目口径变化很大，与往年数据不可比。

2010 年全国公共财政支出 89874.16 亿元，其中用于教育、医疗卫生、社会保障和就业、保障性住房、文化体育、农林水利、交通运输、城乡社区事务、地震灾后恢复等民生方面的支出合计 59601.82 亿元，占全国公共财政支出的 2/3，农林交通等除外的社会事业领域也占全国财政支出的 32.6%①。而在 2008 年，中央和地方财政用于教育、医疗卫生、文化、体育、就业和社会保障等主要社会事业各领域支出比重的总和达到 32.07%。根据现有发展趋势和部分领域的规划要求预测，到 2015 年，中央和地方财政用于社会事业的支出比重达到 40%以上，其中，教育支出占 GDP 比重达到 4%，中央和地方财政用于教育支出的比重达到 17%；中央和地方财政用于医疗卫生支出的比重超过 5%，医疗卫生支出占 GDP 比重达到 1.4%；中央和地方财政用于公共文化和体育支出的比重达到 1.8%左右。

①李丽辉：《公共财政支出 2/3 用于保障改善民生》，《人民日报》，2011 年 9 月 30 日 04 版。

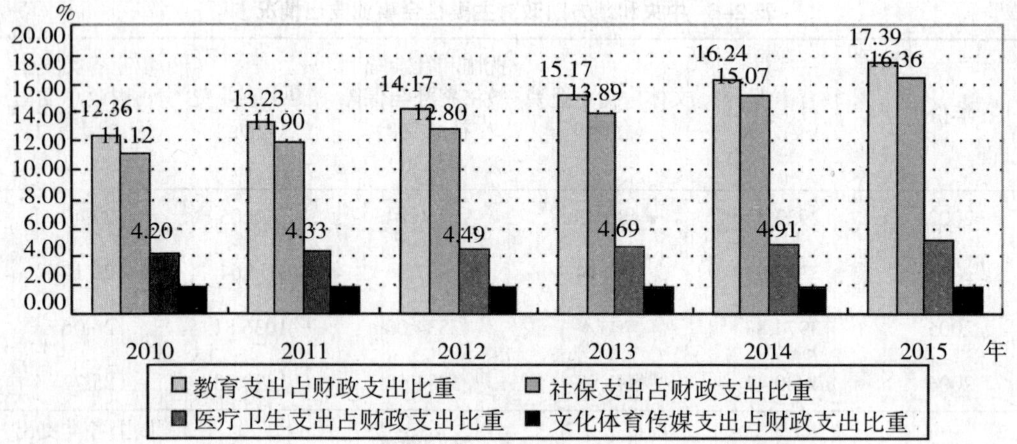

图 2-3 财政用于主要社会事业的支出比重预测

近年来，在全社会固定资产投资资金来源中，社会资本所占比重不断提高，且社会资本投入教育、卫生、社会福利、文化体育等产业的比重不断增加，说明社会事业领域民间参与和投入程度不断提高。教育行业社会资本投资占全部总投资的比重由 2004 年的 4.1%提高到 2007 年的 11.32%；卫生行业社会资本投资占全部总投资的比重由 2004 年的 5.2%提高到 2007 年的 12.12%（见表 2-7）。

表 2-7 按行业分社会资本城镇固定资产投资额

	2004		2005		2006		2007	
	投资额（亿元）	占全部投资比重（%）	投资额（亿元）	占全部投资比重（%）	投资额（亿元）	占全部投资比重（%）	投资额（亿元）	占全部投资比重（%）
教育	74.6	4.1	74.6	5.14	74.6	10.9	251.4	11.32
卫生	21.7	5.2	21.7	7.04	21.7	12.3	88.8	12.12
社会保障业	0	0	0	0.49	0	10.3	1	7.71
社会福利业	0.6	2.7	0.6	10.99	0.6	13.7	12.7	19.9
文化、体育和娱乐业	66.4	12.5	66.4	12.61	66.4	29.1	297	26.29
公共管理和社会组织	23.9	1.1	23.9	1.22	23.9	4.4	115.7	4.18

注：社会资本是指城镇固定资产投资额中除中央、地方、国有及国有控股企业、集体企业投资以外的其他投资额，包括：港澳台商投资、外商投资和私人控股企业。

（三）社会服务业加快发展成为扩大内需的重要推动力

我国 2008 年第四季度以来实施一揽子应对国际金融危机的政策实践经验表明，保障和改善民生对扩大内需、转变发展方式的作用愈加明显。过去长期以来，忽略了民生领域对经济增长的贡献作用。这次应对国际金融危机的实践效果来看，加快社会服务促进了经济复苏。社会服务产业对扩大内需、拉动经济增长起到了很好的作用，正在逐步成为促进增长的动力之一。我国培育新的竞争优势，发挥创新和服务创造价值的能力都需要社会事业发展转型。

展望今后一个时期，随着科学发展观深入贯彻落实，以人为本和人的全面发展理念将不断融入社会发展战略和实践中，社会发展的战略地位将提升到前所未有的高度，以民生为重点的社会建设将继续推进。我国服务型政府建设不断完善，公众参与不断扩大，将从制度上有力推动日益增长的国民财富更加公平及时合理地用于社会发展，进而为社会发展奠定更加坚实的物质基础和制度保障。

近年来，在科学发展观的指引下，各级政府将保障民生、改善民生放在经济社会发展更加突出的位置，陆续出台了一系列利民惠民的政策措施，“重经济、轻社会”的局面有所缓解，薄弱环节得到加强，办成了一批多年想办而未办成的大事、实事，人民群众得到了实惠。在制定和实施应对国际金融危机一揽子方案中，坚持保增长与惠民生相结合，把发展社会服务业和改善民生作为转变发展方式、扩大国内需求的重要着力点，推动经济社会协调发展，把扩大服务消费作为保增长、保民生、保稳定的一个重要方面。

（四）转变经济发展方式需要加快发展社会服务业

服务消费具有促进消费结构调整和升级，提高居民生活水平，扩大就业，转变经济发展方式和增加经济新的增长点等突出作用。从世界范围看，在一些后工业化国家和地区，服务经济正逐步取代工业经济，成为经济发展的主流趋势和基本推动力。在我国，由于资源环境约束日趋强化和国际产业结构深度调整，依靠大量消耗不可再生资源支撑经济高速增长以及依靠低成本劳动力资源换取低回报的局面已难以为继，转变经济发展方式迫在眉睫、任务艰巨。我国产业结构层次总体较低，大多数产业处于全球价值链的下游。导致产业结构层次低的原因很多，但是，我国生产性服务业和社会服务业发展不足，特别是教育、技术、医疗等中高级生产要素市场没有充分激发活力，不仅加剧了我国服务业结构层次低的状况，也影响了完善的社会主义市场经济体系建立，不利于自主创新驱动力量的积累。

三、我国快速城市化为社会服务资源优化配置提供了机遇

（一）人口向城镇集中居住增加对社会服务的需求

我国自20世纪90年代后期开始至今，城市化率处于高速发展期。根据美国宾夕法尼亚大学人口研究中心塞缪尔·H.普雷斯顿（Samuel H.Preston）教授对1950～1970年世界绝大多数国家（不包括中国）工业化和城市化关系的考察，发现其比例关系大约是1：2[①]，即工业劳动力占全体劳动力的比例每增长1%，城市人口占总人口的比例会增长2%。以此为参照，发现我国改革前20年城市化发展严重滞后。以1978～2000年数据分析，1978年工业劳动者占全体劳动者的比例为26.2%，城镇人口比例为17.92%。到2000年，工业（非农业）劳动者占全体劳动者的比例约为55%，城镇人口比例只有36.22%，若按Samuel的比例，相应的城市人口应上升到56.4%。

表2-8　1985～2008年我国城市化率的变动

年份	城市化率(%)	年份	城市化率(%)
1980	19.39	1997	31.91
1985	23.71	1998	33.35
1986	24.52	1999	34.78
1987	25.32	2000	36.22
1988	25.81	2001	37.66
1989	26.21	2002	39.09
1990	26.41	2003	40.53
1991	26.94	2004	41.76
1992	27.46	2005	42.99
1993	27.99	2006	43.90
1994	28.51	2007	44.94
1995	29.04	2008	45.68
1996	30.48	2009	46.60

①Samuel H.Preston. Urban Growth in Developing Countries: A Demographic Reappraisal. In the urbanization of the third world. Edited by Josef Gugler .Oxford:Oxford University Press.1988:24-25.

20 世纪 90 年代后期，我国户籍制度受到了明显的冲击，形成了很强的张力，促进城市化率快速提高（见图 2-7）。从城市的集中程度也可以看出城市化的加速发展。我国人口在 50 万以上的城市数目，1949 年为 12 个，1980 年为 45 个，1989 年为 58 个，1994 年为 74 个，而到了 2002 年则骤增至 450 个。我国人口在 100 万以上的城市数目，1978 年为 13 个，1993 年为 32 个，2002 年为 171 个，2005 年为 181 个。

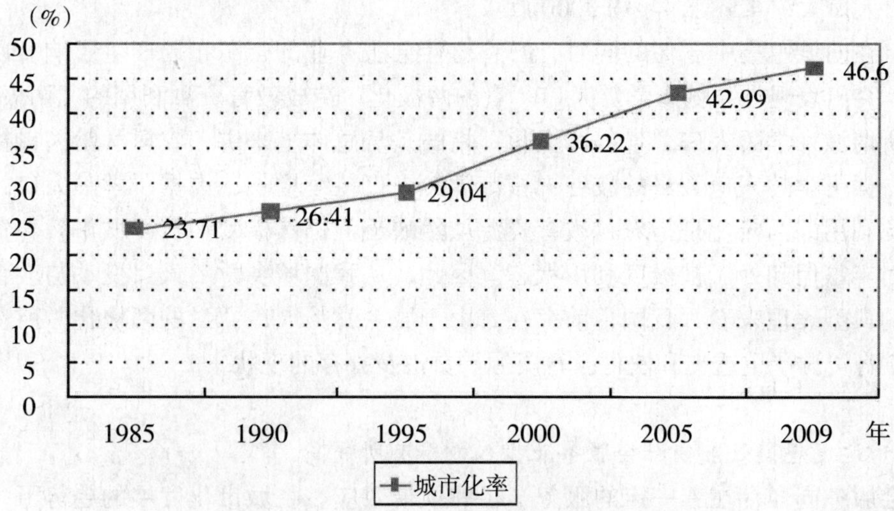

图 2-6 1985～2009 年我国城市化率的变动

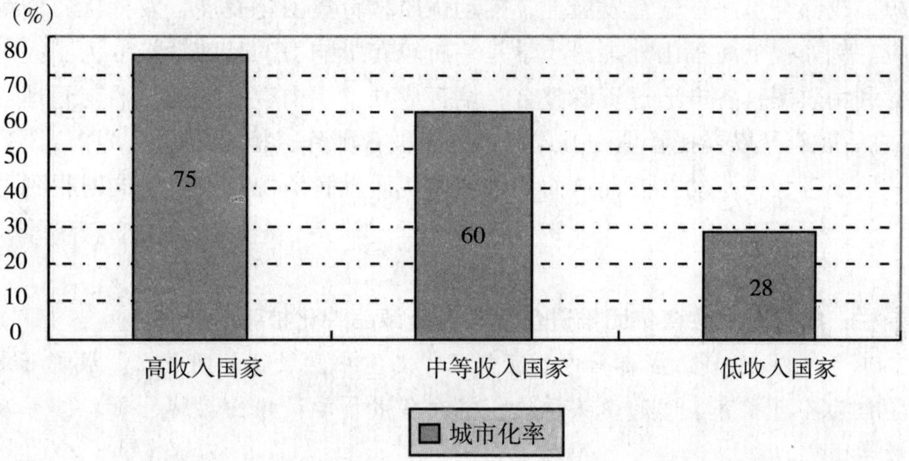

图 2-7 1995 年世界银行关于城市化率的比较

从未来的发展来看，随着城乡一体化的推进、户籍制度的改革、城乡社会保障制度的整合，城市化率的进一步提高是必然趋势。据相关统计，我国农村还有16000万剩余人口需要转移，而其中约13000万在城镇流动就业。若“十二五”时期将在城镇有固定职业的人全部纳入城镇社会管理和服务体系，则年均约2600万人。(注：中国发展研究基金会《中国发展报告》等相关研究表示，未来15年将选择进城的农村人口大约4.5亿，年均3000万。)

人口在向城镇集中居住的同时，必将对社会服务业的资源布局产生影响。以教育为例，突出表现在：城乡学龄人口“量的两极化”造成教育资源利用的“两极化”问题。所谓城乡学龄人口“量的两极化”指的是从总体上来讲，农村学龄人口持续减少，占据了学龄人口数量的波谷；城市学龄人口持续增长，占据了学龄人口的波峰。资源利用的两极化是指农村教育资源虽然缺乏但仍然极度浪费，城市教育资源虽然相对丰富但却处于被极度利用状态。因此，从我国城乡学龄人口变动与教育资源利用的典型表现来看，我国目前存在着由于城乡学龄人口“量的两极化”所造成的城市教育资源严重透支和农村教育资源严重浪费并存的现状。

(二) 适度规模效应使社会服务业投入效率有所提高

社会服务同样存在着一定的服务半径和规模效应。在城市化发展的趋势下，社会服务资源布局随人口流动而调整。一些地区还通过创新机制来培育优质的社会服务资源。成都与上海在教育发展上，推动优质教育集团化发展，发挥优质资源的规模效应。例如：上海福山外国语小学是一所较有影响力的品牌学校，为了提高优质资源的利用效率，各方通过资源整合，培育成立“福山教育文化传播与管理咨询中心”，之后政府又以委托管理的方式向其购买教育服务，相应形成了“中心”受托管理的一所小学、一所幼儿园，从而使区域内优质教育资源在整合的同时得到总量放大。

专栏：成都成立教育集团推进优质教育资源品牌化扩张

2009年4月22日，成都七中教育集团、石室中学教育集团成立。成都七中、石室中学作为各自教育集团的牵头学校，将向各成员学校输出品牌、管理，并派出管理与教学团队。

根据规划，成都七中教育集团校点数达到14个，集团规模达到27000人左右(含初中7000人)。七中直接管理的高新校区计划在2010年9月招生。七中教育集团包括：2009 年领办支持成都七中八一聚源高级中学（都江堰）、成都七中聚源中学（都江堰）、成都七中实验学校（温江）、成都七中高新初中（高新）；2009 年指导合作成都七中嘉祥学校（锦江）、成都七中育才学校（锦江）、成都七中育才学校（三圣校区）、成都七中育才学校（学道街校区）、七中东方闻道网校；2009 年对口帮扶金堂淮口中学（金堂）、成都七中高新校区；2010 年对口帮扶都江堰一中；2011 年领办支持成都七中万达学校（金牛）；对口帮扶温江二中（温江）。

加入成都石室教育集团的共有成都市 11 所中学，涉及学生约 27000 人。石室白马中学、石室中学初中与石室中学的关系为领办支持型，由石室中学直接派干部担任校长，共享教育资源；石室联中（青羊）、石室联中（西区）、石室外国语学校（金牛）、石室外国语实验学校（武侯）与石室中学的关系为指导合作型；金堂赵家中学、大邑安仁中学、邛崃高埂中学、郫县二中为对口帮扶型学校。

四、体制创新对社会服务业的机遇分析

体制改革为社会服务业的发展创造了良好环境。一方面，体制改革进一步明确界定了政府在基本公共服务中的责任，保障了社会事业基础部分的稳定发展。另一方面，体制改革为社会各领域的发展注入了活力，促进公办与民办、营利与非营利机构的发展，形成多元参与的格局，满足人们在教育、医疗卫生、文化体育等方面的多样化、多层次需求，进一步推动社会服务业的发展。

（一）改革进入攻坚阶段，社会事业发展体制机制不断完善

市场经济体制的完善为社会服务领域改革创造更加有利的体制环境。1992 年中央决定建立社会主义市场经济体制，2003 年党的十六届三中全会作出完善社会主义市场经济体制的决定，总体目标是到 2020 年建立比较完善的社会主义市场经济体制。“十二五”时期改革进入攻坚阶段，政府职能不断转变，将明显增强公共服务职能；教育、卫生、文化等体制改革逐步深入，将极大提高社会事业发展活力和机构运行效率；财税体制改革进一步深化，将为社会事业提供可持续的投入保障机制；城乡一体化建设广泛推进，将彻底打破城乡二元的传统公共服务体制；社会参与机制更加健全，将加快推动公共服务供给模式的创新。

2010 年《国家中长期教育改革和发展规划纲要（2010–2020 年）》颁布实施，教育体制改革试点也于 2010 年开始启动。试点的主要内容是：创新人才培养模式改

革，明确政府发展学前教育职责，推进义务教育均衡发展和职业教育办学模式改革，推进流动人口子女在流入地平等接受义务教育和参加升学考试，推进高等学校招生考试制度改革，落实高校办学自主权，改进高等教育管理方式，提高中外合作办学水平，改善民办教育发展环境，完善教育投入保障机制，改革教育行政管理方式等。在此之前，2009年医疗卫生体制改革深入推进，公立医院改革试点启动，一是探索政事分开、管办分开、医药分开、营利性和非营利性分开的有效形式；二是加快公立医院与基层机构的分工协作机制，加大对口支援和协作规模；三是健全有激励、有约束的公立医院内部运行机制，以患者为中心优化诊疗流程，规范医疗行为，改善就医环境。鼓励和引导社会资本举办医疗机构。

（二）社会服务业投入体制不断完善，社会资本进入机遇扩大

教育领域不断鼓励民办教育发展，支持公办和民办教育平等发展，形成多元参与的竞争格局。支持非公立医疗机构发展，确保非公立医疗机构在准入、执业、监管等各方面与公立医疗机构一视同仁、同等对待。鼓励社会资本规范参与公立医院改制重组。落实非公立医疗机构价格和税收政策，完善非公立医疗机构申请医保定点的相关政策，对非公立医疗机构配置大型设备给予支持，鼓励各级政府购买非公立医疗机构提供的服务。同时，加强对非公立医疗机构的监督指导和技术指导，引导非公立医疗机构健康持续发展。文化体制改革全面推开，加快经营性文化事业单位转企改制步伐，促进文化产业实现跨越式发展；积极创新文化“走出去”模式，不断扩大中华文化的国际影响力。

（三）金融创新对社会服务业的发展

金融创新日益深入社会服务业，大学设立基金、理事会等组织。私募股权投资基金、产业基金、政府引导基金等逐渐投入教育、医疗、文化等社会服务领域。资本市场的日益成熟对社会服务业运用民间和政府资金提供了多重机遇，如不少民营市场化优质机构到资本市场上市。

（四）管理体制创新，提供更加科学有效的决策机制和模式

教育体育改革将进一步理顺政府与学校的职责，推动政事分离，管办分离。同时，完善学校治理机制，积极探索委托管理等多种现代化管理方式。医疗卫生体制改革也开始在公立医院试点。教育、医疗卫生领域新型管理模式开始呈现，连锁经

营、品牌战略、集团化（优质教育集团）等不断在各地实践中探索开展，并取得了积极成效。

文化体制改革上，深入推进国有文艺院团体制改革，着力培育演艺领域新型市场主体；全面推进文化市场综合执法改革，切实推进政府职能转变；深入推进公益性文化事业单位内部机制改革，着力创新公共文化服务运行机制；现代管理方式被广泛运用。现代企业治理模式的成功经验，被运用到非企业机构的管理创新，特别是董事会治理架构的运用，提供更加科学有效的决策机制和模式。

五、民生科技创新对社会服务业的机遇分析

（一）现代科学技术助推服务效率提高

现代科学技术新成果的运用提供了更强大的优化资源配置和提高服务效率的技术手段。当代科学技术发展日新月异，不断渗透和应用到经济社会各个领域。截至2008年年底，我国移动电话用户为6.41亿户，互联网网民数量达2.98亿户，双双位居世界第一，以信息技术为代表的科技创新正在迅速改变人们的生产和生活方式，为社会事业发展模式转变提供了更多的技术手段。与此同时，网络文化、信息传播、动漫游戏、数字娱乐等新业态不断涌现并迅速成为新的潮流，引领社会交流方式、娱乐方式、价值观念等发生革命性变化。科技进步和创新将越来越深刻地影响和作用于社会事业，展现出前所未有的活力和创造力。

（二）科技日益融入民生等社会服务领域

远程教育使用电视及互联网等传播媒体实现教学，可以透过电视广播、互联网、辅导专线、课研社、面授（函授）等多种不同管道互助学习，突破了时空的界线，拓展了信息的集合功能，提高了信息传输速度。远程教育解决了部分地区由于服务半径大而带来的不便，还丰富了人们的文化娱乐生活。利用现代远程教育具有信息量大、覆盖面广、方便快捷、生动直观等优势，组织开展“网上读书”、“网上查看新闻”和“网上娱乐”活动，有力推动了农村精神文明建设。

我国医疗资源不足，医疗资源分配不均衡。由于医疗行业是高信任度的行业，患者对名医、著名的医疗机构非常信任，这些著名的医疗机构拥有的是品牌、医疗技术和科研能力，而这些医疗能力是中小医院不能在短时间内获得的。这自然容易形成消费向大城市、大医院集中，于是看病难问题应运而生。远程医疗以计算机技

术、卫星通讯技术、遥感、遥测和遥控技术、全息摄影技术、电子技术等高新技术为依托，充分发挥大医院或专科医疗中心的医疗技术和设备优势，对医疗条件较差的边远地区、海岛或舰船上的伤病员进行远距离诊断、治疗和医疗咨询。网络的发展和影像技术的发展，使普及远程医疗在基层城市医院的应用成为可能。并且随着我国国民对医疗消费支出的增加，更多形式的医疗服务会相继出现。远程医疗是解决我国医疗资源分配不均衡的有效途径。

科技在信息收集与快速反馈（如建立扶助人口数据库）、对不同服务标准的整合、使公共服务的供给具有跨空间的可及性（如远程培训）、公共安全应急响应、流动人口的跟踪管理等方面具有独特优势。更为重要的是，现代科技进步和创新，推动传统社会事业发展模式转变和新业态不断涌现。随着全球进入创新密集时代，以信息技术为代表的科技创新将进一步深刻改变人们的生产生活方式，不断催生社会服务新型业态，并为社会服务业的发展模式转变提供了更多的技术手段。网络文化、信息传播、动漫游戏、数字娱乐等新业态不断涌现并迅速成为新的潮流，引领社会交流方式、娱乐方式、价值观念等发生革命性变化。科技进步和创新将越来越深刻地影响和作用于社会事业，展现出前所未有的活力和创造力。

六、全球化发展和国家软实力提升需求带来的机遇分析

（一）全球化对我国社会服务业发展方式的影响更加明显

全球化将推动我国社会事业领域的进一步对外开放，在一些方面推动发展思路和发展方式主动融入全球化的需求和惯例。社会事业的国际交往和国际合作更加广泛。例如：近年来，国际学校在中国高速扩张，我国教育事业也呈现越来越全球化的面貌。上海有近 30 所国际学校，在北京超过 40 所，跨度从幼儿学龄前学校一直到高中。过去几年，部分学校，例如上海协和国际学校，每年录取人数都有 20%的平稳增长。国际学校的兴办在带来先进管理理念、不同的学生培养方式的同时，也使大城市的学校面临竞争和挑战，促进国内学校加快转型发展。2009 年中国赴美出国留学生数量达到 10 万人。

全球化已经从根本上改变了服务业的商业模式。一直被认为是本地产业的医疗保健业，也正在经历着类似的转型。这一趋势正在改变人们对融资建立医院的看法，出现美国人招募医生、澳大利亚人偿还医疗服务提供机构、欧洲人在该领域的竞争和中东政府为后代构建新医疗保健模式等种种方式。随着医疗全球化，新的解决方

案开始超越传统界限，创新型商业模式也正在形成。飞涨的成本、多起医疗事故报告、消费者对医疗服务的更高要求，以及脱离纸质病例的需要，全都要求重建医疗体系。医疗保健专家逐渐开始走出国界，而与此同时，医疗保健服务的消费者也开始在世界范围内游走。此外，科学技术的发展使得医疗健康能够进入较偏远的地区。更多的医院开始走向数字化，帮助医院实现了电子病历及药房自动化，由此扩大了医院向偏远地区的辐射范围。这些变化都要求医院积极采用新技术，面向全球来分析比较优势，提供更为优质的医疗服务。公共卫生医疗领域的国际合作也进一步扩展，如抗击非典、甲型 H1N1 流感。

经济全球化和全球一体化要求提升社会事业领域的对外开放水平。中外文化交流活跃，目前，我国同世界上 160 多个国家和地区保持着良好的文化交流关系，先后与 145 个国家签订政府间文化合作协定和近 800 个年度文化交流执行计划，全方位的对外文化交流的新格局已经形成。文化外交已经成为我国继经济、政治外交之后的第三大支柱，成为国家整体外交战略的一个重要组成部分。对外文化交流渠道逐渐拓宽，通过实施品牌战略，从深度和广度上拓展活动的影响力，“春节品牌”、“相约北京”、“亚洲艺术节”、“中国上海国际艺术节”等已成为在世界上广泛传播中华文化的重要载体。《武林外传》、《三国演义》等一批国产原创动漫产品畅销日韩、欧美等 70 多个国家和地区，出口额突破 4 亿元。据商务部统计，2007 年我国文化产品和服务进出口贸易总额为 166.4 亿美元，其中核心文化产品进出口贸易总额达到 129.2 亿美元，比 2006 年增长 26.6%，是 2001 年的 3.7 倍；文化服务进出口贸易总额为 37.2 亿美元，比 2006 年增长 39.9%，是 2001 年的 6.1 倍。2008 年，电视节目进口总额 45421 万元，出口图书 653 万册，金额共计 3131 万美元。我国文化产品进出口不平衡的局面有所改观。社会事业发展水平的提高对于保障经济社会的互促共进，树立我国的良好形象，不断开拓对外开放水平新局面具有重要意义。

(二) 国际金融危机对经济结构调整的影响要求更加重视社会服务业发展

国际经验表明，危机对经济结构和就业结构的调整增加了人们对社会风险的防范意识，社会对于精神文化以及安全的需求将在危机中逆势增长，形成拉动社会事业发展的反周期动力，并促使政府加大民生投入，健全公共服务体系。历史上许多国家社会保障制度的建立和公共服务均等化水平的提高，恰恰都是在应对各种重大危机的过程中完成的。2008 年在出台应对金融危机的一揽子对策中，国家将优化投资结构与促进消费结合，不仅增投资、保增长，而且可以扩消费、惠民生，促进持续发展，起到了“一石多鸟”的作用，这是我们应对国际金融危机冲击的一条成功经验。如2008年11月中央出台的扩大内需促进经济增长的10项措施中，摆在首位的就是保障性安居工程，以及投资于农村的民生工程和基础设施，为家电下乡、汽车下乡创造了条件，支持了居民消费。同时着力培育消费热点，支持居民自住和改善性购房需求，增加文化、体育、旅游、培训和家政等服务消费，引导消费结构升级。

（三）软实力对增强全球竞争能力的支撑保障要求加快社会事业发展

当今世界国与国之间的竞争越来越表现为综合国力的竞争，我国要参与全面竞争并争取占据全球竞争的制高点，不仅必须始终坚持提升“硬实力”，更要磨炼“软实力”,“软”“硬”结合、统筹发展是真正的硬道理。特别是要求现代社会事业在秉承提供社会福利和公共服务等传统功能的同时，突出其对提升人力资本、培养高素质创新型人才和提高国民综合素质不可缺少的现代功能。

（四）大力促进社会服务产业发展更加有利于节能减排与应对全球气候变化

社会服务产业是绿色产业，能耗低，是建立环境友好型和资源节约型社会的需要，有利于节能减排和应对全球气候变化。气候变化是当代国际社会普遍关心的重大全球性问题，事关人类的生存环境和各国的繁荣发展。在20世纪的100年时间里，占世界人口15%的发达国家陆续实现了工业化和现代化，但消耗了全球60%的能源和50%的矿产资源。进入21世纪的100年或更长时间，包括中国、印度、巴西等在内的占世界人口85%的发展中国家，将陆续实现工业化和现代化。从人类已经走过的历史过程来看，工业化是社会财富积累快、生活水平提高迅速的历史阶段，同时也是能源资源消耗大的历史阶段。目前，我国粗放的经济发展方式没有根本改变，高投入、高消耗、高排放、低效益的现象依然存在；经济增长付出的代价过大，能源资源矛盾加剧，环境污染相当严重，部分地区超过临界状态，影响可持续发展的隐患和风险增多，对转变发展方式和加快产业结构调整的要求日益迫切。社会服务业中的文化产业、旅游业、社区服务业、体育健身产业等，都是低能耗、无污染、能够创造和积聚财富的重要服务业。加快社会服务业发展，将对“十二五”转变经济发展方式起到积极作用。目前，北京、深圳等城市已逐步进入服务经济时代，产业结构更加轻型化和高端化，经济增长主要依靠人才支撑和创新驱动的特征日益显现。

第三章 社会服务业主要领域发展潜力分析

我国社会服务需求正处于转型的关键时期，通过深化社会领域体制改革，建立惠及13亿人的基本公共服务体系，实现城乡基本公共服务均等化，将为扩大国内服务消费需求创造有利的社会条件。

一、旅游常态消费促进旅游产业持续快速发展

与市场经济发达国家相比，我国旅游业的发展空间还非常大。从旅游收入占GDP的比重来看，世界中等以上发达国家的旅游收入占GDP的比重已经达到8%以上。[①]近20年来，旅游业持续以高于世界经济增长的速度快速发展，成为全球最大的产业之一。旅游投资占投资总额的12%以上；21世纪以来国际旅游总收入年均增长6%至7%，远高于世界经济年均3%的增长率。根据统计数据计算，2009年我国国际国内旅游总收入占GDP的比重为3.75%，国内旅游收入占GDP的比重为2.96%。从人均旅游支出来看，美国、法国年人均旅游支出都占人均GDP比重的5%以上，而我国2008年人均旅游支出仅占人均GDP的2.09%。国际旅游学专家根据多年的统计材料指出，当一个国家的人均GDP达到300美元时，居民将产生国内旅游的动机；当一国人均GDP达到1000美元，旅游消费进入启动期，国内旅游日益兴旺；当人均GDP达到3000美元，旅游成为常态消费习惯，出境旅游不断兴旺。之后，旅游逐渐成为人们生活中的必需品。从国家旅游局的统计来看，国内旅游人均花费从1994年的195元增长至2010年的595元，复合年均增长率达到7%以上。

我国当前正由生存型社会向发展型社会转变，旅游在居民生活中的重要性日益显现，将成为不可或缺的一部分。

---

①北京信息技术研究院旅游产业研究组:《2009-2012年中国旅游行业深度评估及市场调查研究发展分析报告》,2009年。

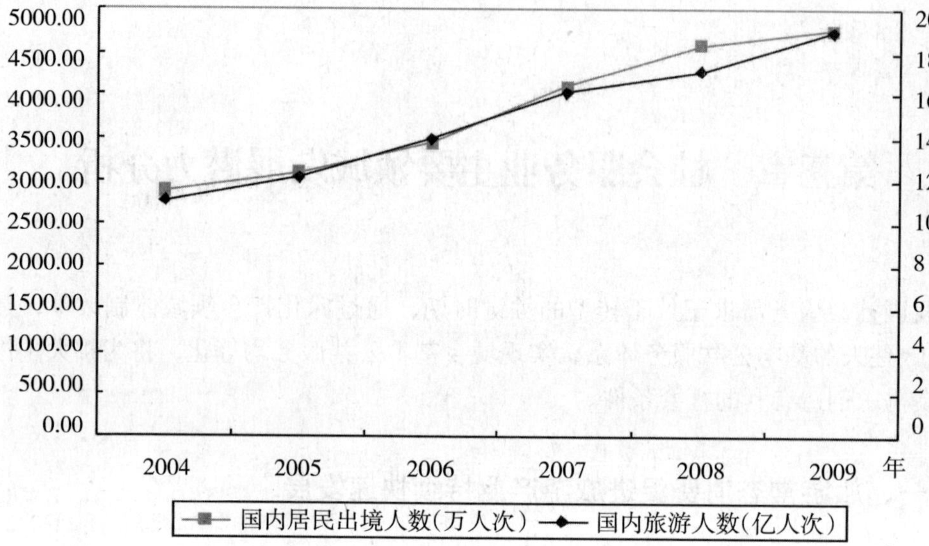

图 3–1 2004~2009 年我国旅游消费人次增长情况

资料来源：《中国统计年鉴》(2010)。

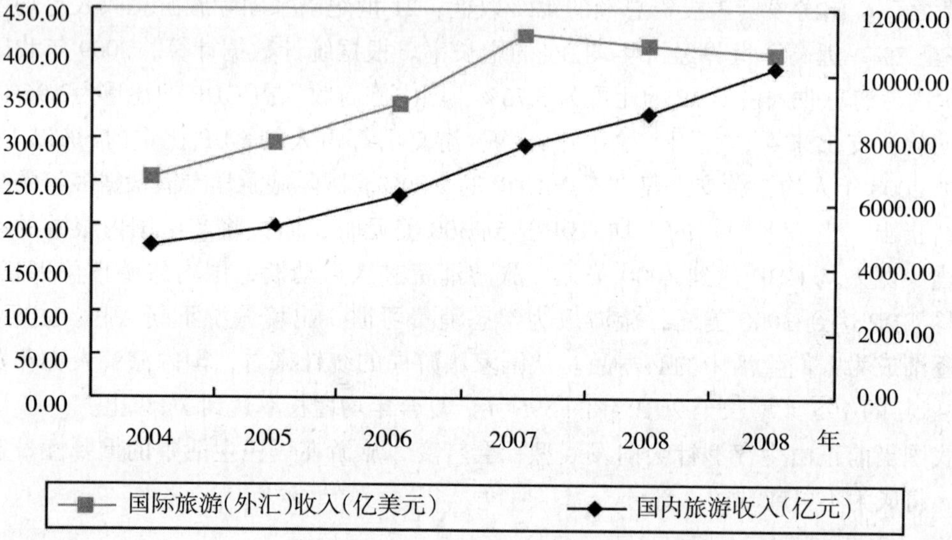

图 3–2 2004~2009 年我国旅游收入增长情况

资料来源：《中国统计年鉴》(2010)。

根据世界旅游及旅行理事会2006年的研究报告预测，自2007年至2016年，我国的旅游业将取得8.7%的实际年增长率，并将在10年内成为世界上第二大旅游和旅行经济强国。如果参照世界中等以上发达国家旅游收入占GDP的比重，我国旅游业的发展应该有一倍的增长空间。2009年12月1日，国务院下发了《关于加快发展旅游业的意见》，明确提出了我国旅游业的发展目标：到2015年，国内旅游人数达33亿人次，年均增长10%；入境过夜游客人数9000万人次，年均增长8%；城乡居民年均出游超过2次，旅游消费相当于居民消费总量的10%；旅游业总收入年均增长12%以上，旅游业增加值占全国GDP的比重提高到4.5%。

旅游在宏观产业体系中的前景更加明朗。对比起来，我国旅游业发展依靠“低资源消耗下的产品输出（引进国际客源）”和“以国外购买力为支撑，迅速发展了国内购买力市场（国内旅游市场迅速发展）”，在发展能力上总体协调，形成消费市场梯队和产品梯队，发育健康，发展强劲，形象良好。归纳起来，我国旅游业健康发展依靠4个方面支撑：一是良好资源禀赋，为旅游业发展提供了自主发展能力。作为服务业分支，旅游业发展不似制造业那样过分依赖技术进步，但对资源垄断的依赖性很强，我国资源禀赋好，这是我国旅游业发展的刚性基础。二是“先入境”的发展道路，使我国旅游业与世界迅速接轨。旅游业面临着先天良好的国际接轨渠道，并成为我国与国际最先接轨的领域，在发展理念和产品创新上与世界同步呼吸。三是随着经济连续增长带来的巨大的国内市场，为旅游业发展提供了接续而广阔的市场空间。旅游拉动经济增长的同时，旅游消费市场也因宏观经济反哺而迅速壮大，主要原因是在国民经济增长中，无论如何实现初次分配，都总会推动旅游需求总量的正向按比例增长。四是旅游业的低消耗和环保性，为旅游业的可持续发展提供了天然的条件。传统和新型制造业以及很多高新技术产业，都对外部环境的消化能力提出较高要求，从而增加环境负担。旅游资源因客观存在而方便取得，旅游建设成本相对较低，发展旅游业大大节约资源和能源消耗，这使旅游业在“资源节约型和环境友好型”社会目标中优势凸现①。

旅游业将成为国民经济和民生社会的支撑产业。“国民经济重要产业”目标的提出，为我国旅游业的发展，提出了新时期的新目标，不但为旅游业全面提升提供了一条切实可行的发展之路，同时也打开了我国旅游业未来发展的宏观新格局。然而，就某种程度而言，由于很多产业的经济产出量都大于旅游业，在已经培育成为“国民

①张树民：《对民生语境下我国旅游业产业的思考》，《旅游调研》，2008年第3期。

经济的重要产业”之后，旅游业很难向“国民经济的支柱产业”突破。重新审视旅游产业发展，它更应该实现从“经济”到“综合民生”作用的全面发挥和辐射。而旅游业和其他产业相比，本来就具有民生方面的天然优势。旅游业具有强大的社会功能，主要体现在旅游业能够给社会带来更高福利、更多就业，能够促进人的发展。在世界范围内的可持续发展命题中，“人的可持续发展”一直是重要内容，更是重要的终极目标。旅游业增长带来的旅游活动的增加，为旅游者带来了释放工作压力、提升综合素质、开拓宏观视野、扩大交往范围等调节身心的重要途径。旅游还是文化的国际间交流，它一方面促进我国传统文化（哲学、道德、艺术等）的继承；另一方面促成中国社会主义新文化体系的形成。旅游业在融汇国际文化、传扬传统文化方面，自有禀赋；在文化体验方式、文化普及渠道方面，尤显优势；在文化深入挖掘、文化持续创新方面，更具实力。这都使旅游业在社会主义新文化构建中，具有不可替代的作用。旅游业的发展要顺应民生社会主题，促进民生向前发展。

二、释放文化体制活力催生文化娱乐消费异军突起

文化发展“战略性短缺”孕育巨大发展机遇。随着物质消费不断满足和收入水平提高，居民的文化娱乐消费需求迅速增长，并正在成为推动经济发展的新增长点。2004～2008 年，我国文化产业增长速度在 17%以上，比同期 GDP 增速高 7 到 8 个百分点。2009 年，中国成为全球第一汽车产销大国，突破 1300 万辆，产值达 1 万多亿元，但同年我国出版产业产值也突破 1 万亿元规模。

虽然我国文化产业已经发展成为国民经济的重要组成部分，但我国文化消费市场的供需矛盾也十分突出，我国居民的实际文化消费还不到同等发展水平国家的四分之一，大大低于国际平均水平，文化产业发展存在“战略性短缺”。目前，我国作为文化大国，缺少有国际竞争力的文化产业顶级企业或大型企业集团。据了解，在美国每年评选出来的 400 家最富公司中有 72 家是文化企业；日本所评选的 400 家最富公司中有 81 家是文化企业；而中国的 500 强企业中，没有一家文化企业。再如，中国有 5400 多家动漫企业，可动漫生产能力一年能超过 2000 分钟的只有 11 家。可见，我们的文化企业总量偏少，基础薄弱。根据国际经验，一定的人均 GDP 发展水平与一定的恩格尔系数，以及一定的文化消费支出存在相关性。今后一段时间，随着国家相关政策的调整，消费将逐渐在国民经济发展中起到重要作用，将越来越快地启动文化消费，文化产业作为消费者服务业将有巨大的发展机遇。

从2009年国务院通过了《文化产业振兴规划》，标志着一个新的开始，我国文化产业发展进入新的发展阶段。伴随着3G的推出，移动互联网时代正式来临，平民百姓参与文化表达和文化创造的积极性空前高涨，传统文化产业赖以发展的“大规模复制与传播技术”已经“个人化”，一个大众文化创造潜力充分涌流的时代已经来临，我们已经进入了一个技术核心、业态创新和商业模式创新，新兴文化产业加速发展的时代，消费环境和产业发展环境都将被整体性重塑。

文化体制改革为文化产业发展释放了巨大的生机与活力。中共中央、国务院2006年发出《关于深化文化体制改革的若干意见》。2011年10月18日，中共十七届六中全会通过《中共中央关于深化文化体制改革推动社会主义文化大发展大繁荣若干重大问题的决定》，文化体制改革步入新高潮，并提出要把文化产业发展成为国民经济支柱产业。文化体制改革对推动文化产业发展的巨大作用充分显现，文化产业发展在加快转变经济发展方式中的作用越来越突出。2008年受金融危机影响，实体经济增速全面下滑，但文化产业逆势全线增长，其中，电影、动漫、图书和舞台剧等均大幅度增长。根据2008年第二次全国经济普查资料，国家统计局对中国文化产业发展状况进行了统计分析。2008年，中国文化产业实现增加值7630亿元，占同期GDP的2.43%；文化产业法人单位的全年营业收入为27244亿元，其中主营业务收入占98.4%；文化产业从业总数为1182万人，占全国从业人员的1.53%，占城镇从业人员的3.91%。根据国家统计局在第六届深圳文博会上发布的文化产业数据，2009年我国文化产业增加值为8400亿元，比2008年现价增长10%，仍高于同期GDP的现价增长速度3.2个百分点，占同期GDP初步核算数的比重为2.5%。

2010年，我国文化产业占国民经济的比重达到3%，到“十二五”期末，全国文化产业将达到GDP的4.5%到5%，成为调整产业结构和转变发展方式的重要力量。文化产业是首都北京的战略性产业，《北京市“十一五”时期文化创意产业发展规划》确定“十一五”时期增加值年均增长15%。2006~2009年，北京文化创意产业实现增加值年均增长21.9%，高于全市GDP 5.7个百分点，到2009年已占到全市GDP的12.6%。2008年，文化大省湖南省的文化产业占GDP比重超过5%，成为湖南新的支柱产业。2004年，文化产业增加值超过百亿元的只有9个省份，2008年增加至20个省份，增幅超过1倍的有18个省份。法人单位实现增加值超过200亿元的就有9个省份，其中广东以1545亿元居于首位，其次是山东、江苏、北京、浙江、上海、福建、湖南和河南。

文化产业在国民经济中的增长性、带动性非常强。根据美国、英国、芬兰、丹麦、澳大利亚等国开展的有关版权相关产业对国民经济贡献率的调查显示，版权相关产业的发展速度远远高出其他产业的发展，其版权产业的增长率几乎是其他国民经济产业部门增长率的一倍左右。美国文化及相关产业是仅次于军工的第二大产业。日本文化娱乐业收入超过汽车和钢铁产业收入的总和。韩国在亚洲金融危机后，迅速转变发展方式，确立了文化立国战略，以动漫影视为主的文化产业异军突起。纽约、伦敦、东京等世界许多城市都把发展文化产业作为产业转型的重要突破口。文化产业的产业链较长，对其他行业产生的影响较大，对国家经济的推动作用较强。韩国文化产业振兴院 2004 年公布了韩国文化产业的影响力系数，其值为 1.13，明显高于制造业（1.06）和服务业（0.90），表明文化产业对其他产业有很强的关联带动作用。特别是文化产业易与新技术对接，具有较强的创新应变能力，具有典型的供给创造需求的特征。如近年来，我国文化产业与信息技术、网络技术、数字技术对接，派生出网络游戏、网络视听、手机文化、网络出版、数字节目、三维动画等一系列新的业态，产业发展表现出旺盛的生命力和创造力。

文化娱乐的市场需求强、发展潜力巨大。根据国际经验，当人均 GDP 达到 3000 美元后，文化消费大幅度跃升，将进入快速增长阶段。美国和日本的经验表明，人均 GDP 达到 3000 美元后，文化娱乐支出占居民消费支出的比重将持续上升。我国文化消费的空间十分巨大。2008 年，我国城镇居民家庭文化娱乐用品支出为人均 354.8 元，文化娱乐服务支出为人均 381.3 元，农村居民家庭文化教育娱乐用品及服务为人均 314.5 元。预计到 2010 年，城乡居民文化消费总规模将达到 9000 亿元，人均文化消费占收入比重的 5.59%，占人均总消费比重的 7.71%[①]。但我国文化消费市场的供需矛盾也十分突出，我国居民的实际文化消费还不到同等发展水平国家的 1/4，大大低于国际平均水平，文化产业发展存在“战略性短缺”。按照国际标准计算，在人均 GDP 超过 3000 美元时，我国文化消费支出总量应该达到 40000 亿元以上，而目前统计只有 8000 亿元[②]，供需之间存在上万亿元以上的缺口[③]。

①张晓民等：《文化蓝皮书——中国文化产业发展报告(2009)》，北京，中国社会科学文献出版社，2009。

②目前尚无准确的文化产业统计指标，各地统计口径也比较混乱，国家统计局正在研究文化产业统计办法。

③文化部：《“十二五”文化发展规划初步思路》，指出结构性缺口即为 1 万亿元。

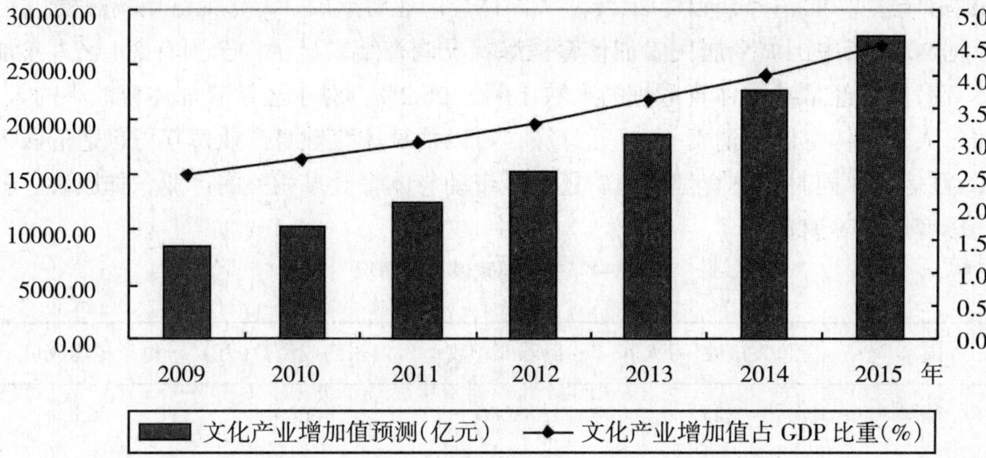

图 3–3 “十二五”期间文化产业发展趋势预测

资料来源：根据深圳文博会发布信息和《中国统计年鉴》数据推算。

三、奥运经济带动体育健身服务产业发展

随着人们对健康意识和需求的提高，体育事业和体育产业进入快速发展时期。借助 2008 年北京奥运会成功举办的巨大影响力，作为服务业重要组成部分的体育产业发展迅速，规模不断扩大，领域不断拓展，体育产业增加值、人均体育消费都显著增长，同时带动了旅游、建筑、通信、新闻出版等相关行业的发展，充分体现了体育在拉动消费、优化产业结构、扩大就业中的积极作用。到 2008 年年底，中央和地方总投入资金超过 26 亿元，建成 87000 个农民体育健身工程。在新建体育场地设施的同时，国家体育总局与教育部在全国共确定了 29 个省市的 499 所学校为开放试点学校，推进学校体育场馆向公众开放工作，提高已有体育场地资源的使用效率。国务院办公厅发布了《关于加快发展体育产业的指导意见》（以下简称《指导意见》），其中明确提出到 2020 年，培育一批具有国际竞争力的体育骨干企业和企业集团，形成一批有中国特色和国际影响力的体育产品品牌。《指导意见》还要求，通过加大投融资支持力度、完善税费优惠政策等措施促进体育产业发展。同时还明确指出要实现居民人均体育消费显著增加，体育服务贸易较快发展，体育产业从业人数占全社会就业人数比例明显提高，体育产业增加值在国内生产总值中所占比重明显提高。

按照《指导意见》的精神，到 2020 年，我国体育产业将形成 2 万亿元的市场规模。

据 2007 年中国城乡居民参加体育锻炼状况调查结果显示，全国有 3.4 亿人参加过体育锻炼，经常参加体育锻炼的人数比例为 28.2%。对于经常参加体育锻炼的人，按照每人每年体育健身消费 1000 元计算，可以估算体育健身产业每年可创造的收入为 1000 亿元。同时，体育健身消费还可以带动与体育健身相关的产业，如服装、鞋类、体育用品等消费。

表 3–1 主要国家俱乐部情况

国家	总人口数(万人)	俱乐部总数	俱乐部成员数(万)	每个平均成员
德国	8252	88000	2680	305
法国	6038	170000	1000	60
英国	5987	106423	820	77
中国	132802	17340	640	369

资料来源：英法德俱乐部数来源于 Carter Report on Sport，2005；人口来源于世界银行，以 2004 年年中统计。中国数据来源于《体育事业统计年鉴》（2009）。

值得正视的是，中国的体育产业经过 20 年的市场化尝试，规模还十分弱小。2008 年，中国国内体育增加值仅占 GDP 的 0.52%，而发达国家通常占到 1%以上。比如美国，体育产业是第六大支柱产业，占 GDP 的 2%以上，体育产业提供的就业机会甚至超过了农业、铁路、保险、电力等行业。

据统计，全世界体育产业的产值在 4000 亿美元左右。北美、西欧、日本的体育产业年产值均位于国内十大产业之列，且每年以 20%的速度增长。与发达国家相比，我国体育产业仍处于发展初级阶段，体育产业对美国经济的贡献率占 11%，我国体育产业的贡献率却只有 0.7%，仅为美国贡献率的 1/16。美国的体育产业，如 NBA、棒球等能独当一面，而中国的乒乓球、武术等更多的是以民间娱乐形态存在，产业化几乎为零。目前，欧美人均体育消费每年 300~500 美元，而我国人均体育消费每年不足 100 元人民币。我国有 13 亿人口，年收入超过 3000 美元的有 5 亿人，我们人均体育消费如果达到欧美的一半，就将至少形成一个每年 2 万亿元人民币的大市场。不过，近年来国内体育产业的发展在不断加速。从 2003 年至 2010 年的 8 年间，北京奥运会所产生的总体经济影响达到710多亿美元。

四、世界最大老龄群体蕴藏巨大老年服务产业

我国正在经历世界历史上规模最大、速度最快的老龄化过程，截至2008年年底，60岁以上老年人口已超过1.5亿，全国各类老年福利机构35632个，床位234.5万张，收养各类人员189.6万人。其中，城市老年福利机构5264个，床位41.5万张，收养老年人29万人；农村五保供养服务机构30368个，床位193万张，收养老年人160.6万人。2008年，我国社会福利业的增加值为210.7亿元，比上年增长19.8%，占服务业的比重为0.18%，比上年增加0.04个百分点。未来10年，我国老年人口年均增长约4.3%左右。到2009年年底，60岁以上老年人口已超过1.67亿人，全国各类老年福利机构38060个，床位266.2万张，收养各类人员210.9万人[①]。与我国日益加速的人口老龄化相比，我国养老服务的发展水平明显滞后。2007年65岁以上老人的千人床位数仅为22.4张，与发达国家50～70张的平均水平相比差距甚远，如果考虑到仍有巨大潜在需求尚未得到释放的话，养老服务机构床位供不应求的局面将更为严峻（见表3-2）。

关于养老服务机构需求。根据《中国统计年鉴》和《中国老龄事业发展白皮书》数据推算，到2015年我国老年人口将达到2.13亿，按千人床位数30张计算，养老服务机构床位数需求将达630多万张。另外，现有养老服务机构的业务综合性不强，相关设备配置不全，服务范围比较狭窄，导致专业化水平不高，而且养老服务机构的规模效应不明显，员工综合素质偏低，民办养老服务机构发展的制约因素比较多。养老服务机构存在较大的发展空间。

表3-2 2009~2020年我国养老服务机构的床位数需求预测

年份	60岁及以上人口（亿人）	千人床位数（张）	床位数需求（万张）
2009	1.65	22	363
2010	1.71	25	427.5
2011	1.78	26	462.8

①民政部：《2009年民政事业统计报告》，民政部网站 http://www.mca。gov.cn/。

续表

年份	60岁及以上人口(亿人)	千人床位数(张)	床位数需求(万张)
2012	1.86	27	502.2
2013	1.95	28	546
2014	2.04	29	591.6
2015	2.13	30	639
2016	2.21	31	685.1
2017	2.29	32	732.8
2018	2.36	33	778.8
2019	2.4	34	816
2020	2.43	35	850.5

资料来源：本表根据《中国统计年鉴》和《中国老龄事业发展白皮书》数据推算。

关于养老服务就业需求。养老服务是老龄产业的重要组成部分，主要为家政服务和护理服务，按当前老年服务格局划分，包括居家老年服务、社区老年服务和机构老年服务三大类。老年服务属于典型的劳动密集型产业，具有很强的就业吸纳能力。通常专业化机构中2~3张床位就需要一名护理人员，居家养老服务中，就业人员与服务需求比例也在1∶10。我国需要老年护理服务的老年人口规模相当庞大。目前，我国老年人口平均生活不能自理率超过8.81%，据此推算，全国生活不能自理老年人口数量，2010年将达到1530万人，2020年将超过2000万人。[①]当前，老年护理机构数量有限。目前，我国城乡有社会福利院、敬老院、养老院、老年公寓和老年护理院等养老服务机构39546个，总床位149.7万张，远远不能满足老年人的入住需求。而要满足全国5%的老年人入住养老院的愿望，大约需要720万张床位。老年护理人力资源不足，远远不能满足不同年龄、不同层次老年人的各种需求。

据推算，以60岁以上老年人口为基数，综合考虑居家老年服务、社区老年服务和机构老年服务的变化趋势，根据老年服务的需求预测，2009年我国老年服务的就业规模预计为470万人，到2020年老年服务的就业规模预计将达到1000万人（见表3-3）。这将对专业护士，特别是普通护工有大量需求，适宜中职护理专业、“4050人员”和农村妇女就业。

①《中国老龄事业发展白皮书》(2006)。

养老服务产业市场规模。根据全国老龄办发布的《我国城市居家养老服务研究报告》，2009 年我国城市居家养老家政服务和护理服务的市场规模为 1150 亿元，2010 年为 1300 亿元，2010～2020 年每年增加约 370 亿元，到 2020 年将超过 5000 亿元。

表 3-3　老年服务的就业规模预测

单位：万人

年份	居家老年服务	社区老年服务	机构老年服务	合计
2009	275	41.3	154.3	470.6
2010	310	42.8	171.0	523.8
2011	345	44.5	187.7	577.2
2012	380	46.5	204.4	630.9
2013	415	48.8	221.0	684.8
2014	450	51.0	237.7	738.7
2015	485	53.3	254.4	792.7
2016	520	55.3	271.1	846.4
2017	555	57.3	287.8	900.1
2018	590	59.0	304.4	953.4
2019	625	60.0	321.1	1006.1
2020	660	60.8	340.2	1061.0

资料来源：本表根据全国老龄办《我国城市居家养老服务研究报告》数据推算。

五、教育和人力资本投资持续带动群众急需的教育服务

1. 我国教育服务对象规模庞大

2008 年，全国拥有各级各类学校 517514 所，其中普通高等学校 2263 所，普通中学 72907 所，职业中学 6128 所，普通小学 300854 所，特殊教学学校 1640 所，学前教育 133722 所；全国各级各类学校的专任教师 1306.5 万人，其中普通高等学校 123.7 万人，普通中学 494.4 万人，职业中学 32.7 万人，普通小学 562.2 万人，特殊教育学校 3.6 万人，学前教育 89.9 万人；全国各级各类学校在校学生 23680.7 万人，其中普通高等学校 2021 万人，普通中学 8050.4 万人，职业中学 761.1 万人，普通小学 10331.5 万人，特殊教育学校 41.7 万人，学前教育 2475 万人。2008 年，全国共有

民办高校 318 所，在校生 1828633 人；民办独立学院 322 所，在校生 2184377 人；其他民办高等教育机构 866 所；全国共有民办普通高中 2913 所，在校生 2402983 人；民办中等职业教育 3234 所，在校生 2918132 人；民办普通初中 4408 所，在校生 4285782 人；民办职业初中 7 所，在校生 2002 人；民办普通小学 5760 所，在校生 4804015 人；民办幼儿园 83119 所，在校生 9820338 人；其他民办培训机构 19579 所。2008 年，全国学龄儿童数为 9772 万人，已入学学龄儿童数为 9727.1 万人，入学率为 99.5%；小学升初中升学率为 99.7%；初中升高中升学率为 83.4%；高中升高等教育升学率为 72.7%。2007 年，全国教育经费为 12148.1 亿元；国家财政性教育经费为 8280.2 亿元，其中预算内教育经费 7654.9 亿元；民办学校办学经费 80.9 亿元；社会捐赠经费 93.1 亿元；事业收入 3177.2 亿元，其中学杂费 2130.9 亿元；其他教育经费 516.6 亿元。

表 3-4 2009 年各级各类学历教育学生情况

项目		在校学生数（人）
高等教育	研究生	1404942
	普通本专科	21446570
	成人本专科	5413513
中等教育	高中阶段教育	46409122
	初中阶段教育	54897291
初等教育	普通小学	100714661
	成人小学	2108199
特殊教育		428125
学前教育		26578141

2. 潜力分析

根据国家教育部《全国教育事业发展统计公报》来看，未来 5 到 10 年，中国教育培训市场潜在规模将达到 5000 亿元。这其中，尤其是中小学的教育培训，超出 3000 多亿元的市场，并且正以每年 30%的速度急速增长，每年参加各类培训的青少年儿童超过 1 亿人次。目前，我国现有 2 亿多的中小学生。而在大中城市，90%以上小学生在课后接受各种各样的辅导，这是一个需求无比巨大的群体市场。

调查显示，城市家庭中为孩子请家教的比例占到了 40%~60%，城市居民日常支出中教育所占的比例在2008年时占到28%，统计表明这部分比重在逐年递增。2008年，仅初中生和高中生的课外辅导市场年产值就已经超过200亿元，这一数值预计将在5年内达到500亿元。在我国，优秀的教育资源分配不均衡，传统的课堂教学不能做到面面俱到，升学和就业的压力又非常大，这些都导致了我国中小学课外辅导市场上的庞大需求。中小学课外辅导市场是最受投资者关注的细分市场。截至2008年11月底的数据，中小学课外辅导培训市场获得1亿美元投资，占教育行业投资总额的近30%。世界银行曾发表报告称，中国从小学到大学的学生人数占世界的17%，但是教育市场价值却只占2%。德勤咨询（上海）发布的《教育培训行业报告》显示，2009年我国教育培训市场保持高速增长，市场总值约6800亿元。预计到2012年全国教育培训市场规模将达到9600亿元，未来几年的年复合增长率约为12%。

早教市场未来发展潜力同样巨大。据《中国人口统计年鉴》，中国每年有3000万婴儿出生。最新统计数字显示，目前城市中0~3岁的婴幼儿人数已达1090万。“再苦不能苦孩子，再穷不能穷教育。”在中国，为子女教育形成的储蓄和消费在城市中产阶级家庭支出和储蓄中占据15%和24%的比例，已成为中国家庭第二大消费。以北京市为例，据北京市政协的调研数据显示：2009年北京市幼儿园总量已经由1996年的3056所降低为1266所，下降了58.5%，即使加上所谓“自办未注册”幼儿园，也不过2564所，现有资源仅能满足近3年出生幼儿的一半入园需求，幼儿园数供给严重不足。2008年年底3岁以上城镇户籍幼儿入园率达到86.6%。如果按照全国每十万人口拥有幼儿园数为8.79的平均水平计算，则2010年北京市需要新增建幼儿园296所，这一任务在一年的时间内很难完成。考虑到北京市常住人口不断增加，对幼儿园的需求也会增加，如果假设北京市到2015年达到每十万人口拥有幼儿园数为8.79的全国标准，则2009~2015年，需要增加幼儿园数量为543所。天津学前教育三年行动计划：2010年新建、改扩建20所；2011年新建、改扩建50所；2012年，新建、改扩建50所，全面完成公办幼儿园建设任务并投入使用。

从目前的发展状况看，中国的教育培训业尚处于起步阶段，虽然教育培训机构已有近万家，但资金规模超过10亿元的屈指可数。目前全国品牌化的教育机构像新东方、巨人教育、安博教育、环球雅思等教育培训机构占据英语、课外辅导、职业教育等行业领头地位。2008年到2009年培生出版公司先后并购了华尔街英语和上海乐宁英语，这是国际教育机构强势进入中国教育的一个趋势。市场经济是一种开发经济，教育市场的长久封闭既是不理性的，也是不现实的。如何面对国外竞争对手，这是从事教育培训的国内机构所要考虑的主要问题。

虽然近年来高层次的培训有了很大发展，但目前中国培训市场上，中、低层次的培训仍然是主流。中国每年有将近 1 亿人参加各式各样的培训，其中近 80%的人参加的仍是工作技能等方面的中、低层次培训。国内每年有将近 1000 万人参加会计、烹调、美容美发等方面的培训。中国教育培训产业市值空间非常巨大，2009 年整个中国教育培训市场总值约为 6800 亿元，预计到 2012 年这一数字将变成 9600 亿元，每年的复合增长率将达到 12%。其中民办教育的年均复合增长率将达到 16%，大于公办教育年均 9%的增长率，而其在整个中国教育培训市场所占的比例也将从 2009 年的 40%增加到 44%，充分体现出了教育行业“反周期”特征。

出国留学和来华留学需求增长迅速。2009 年，在华学习的外国学生总数已近 23 万人。2009 年出国留学人数达到 229300 人（见图 3-4）。教育部还将大力支持各高等学校吸引外国留学生，到 2020 年，我们要实现全年在华留学生总数达到 50 万的目标，使我国成为亚洲最大的留学目的国家。2009 年，我国高考有近 100 万考生自动取消考试，主要是转去国外升学。这一部分学生，实际上是我国发展优质教育服务的极好需求对象。与其让更多的中国家长和富裕家庭把子女送到国外去留学和消费，还不如尽可能地让他们在国内就能满足高端、优质教育需求，把更多消费转化到国内教育服务消费。同时，国外来华留学市场也发展迅速。

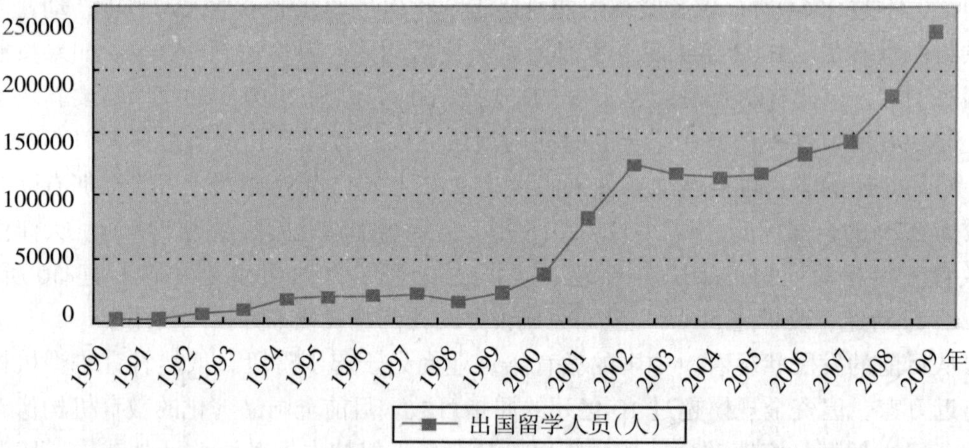

图 3-4 我国出国留学需求发展趋势

数据来源：《全国教育事业发展统计公报》。

六、医药卫生体制改革推动健康产业发展

健康作为人力资本的重要组成部分，是人力资本发挥主观能动作用的先决条件。健康投资不仅是一种改善生命质量和生活质量的消费性投入，更是一种全面保护和提高劳动力综合素质的生产性投资。近几十年来，发达国家人力资本对经济发展的贡献率高达70%以上，而我国目前大体为35%，说明我国人力资本对经济增长的贡献存在着很大的发展空间①。健康产业是全社会为维护健康和促进健康而从事产品生产经营、服务提供和信息传播等活动的经济领域。健康产业不是一个狭义的产业，而是一个与健康直接或间接相关的产业链和产业体系，主要包括：以预防疾病、维持健康为目标的保健品、健康教育、健康管理业、健康食品、安全饮用水、生态环境保护等行业；以治疗疾病、恢复健康为目标的医疗服务业和药品药械行业；以实现更高层次的健康促进为目标的体育健身、养生、美容业等；以促进健康的公平性和可及性为目标的健康保险业；以促进健康产业发展为目标的健康信息业、健康文化业、健康理财业等②。

在世界卫生组织的推动下，各国政府充分意识到保障人民健康的重要意义，一些发达国家已从国家层面推进和实施国民健康促进行动，如美国从1980年开始，先后推出了三个“健康人民”10年规划，欧盟推出了“欧盟成员国公共健康行动”，日本提出了“健康日本21世纪”等。实践表明，发展健康产业不仅能为人们的需要提供保障，而且还可以拉动国内需求。如美国的医疗服务、医药生产、健康管理等健康产业增加值占GDP的比重超过15%；加拿大、日本等国家的健康产业增加值占GDP的比重也超过10%。

我国健康产业中，医疗服务业和医药业1.2万多亿元，健身娱乐产业市场规模800多亿元，保健食品年市场规模600多亿元，健康保险市场为574亿元左右，健康管理产业市场规模已超过300亿元（数据来源:《2008生物技术和新医药产业白皮书》

①我国人力资本对经济增长的贡献率大体为35%,而发达国家的这一比率大体为75%,说明我国人力资本对经济增长的贡献存在着很大的发展空间。这是我国今后推动经济又好又快发展需要重点加强的领域。这是中国企业评价协会理事长鲁志强12日在第三届中国人力资源管理大奖颁奖典礼暨峰会上透露的。(《光明日报》,2008年4月15日第2版)

②卫生部健康产业课题组定义。

及第五届健康产业论坛材料）。据专家估测，我国健康管理产业市场规模已超过100亿元，年增长速度在20%~30%之间，未来3~5年内可达200亿元左右，与此相关的健康保险市场3~5年内有望达到1000亿元，健身娱乐产业3~5年内可达800亿元①。

据卫生权威部门统计，2008年中国健康医疗市场规模将超过10000亿元，如果按照21世纪的前10年中国健康医疗市场年均超过10%的速度，预计到2020年，中国将会成为全球仅次于美国的第二大医疗市场。

中国健康产业在“大健康”的理念下，包括健康管理、心理干预、药品研发生产、化妆品美容等领域的科技创新与资本结合的关系越来越紧密。自2000年以来发生在健康产业界的投资共42起，其中，仅有5起投资发生在2004年前，其余37起均发生在2006、2007年两年间。

综观国内健康产业的全局，除政府管理部门和消费者以外，医疗机构、医药企业、保健类产品企业和健康管理机构是四大组成部分。健康产业作为朝阳产业，在新的医疗改革方案走向落实之际，政策性风险不断消除，将会得到各类资本的积极关注和积极投入，并很可能继互联网行业、生物医药行业、传媒行业和新能源行业等之后，成为资本市场新的关注点。

目前，我国因为供给能力和需求能力不足被抑制的医疗服务需求和保健需求总规模达6400多亿元，其中医疗服务需求4400多亿元，保健需求2000多亿元。研究测算表明，每1元医疗保障方面的财政投入能够拉动8元以上的社会消费总额。2007年，健康产业增加值约占国内生产总值的6%左右，低于发达国家10%以上的平均水平②。

发展健康产业将释放巨大的就业需求。目前，我国健康护理、基层卫生、公共卫生领域具有提供上千万就业岗位的潜在能力，其中包括：老年人健康护理人员400万人，医疗机构护理人员400万人，基层医疗机构助理医师和全科医师160万人，精神卫生专业人士30万人。目前我国有200多万名医生，医护比例仅为1∶0.7，而合理的医护比应达到1∶2，若参照合理的医护比例，将有260万护士岗位的需求缺口。同时，我国还有60多万名取得执业医师资格的人员持证待岗，若参照上述医护比，还有近120万护士的需求缺口。仅此三项合计，未来三年内医药卫生行业将有超过400万个潜在就业岗位。这与“健康中国2020”战略规划课题研究报告《医学

①《中国经营报》,http://www.51kang.com/new/20080101153731/index.shtm。

②《2009年全球及中国医疗器械行业研究报告》,2009年5月。

模式转变与医疗体系完善研究报告》中所提出的“到2020年，培养出400万护士，加上目前已有的150万护士，实现我国千人口拥有注册护士3.7人的目标”基本一致。

全国生活不能自理老年人口数量，2010年将达到1530万人，2020年将超过2000万人，2050年将达到3800万人[①]，再加上生活半自理人群，规模会更大。从护理人员角度看，一般养老院工作人员与入住老年人之比约是1∶4。据此估算，我国老年人健康护理人员缺口约在400万以上。

医疗器械是构成健康产业的重要组成部分。目前，我国医疗器械企业总体规模小，结构不合理，市场占有率偏低。我国医疗器械生产企业众多，截至2008年年底，达到1.3万家，大部分是中小企业，技术力量落后，产品创新能力低，产品属于重复竞争领域，企业发展受到很大限制。2008年中国医疗器械行业实现销售收入694.35亿元，仅占全球市场规模的5%。进出口结构呈现“高进低出”的特点：进口商品以医用X射线设备、彩色超声波诊断仪等高技术、高附加值设备为主，而出口是以棉制手术用巾、药棉、纱布、导管等低附加值耗材类为主。目前国内近70%的医疗器械市场已被跨国公司占领，除少数品种外，国内医疗卫生机构的中高档医疗仪器设备中进口产品占总装机容量的比率高达90%以上。

随着健康产业发展，医疗保险产业发展市场前景广阔。目前，基本医疗保险覆盖面、筹资水平和补偿水平有待进一步提高。城镇基本医疗保险基金结余居高不下，2009年，城镇基本医疗保险基金收支情况是：基金收入3671.9亿元，基金支出2797.4亿元，累计结余4275.9亿元，基金累计结余增长速度甚至超过了基金收入增长速度。全国城镇职工基本医疗统筹基金，2007年全国城镇职工基本医疗统筹基金当期的结余率是34.8%，2008年是32.8%。据了解，在2007年城镇职工医保当年结余率最高的省份中，广东当年结余率超过40%。截至目前，该省全省医保个人账户的结余已经超过100亿元。2009年年末，城镇基本医疗统筹基金累计结存2882亿元，个人账户积累1394亿元，依照当年的支出水平，可支付18.3个月。根据德国、法国等实行社会医疗保险制度国家的经验，医疗保险基金一般只需要相当于3个月支出的储备规模。商业医疗保险的风险提留金，一般惯例也只有在保费的10%左右。我国城镇基本医疗保险基金的大量结余，显示了医疗保险运行管理上的缺陷。

①《中国老龄事业白皮书》(2006)。

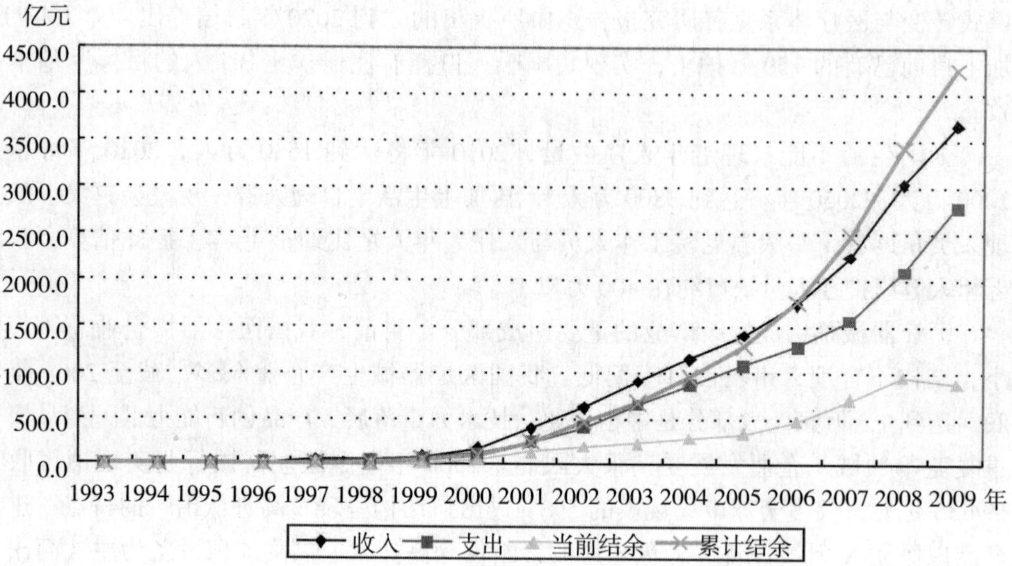

数据来源:《中国统计年鉴》(2010)。

图 3-5 我国城镇职工基本医疗保险收支与结余情况

表 3-5 我国城镇职工基本医疗保险收支与结余情况

单位:亿元

年份	收入	支出	当期结余	累计结余
1993	1.4	1.3	0.102	0.4
1994	3.2	2.9	0.245	0.7
1995	9.7	7.3	2.383	3.1
1996	19.0	16.2	2.775	6.4
1997	52.3	40.5	11.800	16.6
1998	60.6	53.3	7.295	20.0
1999	89.9	69.1	20.793	57.6
2000	170.0	124.5	45.457	109.8
2001	383.6	244.1	139.503	253.0
2002	607.8	409.4	198.426	450.7
2003	890.0	653.9	236.100	670.6
2004	1140.5	862.2	278.300	957.9

续表

年份	收入	支出	当期结余	累计结余
2005	1405.3	1078.7	326.600	1278.1
2006	1747.1	1276.7	470.362	1752.4
2007	2257.2	1561.8	695.400	2476.9
2008	3040.4	2083.6	956.800	3431.7
2009	3671.9	2797.4	874.488	4275.9

数据来源:《中国统计年鉴》(2010)。

七、家政服务业发展潜力

我国居民的最终消费率大大低于国际平均水平。居民的最终消费包括物质消费与服务消费，而家庭服务消费是服务消费的一个重要组成部分。早在 1998 年，中国社会调查所在北京、天津、上海、广州、深圳、珠海、武汉、成都、哈尔滨、重庆、西安、兰州、郑州、乌鲁木齐、石家庄、太原、长沙、贵阳、昆明、呼和浩特、大连等 21 个大中城市进行的问卷调查表明，有 64%的城市居民需要家政服务。这些表明，家政服务业客观上存在着巨大的需求潜力，关键在于如何开发它的巨大潜力。

随着全民生活水平的提高，同时，城市中第一代独生子女已到婚育期，空巢老人越来越多，不管是从百姓的近期、远期需求来看，还是就促进就业、再就业的政策目标而言，对家政服务业重新定位已刻不容缓。约 70%的城市居民对家政服务有需求，作为第三产业的家政服务业，有着巨大的市场潜力和发展前景。根据劳动保障部对沈阳、青岛、长沙、成都 4 个城市 1600 户居民的调查数据，需要提供家政服务的家庭占到 40%，推及全国，家政服务提供的就业岗位至少在 1500 万个以上。

据悉，北京市家政行业从业人员达 37 万，在全国位居前列，其中吸纳了大量农民工。以北京家政服务协会 2008 年年底与 2002 年年底的统计相比，在北京城八区，雇请家政服务员的北京家庭由 18.8 万户增加到 57.6 万户，登记在册的家政公司由 536 家增加到 2955 家。由于供不应求，各家政公司都动足脑筋，近年来先后从四川、陕西、安徽、东北等地区引进家政服务员。

八、保障性住房服务发展潜力

“十二五”时期，城镇化战略实施，公共租赁住房需求将迅速上升。我国自 20

世纪 90 年代后期开始至今，城市化率处于高速发展期。根据 Samuel H.Preston 对 1950 ~ 1970 年世界绝大多数国家（不包括中国）工业化和城市化关系的考察，发现其比例关系大约是 1：2，以此为参照，2000 年我国的城市人口比重就应该上升到 56.4%。随着城乡一体化的推进、户籍制度的改革、城乡社会保障制度的整合，城市化率的进一步提高是必然趋势。按时间序列预测，2015 年，我国城镇化率将达到 52.8%。国家信息中心预计，未来几年我国城市化仍将处于快速发展阶段，总体上将呈现出逐步小幅加速增长的态势，到 2015 年城市化率将达到 53.5%左右，"十二五"时期，年均提高 1.1 个百分点左右。根据国务院发展研究中心预测表明："十二五"时期，我国农村劳动力平均年转移 900 万人，其中以农民工形式的年转移规模为 600 万 ~ 650 万人。

以北京市为例，"十二五"期间，北京新增常住人口约为 280 万，按照保障性住房针对的中低收入阶层的划分，其中约有 40%的人口需要通过住房保障制度解决居住问题，按照 2005 年我国人均住房面积为每人 25 平方米的标准计算，则"十二五"新增常住人口需要 2240 万平方米保障性住房。除此之外，对保障性住房的需求还需考虑现有存量中等待保障性住房的人口。根据北京住房和城乡建设委的资料，截至 2008 年 6 月底，北京市已有 1.7 万户家庭通过租赁补贴或实物配租方式解决了住房困难，同时对 2 万户家庭实行了租金减免。也就是说至少还有 2 万多户家庭存在保障性住房需求，按户均人口 6 人估算，则需要 300 万平方米保障性住房，则可估算"十二五"至少需要 2540 万平方米保障性住房，年均需新建约 510 万平方米保障性住房。

2007 年和 2008 年北京分别实现政策性住房新开工 590 万和 803 万平方米，均超额完成当年预定目标。2009 年北京市新开工建设和收购政策性住房 925 万平方米，竣工 225 万平方米。2010 年北京将开工建设政策性保障住房 13.4 万套，竣工交用保障性住房 4.6 万套，要求确保实现 50%以上的住宅供地用于建设各类政策性住房。2009 年新开工政策性住房中，廉租房和公共租赁房所占比重不足 5%。从住房保障制度的发展方面来看，需要进一步调整住房保障制度的结构，增加廉租房和公共租赁房所占比重。

第四章　当前社会服务业发展的制约因素分析

当前，我国社会服务产业还未成为经济发展的新增长点和支柱型产业，社会服务业促进经济发展方式转变，推动经济社会全面发展的作用还有限。社会服务业发展需要消除各种体制性障碍，从政策上加以扶持，为其营造良好的社会氛围和政策环境。

一、需求制约因素分析

（一）居民收入增长相对较慢，阻碍居民消费能力和意愿的提升

近年来，城乡居民收入水平不断提高，但增长速度始终低于经济增长，其深层次原因在于国民收入分配格局不合理。1997～2009 年间，居民收入所占份额呈下降趋势。2009 年我国居民收入 142452.5 亿元，国民总收入 343465 亿元，居民收入占国民收入的 41.5%。这一比重比 1997 年低 6.5 个百分点，比 2005 年低 3.1 个百分点（见表 4-1）。

表 4-1　居民收入占国民收入的比重

单位:亿元

年份	居民收入	国民收入	居民收入占国民收入的比重
1997	37490	78061	48.0
1998	40075	83024	48.3
1999	43237	88189	49.0
2000	46499	98000	47.4
2001	51207	108068	47.4
2002	57387	119096	48.2
2003	63789	135174	47.2
2004	72642	159587	45.5
2005	82424	185809	44.6

续表

年份	居民收入	国民收入	居民收入占国民收入的比重
2006	93573	217523	44.2
2007		267764	
2008	129150	316229	40.9
2009	142452.5	343465	41.5

数据来源 张东生:《中国居民收入分配年度报告》(2007)，北京，中国财政经济出版社，2008。张东生:《中国居民收入分配年度报告》(2010)，北京，经济科学出版社，2010。

居民收入分配差距总体上仍在扩大，城乡居民人均收入比由 2000 年的 2.8 : 1 上升到 2009 年的 3.3 : 1，地区之间、行业之间、不同群体之间收入差距问题也比较突出。同时，就业压力较大和社会保障制度不健全，也将对居民消费意愿产生不利影响。“十二五”时期我国新成长劳动力仍然较多，农村富余劳动力还将继续向城镇转移，劳动力供需矛盾仍十分突出，影响居民收入预期。

(二) 社会保障水平仍不健全，制约居民消费水平提高

社会保障制度是影响居民消费的主要因素之一。社会保障制度直接影响着居民的养老储蓄、收入分配和预防性储蓄，而这些行为又会影响到消费行为。

社会保障制度对居民消费的影响主要体现在以下 3 个方面：

一是社会保障制度对居民消费水平的影响可以归纳为收入效应和替代效应两个方面。收入效应是指社会保障待遇是居民收入的一部分，当期社会保障待遇有助于提高居民的当期消费水平，未来社会保障待遇给付有助于增强居民的当期消费信心，改善消费预期，从而对居民消费有促进作用。替代效应是指社会保障缴费减少了居民当期收入，在一定程度上抑制了当期消费。社会保障对居民消费的综合影响取决于这两种效应的比较。对我国社会保障支出水平与居民消费水平的实证分析表明：收入效应大于替代效应，实施社会保障制度能够增加居民的消费支出。目前，我国社会保障制度仍有许多不完善的地方，使居民消费预期长期得不到改善。居民对社会保障的不良预期产生了强制性储蓄，且多为长期性储蓄，使得短期性的消费需求启动措施对居民消费的拉动作用不大。完善社会保障制度是从根本上解决居民消费需求不足的重要举措。

二是社会保障制度对居民消费倾向的影响。目前，我国社会保障制度覆盖面有

限，农村社会保障制度建设滞后、社会保障支出占GDP比例较低、慈善事业发展不充分等都影响了社会保障制度调节收入分配功能的发挥，甚至出现社会保障对收入分配的逆向调节。充分发挥社会保障制度的收入分配调节作用，是提高居民消费倾向的有效途径。

三是社会保障制度对居民消费结构的影响。居民消费预期支出的不确定性，不仅减少了消费支出，而且会抑制消费结构的升级，致使消费结构中应有的一些消费需求热点无法显现。社会保障制度保障居民的基本生活需求，促使居民增加非生活必需品的支出，推动消费结构的升级。同时，社会保障又是多层次的，包括社会保险、社会救助、社会福利、优抚安置和社会互助、个人储蓄积累保障。社会保障制度既要发展基本社会保障，也要发展各种不同类型的补充保障，适应居民不同层次的消费需求。多层次社会保障制度的发展有助于启动多元消费市场。

综上可见，我国社会保障体系虽已初步建立，但保障覆盖面不广、保障水平较低，农村养老保险制度等仍处在起步阶段，居民在教育、医疗、住房等方面的支出负担较重，导致预防性储蓄持续攀升。在这种情况下，要全面扩大居民消费特别是把消费倾向较高的广大农民和城镇低收入群体的潜在需求转化为现实消费将受到很大制约。

二、供给制约因素分析

供给结构与需求结构不协调，影响有效需求的释放。主要表现在以下3方面：

（一）公共服务供给水平不足

社会事业、公用事业、基础设施等公共服务领域建设和运营投入不足，布局不合理，服务水平差距较大，难以有效满足城乡居民生活和企业发展需要。基本公共服务总量短缺且分布不平衡。社会事业投入不足、欠账较多、基础薄弱，基本公共服务保障水平仍然比较低。农村基本公共服务仍主要停留在低层次、低水平状态，教育、医疗卫生、公共文化体育的供给水平普遍偏低，无法满足农村居民日益增长的生活需要。以文化服务提供为例，公共文化供给缺乏，广大群众的基本文化需求同公共文化服务能力不足之间的矛盾仍然比较尖锐。国际图联设定一个国家公共图书馆的藏书应该达到人均2册的标准，然而，2008年，我国人均公共图书馆藏书仅为0.3册。文化投入明显不足，公共文化基础设施落后，公共文化机构运转存在较大困难，面向群众服务群众的文化产品、文化服务供给不足，公共文化资源总量偏少、质量不高。城乡发展不平衡的问题突出。2007 年，农村文化投入仅占财政总投入的 28.2%。农民的文化活动仍不丰富，一些不健康的文化在农村蔓延。在全国博物馆、公共图书馆不断增加的同时，农村公共文化服务设施不断减少，从 1995～2008 年，县市级文化馆、乡镇（街道）文化站的数量总体有所减少。

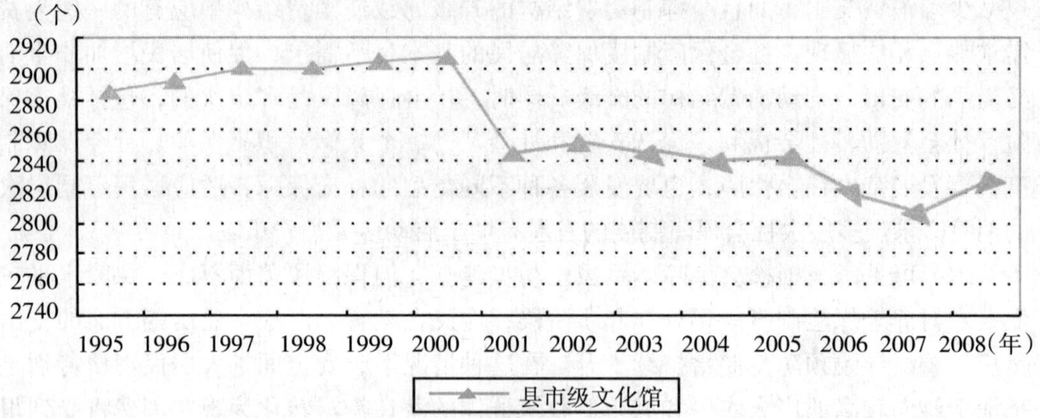

图 4–1 1995～2008 年乡镇（街道）文化馆

（二）企业自主创新能力总体不强

企业产品结构趋同现象比较突出，特别是适应中小城市和农村市场需求的商品较少、质量不高，缺乏引领和创造新的市场需求的产品和服务创新。自主创新能力的提高需要企业成为创新的主体，这依赖于完善市场经济体制下的产权保护、公平竞争的体制机制建设。而目前，自主创新还没有成为我国企业寻求发展机会的第一选择，“政策寻租”带来的发展空间和利润仍较大，依靠政策或其他要素获得的超常规发展机遇要比自主创新更加容易。良好创新环境的形成与政府职能转变、政府放松不合理的行政和资源垄断以及政策干预直接相关。同时，资源环境的压力也没有充分转变为价格信号和更加严格的环境执法，企业创新的“倒逼机制”尚未形成。

（三）居民不断增长的服务性需求得不到有效满足

旅游、文化娱乐、教育和医疗保健、社会化养老、家政等社会服务产业供给总量不足，层次不够丰富，导致服务性消费比重明显偏低。特别是优质服务需求明显得不到满足。公共服务部分领域的社会化、市场化、现代化程度不高，服务质量和服务方式有待进一步改进。

三、体制性障碍分析

社会服务业发展最重要的制约因素仍是体制机制。社会体制改革滞后于经济体制改革，社会体制僵化，官僚制、行政化依然绑架社会各领域发展，公共服务政府单一供给局面仍未打破，社会组织发育不良。体制机制和管理体系不健全，影响社会服务投资的平稳健康增长。集中体现在：

（一）社会体制改革滞后，制约发展质量提高和消费结构升级

教育、科研、医疗卫生等绝大部分社会事业的组织形式仍是官僚制，去行政化步伐缓慢和艰难，公立机构几乎垄断了社会服务业的全部优质资源，但其质量却难以保证。

一个典型的例子是：大量官员和社会精英阶层将子女送到国外接受教育的趋势正在上升，由教育带动的巨额消费也随之转移到国外。优质资源的公共垄断挤压了社会资本的进入，阻碍了包括教育、科技、医疗卫生等领域非基本公共服务在内的中高级要素市场化步伐。教育、科技、卫生、文化等社会事业是培育和积累人力资本的基础部门，是推动创新成为经济社会发展主要动力的根本。然而，目前我国教育、科技等社会领域发展的质量有待提高，产、学、研结合的良性互动局面远未形成，大学、科研机构与市场不接轨，教师、科研人员、官员身份基本未打通，社会发展成果难以转化为推动经济发展的动力。

体育产业的发展在我国同样面临重重体制障碍。在“举国体制”这个金字招牌下，一方面，体育赛事、活动的申报都还要由国家体育总局或总局下属的运动管理中心审批；另一方面，体育行政管理部门自身设立公司，控制产业经营权。体育管理部门集管理机关、事业法人、社团法人和企业法人四种身份于一身，既是裁判员、又是运动员，管办不分，政事企混淆，在打造出竞技体育持续辉煌的同时，也越来越多被外界质疑为中国最大的“体育公司”。到底是体育的市场化，还是体育主管部门的市场化？这是一些人对体育产业市场化转型的紧紧追问。

（二）社会人文软实力提升滞后，影响我国宜居和就业环境

社会假冒泛滥，产品质量低劣，河南瘦肉精事件，18 道部门监管全线溃败，食

品、药品的质量安全已经失去群众信任，反映社会发展方式的社会公正和秩序等制度规范与法治环境改善缓慢，以人为本的执政理念难以让百姓信服。在毒奶粉、瘦肉精、地沟油、染色馒头、毒豆芽等事件接踵而至之际，当温家宝总理在国务院常务会议上直言，“诚信的缺失、道德的滑坡已经到了何等严重的地步”，全民的集体焦虑也就有了独有的时代背景。社会发展滞后已经严重影响我国的中高端就业和宜居环境，社会结构中上层的空心化问题逐步显现。北京因私出入境中介机构协会的数据显示：2009 年再次掀起投资移民海外的热潮，2009 年到美国投资移民的 EB-5 类签证的中国申报人数已经翻了一番，从 2008 年的 500 人上升到超过 1000 人。

（三）民间投资在社会服务业、城市公用事业等领域还面临不少准入障碍

融资难问题突出，公平竞争与合法权益还没有得到充分保障。企业兼并重组面临诸多障碍，存量资源整合难度很大，企业发展壮大往往只能靠不断新上项目，从而加剧产能过剩，造成社会资源的浪费。投资管理和社会化服务体系不健全，政府投资管理和调控缺乏法律保障，行业发展规划、产业政策、市场准入标准以及价格、税收等经济手段的作用尚未得到充分发挥，各类行业协会、商会对企业投资也缺乏必要引导和服务，违法违规建设行为屡禁不止。

（四）城乡二元结构仍未实质性破除，制约内需增长空间

农村人口众多、经济发展水平较低对我国现代化进程形成了重大制约。2008 年我国城镇人口已达到 6.07 亿，其中有约 1 亿的城镇外来常住人口。这些人虽然统计为城镇人口，但在住房、教育、医疗、社会保障等方面享受不到城镇居民待遇。广东省东莞市是我国经济发展最快、政府财力最强的地级市之一，2008 年尽管经过各方努力，在教育支出高居财政支出 20%的情况下，解决了 12 万外来儿童的入学问题，也仅占外来义务教育人口的 26%。土地、户籍、财税等体制改革的滞后，城镇基本公共服务和社会保障不足，成为制约城镇化健康发展最根本的体制性障碍。造成城乡二元结构的体制障碍尚未得到真正突破，城乡发展规划、产业布局、基础设施、公共服务、社会管理一体化进程较慢，特别是城乡分割的户籍管理制度，使得大量进城务工农民难以在城镇定居。如果不能在统筹城乡发展方面取得扎实进展，不仅难以促进农村经济稳定发展和农民持续增收，也将严重限制企业投资和居民消费的增长空间。

第二编　国内外经验及创新案例

第五章　社会服务业发展的经验参考

一、同等发展阶段其他国家社会服务需求变化的参照

主要国家在人均 GDP 达到 5000 美元和 10000 美元时，都进入到追求生活质量的阶段，其最主要特点是以服务业为代表的产业部门成为提高居民生活质量的主导部门。服务经济是后工业经济时代占主导地位的经济形态。

表 5-1　西蒙·库兹涅茨三次产业结构与经济发展阶段关系

三次产业 GDP 结构(%)			工业化时期	经济发展阶段
一产比重	二产比重	三产比重		
大于 33.7	小于 28.6	小于 37.7	工业化准备期	初级产品生产阶段
小于 33.7	大于 28.6	大于 37.7	工业化初期	
小于 15.1	大于 39.4	大于 45.5	工业化中期	工业化阶段
小于 14.0	大于 50.9	大于 35.1	工业化成熟期	
小于 14.0	小于 50.0	大于 36.0	工业化后期	经济稳定增长阶段

资料来源　西蒙·库兹涅茨：《各国的经济增长》，北京，商务印书馆，1985。

消费成为拉动经济的主导力量。

根据罗斯托经济增长阶段理论，“向技术成熟过渡”阶段是“一个社会已经把（当时的）现代技术有效地应用于它的大部分资源的时期”。成熟阶段的主要标志是：工业主要是制造业发展的多样化，新的主导部门逐步发展壮大并代替了“起飞”阶段的老部门。

而“大众高消费阶段”（简称“大众消费阶段”）的前兆是，社会关注与资源配置会发生由偏重生产向偏重消费的历史性转折，“社会的主要注意力就从供给转到需求，从生产问题转到消费问题和最广义的福利问题”。与此同时，“资源越来越倾向于被引导到大众化服务的普及”。

（一）日本

日本经济学家竹内宏对日本经济史的研究揭示，日本是在20世纪60年代迎来大众消费时代的，到1970年前后进入高潮。

这个时代初期迅速普及的耐用消费品，以黑白电视机、洗衣机和电冰箱为代表，日本消费者称之为“三种神器”。1965年这三种耐用品的普及率（每百户家庭拥有量）分别为88%、61%和38%。其中城市略高于农村。后期为所谓“3C产品”所取代，分别为彩电（Colour TV）、空调（Conditioner）和小轿车（Car）。1970年“3C”的普及率分别为，彩电26%、空调6%、小轿车22%。到70年代末，这些耐用消费品的普及率全部超过50%。

（二）美国

按当年价格计算，20世纪60年代美国人均GDP处于3000~5000美元（见图5-1）[①]。1962年，美国人均GDP突破3000美元。1971年，人均GDP突破1万亿美元大关。

这一时期，美国经历了20世纪最长时期的经济繁荣（1961~1969年），经济发展带动居民的消费需求扩张，人们开始追求高质量生活水平。

人口的持续增长，收入水平的提高，扩大了对衣食住行、文娱活动以及其他许多商品和服务的需求，人们消费水平不断提高，消费结构升级，耐用品和服务消费支出比重有所增加（见图5-2、图5-3）。

---

①另按1990年国际美元实际购买力测算，美国人均GDP突破3000美元是从19世纪20年代开始的。

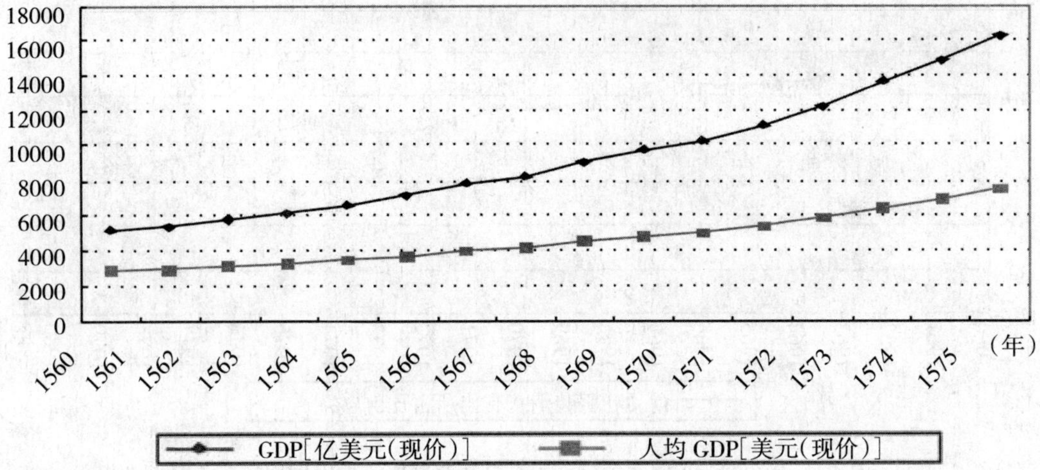

图 5-1　1960～1976 年美国人均 GDP 变动情况

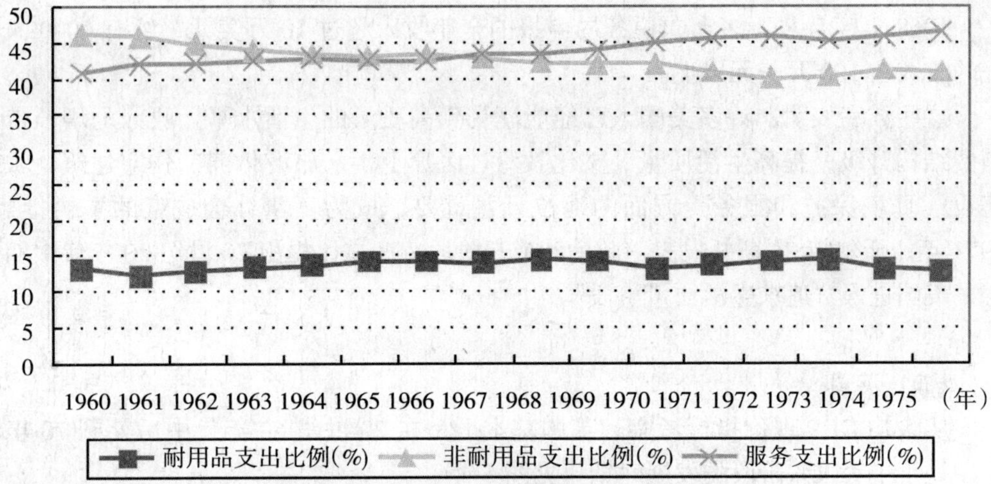

图 5-2　1960～1975 年美国居民个人消费支出结构

资料来源：据《美国总统经济报告(2008)》，表 B16 数据整理得出。

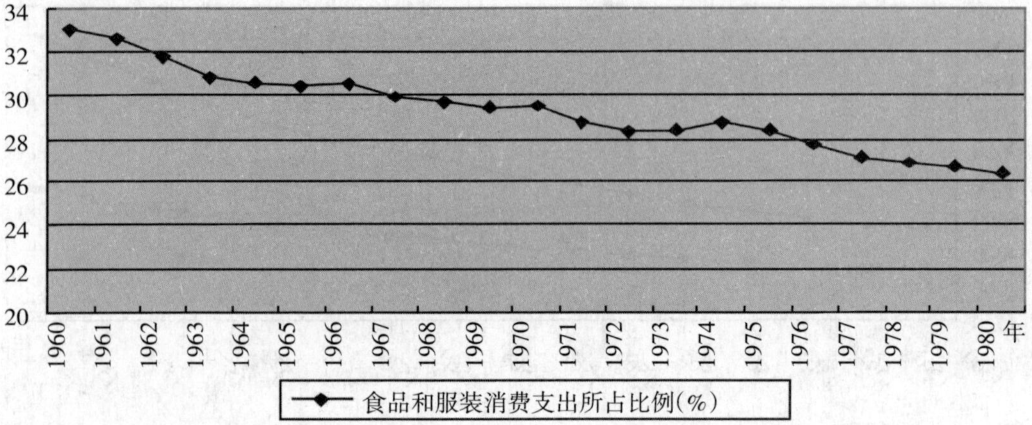

图 5-3 1960～1980 年美国个人食品和服装消费支出结构变动情况

社会服务产业和福利事业的发展无法满足人们追求较高生活质量的需求。居民收入水平不断提高。

1968 年，有 8 万多人向税务局申报的全年收入超过 10 万美元，约有 1000 人申报的收入在 100 万美元以上。

这些数字表明：许多美国人已经能享受到高质量的生活水平。收入的增长带动消费结构升级，提高生活质量、文化教育、医疗卫生、旅游休养、住宅建筑、城市建设、环境保护和服务等方面的地位日益重要，成为衡量社会成就的重要指标。1971 年，沃尔特·罗斯托发表《政治和成长阶段》一文，提出 20 世纪 50 年代中期以来，美国进入“追求生活质量阶段”。

（三）英国

从人均 GDP 现价指标考察，英国基本上是在 20 世纪 60 年代中后期到 70 年代中期处于中等收入阶段的发展时期（见图 5-4）。

由于欧洲各国政府强有力的宏观经济调控，外部相对稳定的国际环境以及第三次科技革命成果的推动，这一时期的欧洲总体上处于第二次世界大战后的经济高速增长期。

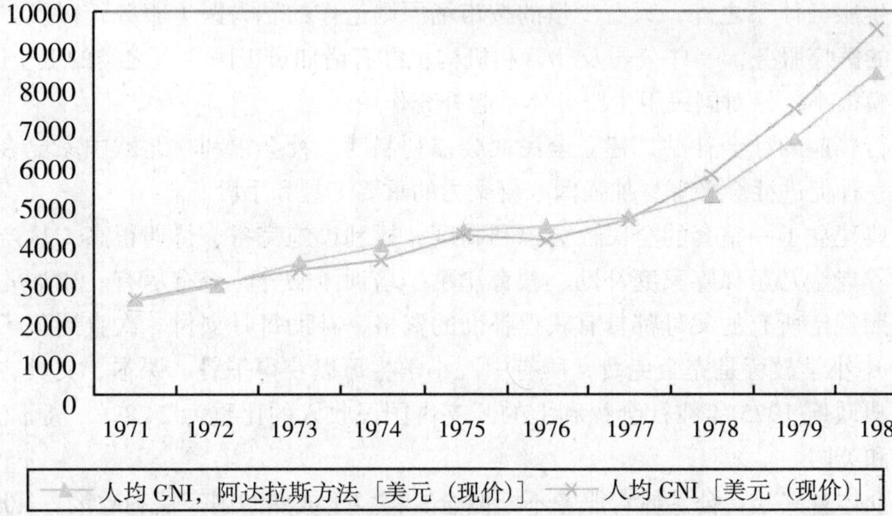

图 5-4　1971~1980 年英国人均 GDP 变动情况

这一时期的英国，原有的社会福利制度难以满足人们日益增长的对公共服务的需求。提高教育、医疗卫生、体育、社会福利等公共服务的需求越来越强烈。中等收入阶段的北欧正处于第二次世界大战后福利国家全面建设时期，1970 年是福利国家发展轨迹的顶峰。工业化程度的提高、收入水平的增长、公民意识的变化以及政府作用的加强都为福利国家的建设提供了新的基础。英国政府通过社会福利制度，在社会发展方面建立了一个以社会保障为主体，包括教育、卫生、体育等社会服务在内的全面的福利调控机制。

政府直接兴办医疗服务机构，为全体公民提供医疗服务。

1948 年，英国政府正式颁布了《国家卫生服务法》(NHS)，宣布建立国家卫生服务制度。

这一制度的服务范围很广，从紧急事故救护到婴儿接生再到残疾人护理，几乎无所不包。1964 年，英国对《国家卫生服务法》进行修订，明确规定：NHS 的宗旨是根据病人的需求提供服务并确保人人享有免费的医疗服务。英国的国民卫生服务体系有三部分：一是医院服务，包括规模大小不同的、综合性的或专科性的医院，它占全国卫生开支的 2/3 以上，在卫生服务中起核心作用；二是全科医师服务，在小诊所中工作，起到初级医疗保健的作用，直接与居民联系；三是地方政府提供的社区医疗，其重点在于服务群体的公共卫生，也包含一些服务于个人的医疗服务。在国民卫生服务体系之外，只有少量的按市场原则运作的私人医生服务，以及护理中心提供的医疗服务，一些公司及非营利机构也办有诸如员工医务室之类的卫生服务，但其规模很小，只对国民卫生服务体系起补充作用。

实行普遍的社会补贴，建立全民社会福利制度。社会福利在北欧国家更多地被看做是一种促进社会平等、加强国家凝聚力的重要工具和手段。

瑞典建立了一整套的全民社会福利制度，福利设施完备、待遇很高，从产婴的补贴到养老金乃至孤寡家庭补助、教育津贴、培训津贴等，应有尽有。比如儿童津贴，按照规定所有的父母都具有获得补助的资格，补助每月支付一次直到孩子年满16岁。中小学教育是完全免费，所有中、小学生可以获得午餐、课本、文具、纸张等。瑞典政府1975年在社会福利上的开支占国民收入的比重为24.8%，高于法国、意大利和英国。

大众体育兴起，公共体育服务不断健全，得益于成熟的国家福利政策。《欧洲大众体育》认为：财政支持有助于个人发展的体育事业，无论地方政府还是中央政府在政策制定和计划中都应考虑与健康、社会服务、城市发展、艺术、休闲服务等社会文化现象的互相促进可协调发展等。1975年英国政府出台了第一部关于体育的白皮书。该文件宣布，体育运动是社区日常必备的服务，同时也是社会服务体系中的一个基本构成。

社会福利的各种保障措施形成了一种独特的人力投资，确保劳动力供应的数量和质量。

此外，社会服务本身是一个庞大的消费主体，并提供了大量的就业机会。英国政府在社会服务上的开支1970年占国民生产总值的1/5，1980年占到了1/4，1979～1980年，国民卫生保健服务体系的药费总开支达到9.89亿英镑。

然而，从70年代中叶起，北欧“福利国家”的弊端日益暴露：社会福利支出日益攀升（见表5-2），政府难以承受，社会负面影响非常明显。1979年撒切尔夫人大刀阔斧地进行英国福利项目私营化改革。20世纪90年代末，“社会投资国家”（social investment state）概念提出，这一概念适用于一个推行积极福利政策的社会。社会投资国家也被用以描述新自由主义与传统福利主义之间的“第三条道路”国家模式，它的一个重要特征就是把福利政策的社会与经济成分结合起来，兼顾经济效益与社会公平两方面的需要。

表 5-2　公共医疗保健开支占政府消费的比例　　单位:%

年份	中国	韩国	波兰	俄罗斯	英国	阿根廷	智利	美国
2001	0.9	11.4	9.6	9.6	15.3	14.3	12.3	6.2
2002	0.9	11.0	10.2	9.5	15.3	15.2	12.3	6.6
2003	1.0	9.1	9.8	9.4	15.4	14.7	13.1	7.1
2004	1.0	10.3	10.0	9.7	16.0	15.0	13.0	7.0
2005	1.0	10.9	9.9	10.1	16.2	14.2	13.2	7.0

资料来源：国研网统计数据库，世界银行数据库。

二、美国医疗和文化产业发展

(一) 美国医疗产业

医疗产业是美国最重要的产业之一，根据美国卫生部预测，2009 年美国在医疗方面的支出达 25095 亿美元，约占美国 GDP 的 17.6%，到 2018 年，美国在医疗方面的支出将达到 43532 亿美元，占 GDP 的 20.3%。巨大的医疗支出牵涉了巨额的利益分配和社会道德问题，而政府支出又在医疗支出中具有举足轻重的作用，医保改革法案也成为当前美国民众关注的焦点。

1. 美国医疗保健产业的特点

(1) 诊疗程序规范管理。为标准化医疗服务，美国医学会颁布 5 位数的“当前诊治专用码（CPT CODE)”，涵盖所有治疗、诊断、手术过程。该代码是判断医生诊疗是否合理和收取费用的基础。同时，参照世界卫生组织国际疾病分类系统，美国卫生部为医疗服务制定了名为“相关诊断类别(DRG)”的参照付费体系，用相同的费用支付所有医院治疗相似病例。

(2) 组织架构各自为政。医生通常不受雇于医院，而通过医师团队组织模式、医生医院合作组织等方式与医院达成协议。而医院内部的图像诊断、病理化验、物理治疗等专业诊治部门也由医生承包并且独立收费。各自为政造成整个医疗过程缺乏协作，是医疗费用高的原因之一。

(3) 政府定价影响市场。由美国卫生部管辖的医疗保障和医疗补助服务中心所管理的联邦医疗保障是全美医疗产业的最大单一付费方。无论医疗服务提供者要价多少，政府只按照预定的费率支付医疗费，而保险公司支付的医疗费用也参照政府付费体系上下浮动。

(4) 保险公司控制治疗程序。除了政府外，保险公司承担着大部分医疗支出。保险公司从病人和医生两个方面对治疗过程进行控制，最终目的是压缩医疗费用，获取利润。保险公司会给投保人制定初级诊治医生名单，由他们负责投保人的保健日程疾病治疗，只有在名单所列医生的介绍下才能寻求专科诊疗，否则保险公司可能拒付保费。某种程度上，初级诊疗医生就成为保险公司钱库的看门人。同时，保险公司将审查初级诊疗医生是否将自己所能治疗的病人推给专科医生，要求医生遵循行医指南，甚至指定专门护士协调慢性病人的就医疗程。

(5) 网络健全且运转有效的双向转诊体系。在美国，家庭医师如要私人开业，先与附近大医院联系并申请登记。大医院对家庭医师的资质进行审查并考察认可后（一般需要 3～6 个月），申请者就成了该医院的登记医师，但不拿医院一分钱待遇，仍在自己的社区（私人）诊所上班。美国把家庭医师叫做第一线医生，顾名思义，他们就是处理基本医疗保健服务的，被称为医疗保险的“守门员（Gate keeper）”和病人“资料中心”。美国每年 50%以上的门诊业务量就是由这种深入社区的私立诊所完成的。美国参加保险的人都有自己的家庭医师，一旦生病，除急诊外，必须先看家庭医生。需要进一步治疗的，由家庭医师推荐到附近大医院住院治疗或到专科医师处接受专科治疗。

与国内情况不同的是，普通内科、儿科或全科的病人，即使在大医院住院，主治医师仍然可以是自己的家庭医师。从这方面来讲，诊所和大医院是一体的。在这种情况下，医院只赚住院费，而家庭医师赚诊治费。如病人在大医院或专科医师处接受专科治疗，则由相关专科医师负责治疗，但出院后，专科医师必须写一份详细医疗报告寄给家庭医师存档。病人也被转到社区进一步治疗或康复。如果病人有急诊，一般通过 911 急救系统直接送到医院治疗，家庭医师会在第一时间得到通知并赶到病人身边。家庭医师赶到急诊现场，除表达关心外，主要是听取并与急诊医师讨论商定处理意见。

2. 医疗保健市场的优缺点

优点主要体现在：

一是医疗市场是开放的，医疗行业归根到底就是市场经济中的一个服务行业，医疗行为都是基于市场需要的。政府所做的只是对医疗行业准入和执业进行监管，以及对自保能力低下的弱势群体提供帮助。这减轻了政府行政和经济上的负担。

二是开放的医疗市场促进了医学技术、设备、新药研发及其相关产业的日新月异。世界领先的生物医药、医疗卫生（临床产业）及医疗器械产业又为美国社会带来了大量就业机会和滚滚财源。

缺点主要体现在：

一是因为市场化为主导，美国强调私立医院的发展，对公立公益性医院的重视不够，公平性相比西欧高福利国家差。

二是在强调医疗产业的市场化后，美国的基本医疗保障受到影响。医疗卫生机构为了追求利润，一味加大新药研制和针对疑难杂症研究的投资，忽视了大多数人的基本医疗需求，导致了医疗总支出的增长速度很快，甚至超过了 GDP 的增长速度。

专栏：美国医改与医疗产业

2010 年 3 月 23 日，美国总统奥巴马签署了国会刚刚通过的医改法案。这份医改法案的最大着力点就是为那些无医保人士提供保障。美国政府每年花在医疗保健上的资金高达 2 万亿美元，却有近 5000 万人享受不到任何医疗保险。政府预计，从 2008 年到 2018 年，医疗开支平均每年将增长 6.2% 。到 2018 年，美国医疗支出将占全国经济总值的 1/5。如果不改革，现有的医疗制度将使美国破产。

奥巴马的医疗健康保险改革计划的核心是，成立公营保险公司，与私营保险公司竞争，从而压低参保价格，制止私营保险公司“有病不能入”的限保制，改变官僚以及不择手段追求利润的作风。

而保险公司则认为，奥先生搞“社会主义医疗”将使私营保险公司纷纷倒闭。奥巴马反击道：“私营保险商先是认为政府办不成任何事情，现在又担心自己会被赶出市场，这不合逻辑。事实是，医疗保健制度已经影响到美国的金融安全以及每个美国人的福利，影响到整个国家的经济稳定。”为鼓励民众购买保险，联邦政府将为低收入者提供补贴。据国会预算办公室估算，大约 2/3 现在没有医保的民众将能获得补贴。对于个人，获得补贴的上限是年收入 44000 美元，对于一个 4 口之家，这个上限是 88000 美元。

表 5–3 美国医改对医疗保健行业的影响：

子行业	整体影响	医改潜在正面因素	医改潜在负面因素
品牌药	负面	销售扩张	价格控制，对于 Medcare 和 Medicaid 的药价返款等
仿制药	正面	销售扩张	不明显
生物技术	负面	有限的销售扩张	生物仿制药的冲击
医疗器械	负面	销售扩展	行业税
医院	正面	病人坏账减少	来自公立和私立保险的价格压力
医药分销商	中性	销售扩张	来自制造商的利润压力

资料来源：①伍静妍:《万亿中美医改异同何在？》[OL]，南方报业，2010-02-21.http：//www.bioon.com/industry/internation/433473.shtml

②王囡囡:《医改法案如何影响了美国，或触动政治版图》[OL]，2010-03-29. http：//finance.ifeng.com/news/hqcj/20100329/1976810.shtml

（二）美国文化产业

美国作为世界文化产业发展的主导国家，其文化产业的竞争力和总体实力没有任何国家可以与之抗衡。美国文化产业所创造的辉煌业绩在世界经济发展史上是绝无仅有的，美国原是一个文化资源相对贫乏的国家，但在短短 200 多年时间内跃升世界第一文化大国。

1. 现状和文化政策特征

美国是目前世界上最发达、市场化程度最高的国家，在文化产业管理方面强调文化产品生产销售高度市场化。基于这样的社会文化发展水平，国家对文化发展的管理和协调机制以“无为而无不为”为特征，具体管理方式以各州政府为核心协调单位并灵活多样。其文化政策重点是：一方面，就发展信息化高科技手段而言，通过颁布各种政策法规促成软件硬件的剥离，使硬件生产归传统产业，进一步促进、保护和开发国内外文化资源，在使“文化资源小国”变成“文化产业强国”的基础上，逐步扩大到国内外，特别是国外文化市场；另一方面，通过形成各种介于各州政府和具体文化部门之间的非营利性文化组织，设立基金会及创设各种资助文化单位的捐赠制度，促进各种文化产业、各个文化部门和具体单位健康多样发展。就美国当今的社会文化现状而言，可以说其文化与经济的互渗程度和融合程度都是全世界最高的，而这种互渗和融合，特别是整个经济社会体制对文化产业的强有力支持，又使其文化产品的全球竞争力非常强，并且将在相当长的时期内呈现出咄咄逼人的态势。

2. 美国文化产业的运作

美国无论在经济实力和科技进步方面都为文化产业的发展提供了一个良好的基础。美国政府及文化产业有关部门的一系列有效运作，使美国文化产业独霸全球文化市场。

第一，美国极力倡导的自由经济是其文化产业资本的最大受益者。美国没有统一的文化政策，美国对国内文化市场的监管方式与钢铁、汽车等其他产业部门没有区别，将文化产业与其他产业部门同等对待。美国政府认为文化产业在经济领域不具有特殊地位，文化产业与钢铁、汽车等产品没有什么不同，文化不需要特殊规划和保护，政府所应做的是为文化企业的经济活动以及个人的文化创造搭建一个公平合理、充分竞争的舞台。美国政府认为对于文化发展来说，最为重要的不是对所谓的优秀文化及真理进行扶持，而是营造和维护一个能够让各种声音表达的环境，同时也保证了受众能够有充分的选择机会，如政府通过并颁布了反垄断法。但随着海外文化市场的扩大，美国文化企业的垄断约束有微妙变化，所以美国在文化管理方面“兵无常法”，不拘泥于固定手段，在争取保证美国文化产业的全球竞争力的前提下随着情况的不同而进行不断调整。正是在美国倡导的自由经济下，一方面美国文化商品肆无忌惮地冲击每个民族国家的文化市场，另一方面美国文化产业依赖于跨国公司的增多以及对外投资的增长，在很大程度上，如今的美国文化产业更多的是由跨国公司来运作。

第二，美国利用电子媒介向世界推广文化产品和价值观念，使其文化扩张无孔不入，并延伸到世界上的每个角落。美国文化霸权地位的取得在政治和经济因素的基础上，科技含量仍占据很大比重，尤其是大众传播媒体，它直接构成了美国文化产业的输出机器。随着美国通讯网络的全球扩张，美国成为世界范围内大众传播的最大受益者，同时也是全球大众传媒的总策划和总导演。

第三，美国利用开放战略和政治运作向全世界倾销其文化价值、信仰、观念。美国不设文化管理部门，甚至不制定文化政策，就是为了保护言论自由和产业自由，美国貌似空白的文化策略也就转化为一种市场策略，它是一种高度的“开放战略”。

但在实际操作中企业和政府两个方面的推广最终会合二为一，企业的经营性活动会受到政府支持，而政府出台的文化政策则会被各跨国文化企业所奉行。在美国文化中心地位中，任何国家和民族的文化对其中心地位构成威胁时，美国就会通过政治和经济的手段攻击这个国家的文化。

3. 文化产业对一些城市的重新振兴具有举足轻重的作用

克里夫兰是美国东北部的一个工业城市，20 世纪 60 年代末开始衰落，70 年代末成为全美大都会中第一个申请破产的城市。危难之际，克里夫兰政府提出了重振城市的“明天的克里夫兰”计划，将市中心破旧的火车站改建成集购物、餐饮、娱乐、办公为一体的世界贸易中心大楼，在依里湖滨投资上亿美元修建了“摇滚乐名人堂博物馆”，投资 4.5 亿美元修建了拥有 43000 座位的棒球场，并开辟了依里湖滨的旅游、餐饮业。随后，又在风景优美的洛克菲勒领地附近建成了融大学、剧院、博物馆、音乐厅及医院为一体的克里夫兰的“文化圈”。这些措施的实施，改善了城市形象，使城市人口增至 51 万，旅游服务业的就业人口达 8.5 万，收入 40 亿美元。由克里夫兰市带动的大克里夫兰地区人口也达到 200 万，旅游收入占俄亥俄州旅游业收入的 60%。文化的经济价值与文化产业的神奇伟力，在克里夫兰的城市振兴中得到充分显示。

三、香港和新加坡等地公共住房服务的经验

（一）加强公共住房服务的背景

我国在 1998 年住房制度实行重大调整以来，住房福利制度基本停止，住房分配货币化，商品住房逐渐成为我国城市居民在市场经济环境下解决住房问题的主要形式。目前，居民自购商品住宅愈来愈成为住房刚性需求的主渠道。据国家统计局报告显示，我国城镇居民家庭自有住房率在 89.3%左右(其中 11.2%的城镇居民家庭拥有原有私房，40.1%的家庭拥有房改私房，38.0%的家庭拥有商品房)，[①]远远高出许多发达国家和地区的自有住房比重。这一方面与我国居民消费习惯有较大关系，传统观念中只有拥有自己的房子才感觉踏实；另一方面，这与我国在面向市场经济的体制变迁过程中，公共住房服务出现一定程度断裂和缺失有很直接的关系。住房在

①国家统计局官方网站 2011 年 3 月 7 日发布报告《全国城镇居民收支持续增长生活质量显著改善》。

过度市场化和自由化趋势下，住房市场结构体系与我国经济社会发展水平和城市化加快的进程不相适应，政府向社会提供适度比例的公共住房服务是当前社会服务亟待加强的一个重要领域。从世界范围来看，为低收入人群提供必要的住房保障，是各国政府普遍需要解决的问题。正是在此背景下,“十二五”国家基本公共服务体系建设规划把保障性住房列为必不可少的重点领域，政府承诺“十二五”期间，全国建设保障性住房 3600 万套，其中 2011 年建设 1000 万套，全国各地加快了保障性住房建设力度，重庆、北京等地逐步探索创新公共租赁住房服务模式 。[①]公共住房服务将是我国作为人口大国和在漫长城市化过程中十分重要的社会服务，这方面香港和新加坡等地有些经验值得学习借鉴。

（二）香港公屋制度

香港是全球化程度很高的国际性大都市，香港的经济发展水平很高，2010 年香港人均地区生产总值为 31835 美元（约合人均 215008 元人民币）[②] 。一般情况是，世界发达地区的住房市场化、私有化程度都较高，但香港不是，香港的住房自有程度只有 60%多，超过 30%的居民依靠公共住房服务解决“居者有其屋”的问题，这是香港实施公屋制度的结果。香港提供公屋制度起源于 20 世纪 50 年代，1953 年圣诞夜的那场大火使香港一夜之间增加了 53000 多名无家可归者，香港政府决定建设第一批公屋，之后逐步形成了一套完善的公共房屋制度。到 2004 年年底，香港约有 201.9 万人租住公屋，占香港人口的 30%。香港公屋制度运行的主要经验体现为[③]：一是不以赢利为目的。1973 年成立的香港房屋委员会不以赢利为目的，由政府直接经营，以满足那些市场不能为其提供基本住房的低收入人群的住房需要。二是政府土地政策支持。香港政府对公屋最大的资助是免费拨地给房屋委员会，房屋用地督导委员会审批土地发展用途，免费提供公屋的土地尽量与市场收益较高的土地错开。三是房屋委员会通过出租公屋及其附属商业楼宇等筹集部分兴建和维护公屋的资金。四是分配和运行机制健全，管理和服务专业化、制度化。香港为 30%的城市人口提供公共住房服务，是一个规模庞大的社会服务业市场。2011 年 8 月 16 日，国务院副总理李克强到香港房屋委员会考察公屋和居屋（部分资助的自置居所）规划与建设

---

①如重庆民生佳园公租房小区，北京海淀唐家岭公租房项目。

②香港特区政府统计处 2011 年 2 月 23 日发布数据。

③王坤，王泽森：《香港公屋制度的启示》，《中国经济时报》，2005-06-16。

情况，并强调内地建设保障性住房要加强与香港的交流和借鉴。

（三）新加坡组屋制度

新加坡是一个国际化的花园城市，由于国家即是城市，土地自然异常宝贵，解决住房问题是一大难题。从建国初期开始，新加坡就致力于解决“居者有其屋”的问题。到2005年，新加坡有85%的公民住进了政府建造的“政府组屋”，其中，93%的居民拥有其房屋的产权，7%的低收入家庭是向政府廉价租赁；另外15%的高收入家庭住的是市场上购买的高档商品房。[①]在新加坡，“政府组屋”是按成本价卖给居民的，但新加坡“政府组屋”的质量高，配套完善。新加坡的经验也体现在，公共住房服务就定位于“姓公”，由政府提供，新加坡具有福利性质的“政府组屋”是由国家建屋局自行组织实施的，不以赢利为目的，“政府组屋”从规划、建筑到分配、出售、租赁都是建屋局直接操作。新加坡的条件和国情与我们不太相似，但从政府提供公共住房的思路可以看出，只有坚持公共住房服务的公益性，才能使公共住房服务制度具有可持续性，并为广大低收入群体普遍认同和接受。同时，公共住房服务也要体现一定质量的服务，包括居住质量、生活配套和管理等服务，重在体现服务。这一点特别值得我国内地城市学习，目前很多城市建设的公租房等保障性住房普遍质量不高，配套设施缺乏，交通不便，居住品质与居民公共服务需求的差距明显。发展公共住房体系，不仅在调节和改善住房市场结构、平稳市场房价等方面有重要作用（如新加坡、德国等自有住房比例相对不高的国家，房价较长时期能保持持续稳定），自然也能衍生出一个社会服务行业并形成一定的服务就业规模。

（四）明确的房屋政策定位与不断完善的准入与退出机制

香港政府的总体房屋政策定位是，政府基于社会发展和社会公平而介入，满足那些市场不能为其提供基本住房的低收入人群的住房需要，中高等收入人群的住房需要由市场供应。政府在房屋市场扮演的补漏者角色，决定了其必须建立一套有效的机制，筛选出有真正住屋需要的家庭作为资助对象，其实现途径就是：准入机制与退出机制。

目前入住公屋的家庭分为以下几类：一是受清拆、重建、天灾等影响的无家可归者；二是因体恤理由而需要房屋安置者（体恤安置个案由社会福利署署长推荐。

①刘宏长：《中国能否借鉴新加坡“政府组屋”制度》，《中国经济周刊》，2006-09-25。

此等个案的申请人一般都有个别困难，诸如严重疾病、弱能或社会问题）；三是初级公务员及退休公务员；四是调迁及舒缓挤迫居住环境；五是不能负担租住私人物业昂贵租金的家庭。这些家庭需要在公屋轮候册上登记，并要接受家庭收入和资产审查；房委会每年检查轮候册在册人员的收入及资产限额，以确保限额配合当前的经济和社会状况，并确保真正有需要的人才符合资格申请公屋。若住户虚报资料，房屋委员会可终止其租约，并可根据法律规定予以检控。香港房屋条例规定，任何人如故意向房屋委员会虚报资料，即属违法，一经定罪，可判罚款 20000 港元及监禁 6 个月。

1987 年 4 月起，房委会开始实施公屋租户资助政策，目的是减低对经济能力较佳的住户的资助，确保房屋资助能给予真正有需要的人。根据该政策，在公屋居住满 10 年的租户，须两年一次申报家庭收入。不申报收入或家庭收入超逾所定限额的租户须缴付额外租金。1996 年 6 月进一步实施维护公屋资源合理分配政策，收入和净资产值超逾所定上限或不申报收入和净资产的租户，须缴市值租金并于一年内迁出所住的公屋单位。

从公屋租户资助政策和维护公屋资源合理分配政策实施以来，房屋署已成功收回约 3.4 万个公屋单位，重新编配给有需要的人士入住。同时，现有约 1.6 万个公屋住户需缴额外租金，数额每年约达 1.7 亿港元。2004 年 2 月，房屋署成立特遣队，专责调查滥用公屋单位的富户，2004 年共约 800 多间公屋单位被收回，分别属于被非法使用、丢空或转租的单位。

四、日本内需型健康产业发展模式

日本是全球典型的人口长寿国家，高龄化成为日本严重的社会问题，不论平均年龄、高龄人口比例或是社会高龄化的速度，均为世界最高水准，尤其是高龄化速度最为惊人，65 岁以上的高龄者占全国人口之比例从 1970 年的 7%，2009 年升至 22.8%，短短 40 年间足足上升 3 倍以上；加上日本重视健康的风气盛行，促使健康产业、医疗产业在日本国内形成庞大的市场。日本等国已经将大健康产业列为重点投资对象。内需型健康产业发展对于扩大国内需求、应对经济波动具有重要作用。

（一）日本政府对健康产业发展的重视

日本计划从 2007 年至 2016 年 10 年间，实施“新健康开拓战略”。该战略认为，从小到大保持经常性的运动，对健康长寿意义重大，但在现代社会，活动身体的机会日益减少。因此，计划试图帮助国民实现“运动一生”的生活方式。为了培养儿童游玩和运动的习惯，日本政府计划继续充实体育课堂和课外体育小组的活动，并呼吁国民重视提高儿童身体素质。对于成人，政府也鼓励他们多走路，多运动。在日常环境中保持运动量，如多走上坡下坡、少乘电梯多爬楼梯等。政府还增加各地区的综合性健身设施，普及健康知识和运动知识。

(二) 规划引导形成大型医疗健康产业群

以日本神户为例，医疗健康服务形成了产业群。日本阪神大地震对神户市造成了巨大损失，但灾后重建却促使神户诞生了一个大型医疗健康产业群。神户市港湾人工岛原本计划修建一座主题公园，但尚未付诸实施就遭遇了阪神大地震，通往神户的主要交通干线全部被摧毁，即使建起主题公园，游客也进不来。于是，神户市考虑改变计划。1998 年，神户医疗产业都市构想恳谈会成立，决定以港湾人工岛为中心建设高端医疗技术的研究开发基地，使相关产业集中起来，形成从基础研究到临床应用再到产业化的一体化发展模式。如今的港湾人工岛汇聚了 11 所日本尖端医疗研究机构，以此为核心，138 家医疗器械、制药、再生医疗等领域的企业和团体已在岛上扎根。从培养造血干细胞治疗白血病，到神经细胞、胰腺细胞和血管组织的再生研究，再到多分子同时成像技术的开发……这里的科学家们研究着医疗领域各种各样的课题。由于存在良好的产学研环境，不少企业纷纷来此落户。

港湾人工岛上还在进行一系列新的建设项目，比如日本国家重点建设项目之一的高性能超级计算机中心、新的中央市民医院等。未来，神户医疗产业群将联合京都生物城、大阪府国立循环器官疾病研究中心和周边其他制药企业群等，形成一个覆盖整个日本关西地区的超级医疗产业群。

五、印度医疗旅游业发展经验

(一) 印度医疗旅游业发展现状及趋势

印度医疗开支仅为美国的 20%，同时在神经、心脏和整形手术的技术方面堪称世界一流，因此印度发展出了“医疗旅游业”，吸引外国人到印度治病旅游。到印度求医的主要是邻国和西亚国家的病人，但近年来来自美国、英国和欧洲其他国家的病人明显增加。医疗费用便宜是其最大吸引力，印度人均医疗开支只相当于美国人均医疗支出的 20%。此外，西方国家疾病患者需排队等很长时间才能得到医治，也是他们被迫前来印度就医的原因之一。

印度是世界上医疗旅游业排名第二的国家，年收入约 10 亿美元。根据麦肯锡国际咨询公司最近一项研究估计，到 2012 年，印度医疗旅游业带来的年收入将高达 22 亿美元。印度工业联合会卫生保健专家阿默德透露，2003 年，到印度以第三世界价格享受第一世界医疗照顾的外国求医游客估计为 15 万名。这个数目正以每年大约 15%的速度增长。顺应这种有利的趋势，印度的高档私人医院开始为海外病人设计各种各样的服务安排，如机场接送、提供能够上互联网的私人病房、在接受手术治疗的同时享受美食并在土邦王宫住宿几个晚上的配套。一些医院推出的疗程，包括在标准药物之外，配合瑜伽和其他形式的印度传统医疗。总部设在印度南部沿海城市真奈、拥有 6400 张病床的阿波罗连锁医院的医生雷迪说："如果我们走对了路子，我们将能治疗整个世界。" 阿波罗连锁医院是亚洲最大的私人医疗机构之一。

(二) 医疗旅游业迅速发展的原因

首先是世界一流的医疗水平。医疗质量有保证是吸引人的关键。例如印度埃斯科特医院 2010 年完成 4200 例心脏手术，死亡率只有 0.8%，感染率只有 0.3%，而在发达国家，同样的手术平均死亡率达到 1.2%，感染率则是 1%。

其次是公立医院与私立医院差异化发展。印度大多数公立医院条件较差，平均每 1000 人分配不到一张病床，但新兴私立医院条件却很好，病房里各种先进的医疗设备一应俱全。印度大部分私立医院的条件不比欧美大城市医院差，甚至还有所超越。

再次是非常低廉的医疗价格。例如一次核磁共振成像扫描在美国需要 700 美元，在印度只需 60 美元。据印度工业联合会的一份报告称，印度的收费一般是欧美国家的 1/10。

最后是语言优势。印度的大部分医护人员都会讲英语，这就为来自世界各地的患者能够与他们沟通提供了方便。

六、菲律宾家政服务业发展经验

(一) 菲律宾家政服务业发展基本情况

家政服务已成为菲律宾这个国家的名片。在菲律宾，80%的妇女从家庭中走出来，从事家庭服务工作，被称为"菲佣"。现在，这些世界上"最专业的保姆"，每年为菲律宾带来可观的经济效益。2010 年，包括“菲佣”在内的菲律宾外劳的侨汇高达187.6 亿美元，占菲律宾国内生产总值的近 10%。

在 20 世纪 70 年代，由于经济不景气，菲律宾开始寻求更多的解决就业问题的途径。当时很多劳动妇女的工作经验和学历并不高，但是家务劳动的技能却很强，这就形成了早期的外出家政务工。20 世纪 80 年代后这一群体不断发展壮大，菲律宾将劳务输出上升为国家发展战略，加上海外家政市场竞争激烈，菲佣群体的素质不断增强，最终形成了专业而周到的服务标签。

菲律宾的家政服务人员文化素质高，从事家政服务的人员很多人都拥有大专、大学文凭，她们一般会英语，语言没有障碍；领悟力高，沟通比较容易；职业水准和专业技能也都极强，成为世界上专业水平最高、工作最出色的家政服务员。而整个国家对这一行业的重视以及其为国家带来的可观效益，都让从事家政服务成为一个地位较高、颇受人尊敬的职业，“菲佣”从业者因此也大都拥有正确的就业观和良好的心态。

（二）菲律宾家政服务业发展的特点

一是有完善的法律体系，依法管理清晰高效。菲律宾政府依据《劳工法》和《海外劳工和海外菲律宾人法》管理境内外家政雇佣工人，保障其合法权益。在菲律宾，家政企业及其分支机构需依法注册登记并领取牌照才能经营，牌照每 2 年审核一次。企业获照条件较严格，需要注册资金在 50 万比索（人民币 1 元兑 6.5 比索）以上，经营场所面积不小于 50 平方米，租赁场所合同期要在 2 年以上，并符合其他系列条件。企业领照时还需缴纳一定额度的保证金，一般为 10 万比索现金和价值 10 万比索的有价证券，如企业有非法雇佣、提供虚假雇佣信息、不合理收费、无照经营等违规行为，视情节将被吊销执照一定时期或注销执照，罚款 5000~100000 比索，甚至判处有期徒刑。

二是用申请资格和雇佣合约界定各方权责，保障服务人员权益。菲律宾制订并严格实施家政劳务合同，保障雇员在雇主家庭的合理食宿安排，工资按时发放。在菲律宾，劳务合同履行中存在过错、违反合同、重大过失等情形的企业和机构，将被列入黑名单。对于因履行合同而产生的有关工资、死亡、人身伤害的争议诉讼，外国雇主和劳务中介企业将承担连带责任。

三是传统观念影响。不同于中国人将保姆和“佣人”画上等号的陈旧观念，在多数菲律宾人看来，家政服务业并非低人一等的职业，而是很有前途的职业，甚至有不少大学生或研究生宁愿放弃本职工作，远赴海外从事这一行业。除了将每年 6 月 7 日特设为外籍劳工日之外，在每年圣诞节“外劳”集中归国探亲时，菲律宾政府还会在马尼拉国际机场为她们铺红地毯，设立特殊快速通道，总统及海外劳工福利署等部门的官员，甚至会专门举行一次接机欢迎仪式。

七、英国社区养老照顾

作为具有典型意义的福利国家，英国在养老保障的许多方面值得称道，尤其是社区照顾。英国的养老服务模式是尽可能地把老年人留在家里进行照顾，社区照顾为老年人和社会极需援助的人提供适当的照顾和支援，从而使这些人能够在自己熟悉的家里和社区环境中过独立和正常的生活。社会服务的主要内容包括，社会工作者提供的建议与帮助、提供家政服务、进行夜间照顾，开办“托老所”和午餐食堂以及娱乐中心等。有的地区还开展了“好街坊”活动，由志愿组织聘用的人员在白天入户看望老人。对于家庭照顾有困难、但生活尚能自理的老人，多数地方政府兴建了老年公寓，免费或以补贴价租给他们；生活不能自理的老年人可以进入养老院或“护士之家”得到照顾。近年来，英国出现了越来越多私营的或志愿组织开办的养老机构，老年人可以根据自己的情况进行选择。

（一）英国社区照顾养老模式基本情况

第二次世界大战结束后，英国迅速恢复战争创伤，经济进入较快发展时期，社会财富极大丰富，英国等欧洲发达国家普遍执行高福利的社会政策，逐渐建立了从“摇篮到坟墓”的社会福利制度，形成了国家福利体系。在这个制度框架内，对老人提供照料是国家的一项重要职责，各国投入了大量的资源，为老人提供免费医疗，养老机构免费或低费入住，提高了老人的社会福利水平。但是 20 世纪 50 年代以后，机构照顾式的养老方式，其效率和效用受到广泛批评，认为老人应当留在家中养老，社区照顾理念开始得到政府青睐。1958 年，英国卫生部长提出：“我们对于老人服务的基本原则应该是：对老人而言，最佳的地方就是自己的家，若必要时可通过居家服务予以帮助。”撒切尔夫人主政后，积极推动社区照顾作为英国养老的主要方式。1990 年，英国颁布《国家健康服务与社区照顾法令》，经过 3 年实践，于 1993 年在全国推行。美国、法国、荷兰等国家纷纷效仿，社区照顾成为当今欧美福利国家中占主导地位的养老模式。

社区照顾有较多服务措施项目，英国的社区照顾主要是通过下列服务项目实现的：

第一，居家服务。这是对居住在自己家中，尚有部分生活能力又不能完全自理的老年人所提供的服务。具体项目包括上门做饭、理发、洗澡、购物、清洁卫生、陪同去医院等。有了这些周到、全面的服务，可使行动不便、年老体弱、家中无人照顾的老年人生活在自己熟悉的社区环境中和自己家里，方便和他人沟通。从事居家养老服务的人员有政府雇员、志愿者，这些护理服务或免费或收费较低，一般收费由地方政府决定，老人在可以承受的范围内，自己支付一部分，不足部分由政府补齐。

第二，家庭照顾。它是对生活不能自理、卧病在床的老人在家接受子女全面照顾的养老方式。为了鼓励子女全方位照顾老人，政府规定对在家居住、接受子女照顾的老人发给和在专业机构养老相同的补助，以此鼓励在家养老的老人，这样就可以使家人有充足的经济实力照顾老年人，而不影响家人的生活水平。

第三，老人公寓。它的服务对象是无人照顾但有生活自理能力的老人。老人公寓通常为两居室，生活设施较齐全，电视、洗衣机、厨房、卫生间等应有尽有。老人公寓内设有紧急呼救装置，与社区的控制中心相连，一旦老人身体不舒服，只要求助紧急呼救装置，社区可派人迅速赶到老人家里提供救援。这类老年人公寓收费较低，数量有限，申请入住的老人较多，必须经过政府从严审查，生活确有困难的低收入老人才能居住。

第四，托老所。主要包括暂托处和老人院。暂托处是一种短期护理服务机构，专门针对子女有事外出或子女长年累月护理老人而身心不堪重负，需要放松休息而设置的。这时就可将需要照顾的老人暂时寄存到暂托处，由服务人员代为照顾，时间是几小时，也可以是几天，一般最长为两周不超过一个月。暂托处照顾老人时间较短的不收费，但是超过两周，就需要支付相应的费用。老人院则是针对生活不能自理、又无人照顾的老年人而设置的专门机构。英国有许多老年人是单身的或子女不在身边的，当他们尚有自理能力时，可在家或老人公寓接受护理服务，一旦完全丧失自理能力，只能入住老人院，接受集中照顾。

第五，老年社区活动中心。它是由地方政府兴办，具有综合性功能的社区服务机构，是按照社区居民的人数多少而设置的，服务人员为政府雇员，社区活动中心的主要服务对象为 60 岁以上的老年人，为居住在本社区的老人提供社交、娱乐场所，对那些行走不方便的老人由中心派车接到中心参加相应的活动，晚上中心再派车送回。英国是非常发达的市场经济国家，除了上述这些服务设施机构外，还有大量私营的、以赢利为目的的养老服务机构，老人消费者可根据自己的经济能力和需要自由购买，但价格较高。总之，英国通过一系列政策措施，把原来由国家包揽的社会福利服务转移到家庭和社区，从而建立起了多元化的社会福利服务体系，以便更好地为老人消费者服务。

（二）英国社区照顾养老模式的特点

一是社区化。社区化也叫“去机构化”，它是社区照顾设计和实际操作中的一个基本概念。它的基本思路是以社区为依托，立足社区，依靠社区，政府将各种服务设施建立在社区中，服务人员也在社区中工作，需要照顾的老人也住在社区的家中或机构设施内，也就是从社区照顾发生的地点来看，只有两个地点：家庭和社区。另外，政府对于触犯法律的人的感化服务，在犯罪者表现较好的情况下，指定他去社区干活，也有对有罪错者的惩罚手段是在社区内从事公益劳动。同时，英国政府大力发展社区关系网络支持社区各种服务。实际上，社区照顾的兴起正是从对患精神病的人出院后的继续关照为起点的。社区化有利于为老人提供服务，避免老人产生孤独感，可减少管理和执行成本，使服务更贴近社区的实际情况，消除机构化照顾的人情淡化、模式化、科层化所带来的消极影响。

二是多样化。从英国社区照顾所提供的服务内容来看，主要有四项基本服务项目。第一，生活照顾。包括居家服务、家庭照顾，老年人公寓、托老所等；第二，心理支持。包括治病、护理、传授养生之道等；第三，整体关怀。包括改善生活环境，调动周围资源等；第四，物质支援。包括提供食物、安装设施、减免税收等。其中每一项中又包括许多小项，可谓丰富多彩。这是针对需要照顾的老年人的需要而制定的，因为每个老人由于生理、心理等方面的不同，其所需要的服务也不尽相同，必须根据实际情况为老人制定适合其自身的服务计划。这种多样化服务方式，既可提高资源的利用效率，又可为老人提供针对性服务。依据此原则社区照顾还发展了个案管理系统和项目管理模式，从而使社区更好地为需要照顾的老人服务。

三是官办民助。英国的社区照顾是典型的官办民帮，政府在其中发挥主导作用，承担许多职能。第一，制定政策与立法。规定社会福利方面的基本原则，发表社会福利方面的白皮书，制定有关的社会立法；第二，制定具体措施，指导政策执行。为此在社区设置许多服务机构，发展社区组织去完成这一职能。第三，财政支持。政府虽然将社会服务方面的事务下放到社区、家庭，政府必须对这些服务给予财政支持，也就是把原来由政府承办的社会福利与服务改由政府出钱，交给社区、家庭去承担。第四，监督、检查民间团体和私营机构。政府虽然把社会福利服务交给社区、民间团体等来组织，但他们的服务水平、质量，仍然要受到政府监督和检查。第五，宏观管理。面对庞大的社会福利与服务体系，英国政府实施严格的宏观控制与管理，以保证社会福利事业健康有序运行。所有这一切，只有社区等民间组织而没有政府的参与是不可能办好的。

四是专业化。英国社区照顾多由专业机构提供，照料者大多经过一定的职业培训，能够满足老人各种各样的照顾需求。同时，由于社区照顾提供的责任者是机构而非个人，照顾者和被照顾者之间存在法律上的契约关系，所以，照顾过程不会因为照顾者个人的原因而被随意改变。还有，从专业角度来看，社区照顾是在积累了多年的机构服务经验的基础上发展出来的一个新的服务概念和工作手法。在社区照顾系统中，个人服务如心理辅导、机构照料如医疗服务，也大多由相关的专业人员主导策划、管理和执行，每项照料工作都有明确分工。总之，从各方面来看，专业化特征非常明显。

（三）英国社区照顾养老模式的启示

(1) 加强政府对居家养老的支持和引导。英国社区照顾的实践已经表明，政府在其中扮演着重要角色，处于枢纽位置。这种枢纽作用主要体现在制定社区照顾政策等宏观建设方面，如英国政府为了发展社区照顾而制定一系列相应法律法规和政策，社区许多养老服务基本是政府出钱购买服务等。

(2) 推动居家养老服务专业化队伍建设。英国社区照顾有一个特点是专业化，无论是工作人员的提供，还是机构的设置，都体现出此特点。市场经济条件下，专业化是服务业的护身符，只有专业化人员才能提高社区照料的服务水平和市场竞争力，也才有利于提升社区照顾的专业化品质，因此，我们在发展居家养老过程中，应逐渐走上专业化发展之路。

(3) 加快培育和发展社会服务组织。英国社区照顾工作繁多，其中很大一部分的工作是由非政府组织提供的，尤其是当代，非政府组织的主体作用更加突出，非政府组织利用自己的资金，动员和组织各种活动为老人提供了许多养老服务。但在我国长期实行包办福利政策，致使我国非政府组织发展十分落后。目前在我国社会福利服务供不应求的背景下，培育社会服务组织，有益于服务与需求的契合，有利于挖掘民间养老资源，充分发挥基层社区的作用。

第六章　适应市场需求的社会服务发展模式及创新案例分析

一、政事分开、管办分离

我国社会服务业的发展与社会事业改革密切相关，社会服务业的发展伴随着社会事业的改革。长期以来，社会事业发展实行的是政府出资建设、政府统一管理的体制，政府主管部门既是实施全行业监督管理的公共管理者，又是举办社会事业的出资人。这种既管又办的状况，容易造成政府职能“越位”、“缺位”的问题，不利于形成多层次、多样化、有序竞争的公益事业发展格局，无法有效满足人们的公共服务需求。为加快政府职能转变、创新社会事业管理体制和运行机制，一些地区在社会事业领域推行“政事分开、管办分离”的改革，特别是在公立医院改革过程中，形成了不同模式的探索，促进了社会服务业的发展。

(一)　“一手托两家”的镇江模式

2009 年 11 月，镇江市将城区 7 家医院分别组建成以市第一人民医院为核心的江苏康复医疗集团和以江苏大学附属医院为核心的江苏江滨医疗集团。两家集团均属在镇江市人事局注册登记的非营利性国有事业单位，集团内各医院出资人仍依法履行对所辖资产的监管职责，自主经营、自负盈亏、独立承担经济和民事责任。按照集团章程，医疗机构投资主体为政府，管理主体为集团，同时又将城区的社区医院并在医疗集团旗下，实现不同级别医院与社区之间医疗资源共享、优势互补。江苏康复医疗集团名下拥有镇江市第一、第二、第四人民医院和第一人民医院新区分院，以及 11 家社区医疗服务中心。而江苏江滨医疗集团以江苏大学附属医院为核心，分别与镇江市中医院、镇江市第三人民医院、中国人民解放军第三五九医院以托管或业务技术合作的形式形成联合体，下辖 7 家社区医疗服务中心。两家集团核心医院均为三甲医院，医疗资源平分秋色。在管理体制方面，建立出资人制度和民主的监管制度，成立理事会、监事会，实行由理事会领导下的院长负责制和院科负责制，责任分明，法人治理结构清晰。在内部运行机制上，推行全成本核算，精细化管理，并结合新一轮事业单位绩效工资改革，实行薪酬分配向重点科室、学科带头人和医务骨干倾斜，拉大收入差距。

（二）“管办分开不分家”的潍坊模式

潍坊的改革独树一帜。首先是理顺公立医院的管理体制，卫生行政部门将原来分散的权力集中到自己门下，医院只对卫生局负责，不再应付多头管理。管办职能在卫生行政部门内部分开，由卫生行政部门内设机构承担分开的管、办职能。卫生局成立了卫生监督处，作为公立医院的监管机构。同时，设立了总会计师管理办公室，受政府委托，代表政府管理医院的国有资产。取消公立医院管理人员的行政级别，推进院长职业化，改为卫生局聘任，每届任期 4 年，院长在一个医院最多任职两届。院长有用人权、分配权和经营权，实行院长年度考评制，推行综合目标管理责任制，由卫生行政部门制定业绩考评体系，并组织考核。年度考评不合格的院长予以诫勉，连续两年不合格的予以解聘。改革用人制度，取消医院人员编制定额，医院根据事业发展需要，制定人员编制规划和年度用人计划，经所属卫生行政部门批准后执行，用人全部实行聘用制。以前的行政工资制随之失效，取而代之的是院长年薪制和工资总额制。院长年薪总额为本院职工年平均薪酬的 3~5 倍。员工按照绩效考核，多劳多得。绩效工资的考核标准涉及医院规划、建设，工作的数量和质量，效益和经济质量等方面。医院业务收支结余的 50%～60%为薪酬总额，40%～50%为医院发展资金。实行总会计师委派制，总会计师具有双重职责，一是受市卫生局委托监管国有资产，二是在院长领导下参与医院财务管理，督促医院降低消耗，提高效益。每个医院原则上只开设一个收入户和一个支出户。对医院发展资金的使用作出规定：属于事业发展性支出的部分，比如医院新建大楼或采购设备，需要提前一年上报卫生局，经卫生局审批后方可操作。医院的成本性支出，比如水电费等，不报不批。薪酬性支出只报不批。

（三）“政府管、社会办”的宿迁模式

宿迁模式就是将有关公益类事业单位与原政府主管部门完全脱钩，对其实施转企改制，主要由社会力量举办公益事业，可概括为“政府管、社会办”。2000 年以来，该市在卫生、教育领域大力鼓励社会力量举办公益事业，逐步建立“政府管、社会办”的公益服务体系。具体做法是：在卫生领域，一方面实行“医卫分开、医防分设”，政府集中精力抓好公共卫生工作；另一方面积极引入市场机制，对全市乡镇卫生院和 11 个县级以上公立医院进行产权置换，通过民营化和股份制改造。在教育领域，大力推行“一保三放开”，即在严格按照《中华人民共和国义务教育法》的要求，努力加大财政投入，确保义务教育健康稳步发展的基础上，逐步放开学前、高中和职业教育等非义务教育市场，实行多渠道投入、多主体办学，调动社会力量加快教育事业发展，逐步实现政府由“办”事业向“管”事业的转变。

从改革实施的效果来看，由于都实现了管办分开，各地在管理体制创新方面都取得了一定的成效。

镇江不仅实现了管办分开，而且在公立医院集团之间还实现了一定的竞争，提高了医疗服务质量和水平、医务人员积极性以及社会满意度，降低了医疗服务成本和费用。而且在资源优化配置方面，三级甲等公立医院重点承担疑难杂症、危重病症的诊治以及医学科研和教学任务，二级及其他专科医院承担传染病、精神病及妇幼保健等专业诊治，社区医疗服务中心主治常见病、多发病以及提供公共卫生预防服务。同时，大医院对社区医疗服务中心实行帮扶，形成分级诊疗、双向转诊的医疗格局，实现医疗资源共享与优势互补，医疗机构协作分工。镇江模式在理论上明晰了公立医院管理中心和卫生行政部门的权责，但在实践中还需要进一步的摸索和调整，医院管理中心的职责是保值增值还是保障公益，其在行政体制上如何与上一级政府架构相衔接，医院在两个“婆婆”之间如何定位，都是现实的问题。

潍坊模式的好处是将原来分散在政府各部门的权力集中到卫生行政部门，在内部实行管与办职能的分工。政府的职能定位清晰，即着力在制度建设、资源配置、加大投入和强化监管等方面发挥主导作用，办好公共卫生事业和承担基本医疗、代表区域水平的公立医疗机构。努力实现政府卫生部门的基本职责由“办医”向“管医”转移，用主要精力加强卫生监管，规范服务行为，严肃查处损害群众利益的行为。但如何实现公立医院和非公立医院一碗水端平，还需要进一步的实践探索。观察其最近的改革实践，也改变了过去卫生局“一统天下”的做法，而是在政府下面，综合各相关部门成立了“大部门”形式的卫生管理委员会，这种方式的目的也是要摆脱卫生部门裁判员与教练员（即运动员的主管）合一的弊端，是一种新的探索。

宿迁市实行了最彻底的管办分开，公立医院不复存在，政府在管理医院时，对各类主体举办的医疗机构一视同仁，管办不分的现象不可能重复出现。政府通过购买服务的方式，实现卫生公共服务的提供。但由于医院全部为市场主体，盈利冲动必然导致政府在监管方面增加了难度，保障高效低廉的医药卫生服务也需要更多努力。这种模式运行的区域性限制较强，只能作为一种特殊的情况存在，在全国推广的可能性不大。

实际上，公共事业管理体制改革的最终目标是解决权力过分集中于政府行政管理部门的问题，不能让行政管理部门既当裁判员，又当教练员使权力能够在政府各部门之间合理分配、相互制衡，实现对全社会公共服务主体的公平监管和均等服务。从目前的情况来看，管办分开的形式仍需在实践中不断探索，还没有形成一个完全可以通用的模式。距离公立医院改革3年探索还有一半时间，需要认真评估各地改革的做法和成效，分析出不同改革形式的优点和弊端，总结出与我国社会主义市场经济体制和中国特色行政管理体制相适应的社会事业管理体制。

二、建立健全法人治理结构

长期以来，事业单位作为计划经济体制下的产物，与现代管理制度相比较，在管理体制、运行机制等方面有着特殊性和复杂性。建立和完善事业单位法人治理结构是事业单位改革的重要组成部分。这需要探索研究符合事业单位特点的机构规格体系，逐步改变事业单位套用行政级别的做法，构建事业单位法人治理结构，使事业单位成为市场经济舞台上的独立法人，形成独立运作、自我发展、自我约束、自我管理的新模式。

（一）重庆的红岩联线

从2003年起，结合新形势下公益性事业单位的特点，重庆市陆续整合红色革命文化资源，由重庆红岩革命纪念馆和歌乐山烈士陵园组建成事业单位联合体“重庆红岩联线文化发展管理中心”（简称“红岩联线”）。①作为一个公益性的文化事业单位，红岩联线创新内部管理机制，建立职工代表大会制度，成立咨询专家委员会，成立红岩联线理事会，在创新和健全事业单位法人治理结构方面进行了有益探索。

重庆市红岩联线在2007年试点运行内部理事会制度的成功实践基础上，根据《重庆市建立健全事业单位法人治理结构实施意见》有关要求，按照决策权力机构、管理执行机构、监督约束机构相互分离、相互制衡和精干高效的原则，重新建立健

①张国圣:《重庆文化体制改革硕果累累》,《光明日报》,2010-02-24。

全了以党委领导下的理事会（决策层）为核心的红岩联线事业单位法人治理结构。如图 6–1：

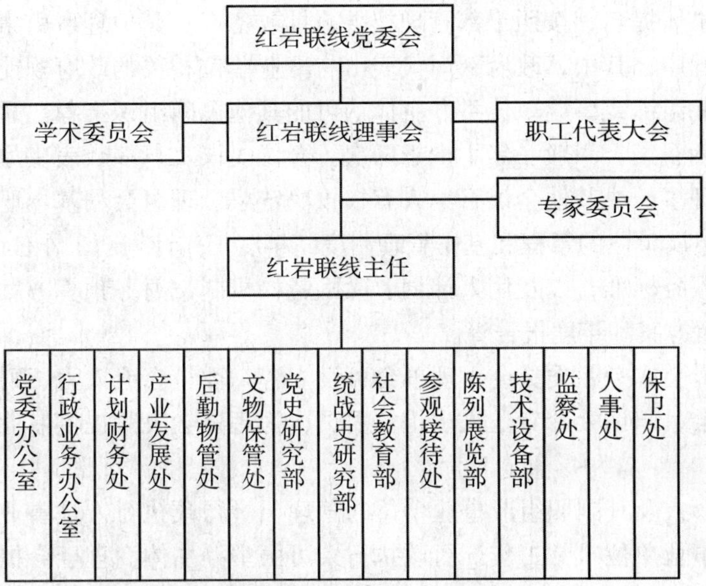

图 6–1　红岩联线法人治理结构[①]

红岩联线理事会理事成员由政府部门、红岩联线、社会人士、服务对象等有关方面代表组成。根据市委宣传部、市文化广电局等上级机关委派，渝中区、沙坪坝等所在辖区推选，向重庆社会科学院聘请，以及红岩联线内部民主选举，红岩联线理事会已产生包括上级机关、所在辖区和社会知名人士在内的 27 名理事成员，其中红岩联线内部各层面职工代表 14 名。

（二）深圳法人治理结构改革

深圳根据决策权力机构、管理执行机构、监督约束机构相互分离、相互制衡和精干高效的原则，在事业单位建立适用于举办主体、管理层、利益相关者及监督者之间关系，以理事会或管委会为核心的法人治理结构。在深圳的法人治理结构改革的文件中，详细规定了理事会、管理层和职工参与的方式、方法等相关内容。

理事会是事业单位的决策权力机构，负责确定事业单位的发展战略和发展规划，

①唐振君:《重庆红岩历史博物馆在实践中求发展》,《科学咨询(决策管理)》, 2010 年 02 期。

行使事业单位重大事项决策权。理事会对举办主体负责，其成员由政府部门代表、社会人士、行政执行人等组成，并以社会人士为主，采用选任制或委任制产生。理事长由举办主体提名，按照干部管理权限报批或备案；其他理事由事业单位举办主体履行任免程序，其中，政府部门代表由与事业单位相关的政府职能部门推荐，社会人士由行业组织或事业单位举办主体认可的其他民间组织推荐。理事会会议一般由理事长定期召集，一般一年不少于两次。会议决议实行多数表决原则，当表决票数相同时，理事长或其他会议召集人有权投决定票。理事会的基本职能是，审议决定本单位和下属单位的章程和基本管理制度，年度工作计划、工作任务、工作目标、绩效指标和服务标准，以及用人计划、激励考核机制、财务预算方案、薪酬分配方案、资产处置方案和年度报告等。

咨询委员会或专业委员会。理事会可设立咨询委员会或人力、财务、审计等各类专业委员会，聘请社会专业人士担任委员，为理事会决策提供专业咨询和管理咨询服务。

行政执行人及其副职组成事业单位的管理层。行政执行人是事业单位的法定代表人，负责事业单位日常工作。行政执行人可由举办主体商理事会提名产生，也可由理事会通过公开招聘方式产生，但均须按照管理权限上报有关部门批准或备案。行政执行人对理事会负责，参与理事会决策，定期向理事会汇报事业单位的运行管理状况，接受理事会监督。行政执行人副职由行政执行人提名，报理事会审核后按管理权限报批或备案。行政执行人副职协助行政执行人开展工作并对行政执行人负责。同时，积极发挥工会作用。事业单位涉及全体职工切身利益的重大事项，按照有关规定提请职工大会讨论或审议。实现社会监督。建立决策失误追究制度、审计制度和绩效评估制度、年度报告制度、信息公开制度。

2009 年 3 月，深圳正式启动首家改制事业单位，即深圳市劳动与社会保障局下属事业单位——深圳市高技能人才公共实训管理服务中心（简称高训中心），改制后的高训中心将由多家单位共同组建理事会，理事会有权对高训中心事务进行决策，改变此前层层报上级主管部门审批的决策模式。此次高训中心组建由 9 家理事组成的理事会，理事会成为高训中心的决策机构，对高训中心的工作有决策和监督权。继高训中心以后，深圳还将在 10 家单位进行改革法人治理试点，其中包括北大深圳医院、深圳市图书馆等，范围涉及文教等部门。

建立健全事业单位法人治理结构，就是在公共事业管理机构及规模较大、利益关联方较多的事业单位建立理事会决策、行政执行人负责的管理运行机制。这其中，理事会负责决定重大人事任免、审定业务发展规划、年度工作计划和财务收支计划，监督业务和管理活动的合法性。行政执行人负责业务和日常管理工作，定期向理事会报告工作。建立由本单位人员、社会相关人员组成的专业委员会制度，负责向决策执行机构和行政执行人提出建议和意见，落实员工和服务对象对单位经营管理的参与权。

法人治理结构是现代事业单位治理框架的核心内容，是实现事业单位人员聘任制和岗位绩效工资制的基本制度前提。当前，事业单位法人治理结构改革虽然已经取得了积极进展，但仍需结合我国实际，解决一些现实中的难题。比如，如何与坚持党的领导紧密结合起来。在事业单位法人治理结构中，要明确体现党组织的地位和作用。但采用什么样的领导方式，既符合宪法的要求，不干涉事业单位董事会、监事会等的法律行为，又能切实贯彻党的路线方针政策，使事业单位的发展不偏离航向，是值得特别予以关注和重视的问题。再如，如何突破现有的管理模式。当前，我国事业单位在机构设置、人事管理、财政供给等方面较多地受到政府直接的行政控制。构建法人治理结构，一方面因为管理模式的改变，事业单位领导委派制和事业单位法人推选制的变更必然会牵动旧有利益格局。另一方面，国有资产如何能确保增值而不是流失，也必须建立相应的监管机制。再有，事业单位提供的产品是社会公益性产品，体现的是公共利益，当事业单位法人利益和公共利益发生冲突时，谁来裁判，如何裁判都是必须认真研究并加以解决的问题。又如，内部运作机制如何建立。根据权力决策机构、管理执行机构、监督约束机构相互分离、相互制衡和精干高效的原则，必须在事业单位建立适用于举办主体、管理层、利益相关者及监督者之间关系，以理事会为核心的法人治理结构。

但由于我国事业单位种类繁多、情况复杂，我们很难统一一种模式。比如科技、卫生、教育等事业单位各有特点，哪一种模式才更加适应行业发展的需要？还有一些对行政机关依赖性更强的事业单位偏小，甚至有的只有四五个人，如果也“麻雀虽小五脏俱全”，成立董事会、理事会、监事会等，有可能成为运作的“怪胎”。多大规模、采用什么方式的治理结构，还需要根据实际逐步探索。

三、政府购买公共服务制度

所谓“政府购买服务” （Purchase of Service Contracting），是指政府将原来直接提供的公共服务事项，通过直接拨款或公开招标、委托运营和政府采购的方式，交给有资质的社会服务机构来完成，最后根据机构所提供服务的数量和质量，来支付服务费用。新的时期，要想改变传统公共服务政府包办的方式，必须在公共服务供给与生产可以分离的领域，探索公共服务提供的多样化，提高公共服务的供给效率。近几年，各地也开展了改革实验，取得了很大进展，以成都、上海和潍坊为例。

（一）成都市政府购买服务制度

2009 年 12 月 14 日，四川省成都市政府下发《关于建立政府购买社会组织服务制度的意见》，提出到 2010 年，成都市将初步形成政府购买社会组织服务的制度框架，到 2013 年，在准公共物品领域基本建立政府购买社会组织服务的机制，政府公共服务供给效率和质量有较大提升。成都市通过建立政府购买社会组织服务制度，将部分原由政府直接举办的为社会发展和人民生活提供服务的事项交给有资质的社会组织来完成，并根据社会组织提供服务的数量和质量，按照一定的标准进行评估后支付服务费用，探索建立政府提供公共服务新机制。按规定，政府购买社会组织服务项目纳入政府采购中心实施采购，并以公开竞争方式确定服务提供机构，服务提供机构既可以是非营利性社会组织，也可以是营利性社会组织。

成都提出了当前要加快推进购买服务的领域，并提出了相应的目标：①公共卫生服务。为城乡居民提供传染病、地方病、寄生虫病和有关慢性病的社区预防控制，计划免疫，精神卫生服务，妇女、儿童、老年保健，健康教育等医疗服务。②公共就业服务。向社会组织购买公共职介服务、公共就业培训服务、职业技能鉴定服务等。③社会保障服务。在试点的基础上逐步推进政府出资购买社会保障服务工作，将部分社会保障业务办理交由社会保险机构承办，相关政府职能部门实施监督，探索“管办分离”的社会保障服务供给模式。④法律服务。由社会法律服务机构提供法律服务、法律援助，面向居民宣传法律知识，参与人民调解、社区矫正和安置帮教工作，参与基层民主管理，实现社会长治久安。⑤公共文化服务。推进文化馆、图书馆、科技馆、美术馆等文化设施免费或优惠向群众开放，开展为城乡居民送文艺演出、送电影等活动，为广大群众提供多方面、多层次、多样化的文化服务。⑥养老服务。向满足一定条件的老年人提供老年生活照顾、家政服务、心理咨询、康复服务、紧急救援、临终关怀等服务，建立覆盖全市的较为完善的养老服务网络，促进全市老年人福利事业发展。⑦其他。积极探索开展公共设施维护、环境维护等其他领域的政府购买社会组织服务工作。

成都构建了一整套的购买服务制度框架，明确了相关部门的职责。财政部门牵头统筹政府购买社会组织服务工作，会同相关行政职能部门制定购买服务成本核算办法，会同目标督查部门制定绩效考评指标体系和考评办法，负责审核购买服务的项目并将其经费纳入部门综合预算统筹安排，及时拨付购买服务所需资金，确保资金按时到位。各相关行政职能部门是购买社会组织服务工作的主体，负责制定购买社会组织服务相关方案、制度，承担具体管理和实施工作。法制、纪检、审计、目标督查部门按照各自职责，对购买服务合同进行审核，对资金的安排、管理、支付、使用等进行监督检查和审计，对购买服务的工作实行目标督查和绩效考评。

(二) 潍坊市购买公共医疗卫生服务

2008年以来，潍坊市以实施购买基本公共卫生服务和基本医疗服务为重点，探索建立以“政府主导、公益性质、市场机制、购买服务”为核心的社区卫生服务供给模式。

一是面向社会医疗卫生资源，实行公开招标、竞争准入。围绕搭建布局合理、资源优质的社区卫生服务网络，打破“养人养机构”的传统做法，发挥市场机制的作用，通过公开招标、竞争准入，从1000多家各级各类医疗机构中择优确定80处社区卫生服务机构，承担社区公共卫生服务职能，实现了社区卫生服务全覆盖。这些机构既有公立的、民营的，也有企业医院转制的，形成了有序竞争的多元化办医格局。

二是创新运行模式，实行政府购买基本公共卫生服务。在健全服务平台的基础上，改变传统服务方式，由医疗机构提供健康档案、健康教育、慢性病管理、老年及妇幼保健等10大类20项基本公共卫生服务项目，实行政府购买、居民免费享受，实现了服务直接提供向市场购买的转变。

三是创新管理机制，实行绩效考核、动态管理。为保证服务质量，成立了绩效考评委员会和购买服务委员会，并引入居民满意度评价，制定考评指标，完善绩效考核办法。将考核结果与补助资金挂钩，引导提高服务质量。建立有效竞争机制，对社区卫生服务机构实行动态管理，建立优胜劣汰退出机制，保持社区卫生服务活力。

经过建设，初步形成了居民、机构、政府多赢的局面。政府通过引入竞争和绩效考评，把钱花在老百姓身上，提高了供给效率。服务机构有了政策支持和竞争机制，服务能力和质量明显提高。居民享受到免费高效的公共卫生服务，全民健康水平不断提高。

公共服务的提供机制是公共服务体制中的重要内容，是使政府有限资金提供出更好更多的公共服务的关键。未来政府购买服务改革的目标应该是，凡适合面向市场购买的基本公共服务都采取购买服务的方式，不适合或不具备条件购买服务的再由政府直接提供。不仅应该在公共服务的具体事项上实现政府购买，在公共服务的决策、执行和监督各个方面，都可以购买专业的服务。但目前，政府购买服务的整体制度框架还未健全，各地的探索只是在某些容易操作的领域开展的探索，仍不足以形成全面完善的制度体系。比如政府购买服务的核心是公共财政制度，但实际上目前财政对购买服务还没有一个统一的制度安排，购买哪些服务，怎么购买，如何监管购买后的效益都要认真研究。另外，还需要推进相关改革，例如推进政府职能转变，将适合由社会组织承担的公共服务事项转移出去，开展公共服务管理体制的"管办分开"改革；推进政府事业单位改革，缩小事业单位战线，将部分非公益单位实行转制；清除相关政策法规障碍，鼓励社会力量兴办公共事业，增加公共服务的供应来源；制定有关非营利组织管理的政策法规，依法管理和规范非营利组织的行为，推动非营利组织的健康发展；建立社会力量与事业单位公平提供公共服务的发展机制等。通过全方位的体制改革和制度建设，构建并完善政府购买服务的制度体系。

（三）深圳市罗湖区购买居家养老服务

1. 案例背景

年轻的城市深圳正面临着严峻的"银发浪潮"形势，随着特区的早期建设者大部分进入老年，很多老人随子女迁到深圳居住，深圳老龄人口正在急剧增加。截至2009年年底，全市户籍老年人和随子女常住深圳的非户籍老年人加在一起，已超过60万人。而深圳市从事养老服务的福利机构共约30家，可以提供养老床位3597张。据此测算，深圳每千名老年人拥有的养老床位仅有6张，远低于全国16.9张的平均水平，比上海等老城市32张的平均水平差得更远。[①]

深圳市罗湖区成立于1979年10月，面积78.36平方公里，下辖10个街道办事处，115个社区居委会，83个社区工作站，10个街道派出所。截至2009年，罗湖区户籍人口为44.28万人，办理居住证人口为93.82万人。罗湖区县域经济发达，2010

① 《深圳已有老人过60万专家建议建立义工制度》，新华网，http：//newsxinhuanet.com/politics/2010-10/15/c_12661950.htm。

年生产总值突破千亿元大关，同比增长 8.3%。[①]

罗湖区是深圳最早开发建设的城区，现有 60 岁以上老年人 5 万多人（户籍 2.5 万人），其中户籍老人占全区人口的 4.86%。为了让老人们在熟悉的环境里安度晚年，享受到传统意义上的家庭温暖，又使年轻人减少家庭负担，能安心工作，区政府于 2006 年开始实施政府购买居家养老服务。根据《深圳市社区居家养老服务实施方案》文件精神，区民政局于 2007 年制定了《罗湖区社区居家养老服务实施方案》(以下简称《罗湖区实施方案》)，并于 2008 年进行修订。经过近 5 年的探索与实践，罗湖区已经初步形成了“政府扶持、民间运作、服务市场化、员工本地化、形式多样化”的居家养老服务新模式，实现了政府养老政策落实，老人和社会满意，下岗、困难人员实现再就业等多赢的和谐局面。

2. 基本情况

(1) 服务的购买者、提供者和使用者。罗湖区政府作为购买者，专门成立了社区居家养老服务工作领导小组。由区领导梁雅丽同志任组长、方海明同志任副组长，区民政局、区财政局、区劳动局、区卫生局、区老龄办以及各街道办为成员单位。领导小组的主要职责是对社区居家养老服务工作进行指导、协调、监督和检查。领导小组办公室设在区民政局，负责社区居家养老服务的日常工作。各街道办事处成立相应的领导小组，指定责任人，其主要职责是制订本街道的社区居家养老服务实施方案并组织实施，确保社区居家养老服务工作落到实处。

罗湖区德福居家养老服务中心（以下简称“德福中心”）是服务提供者。德福中心成立于 2006 年 1 月 9 日，是由区民政局下属福利公司开办的民办非企业机构，是福利事业的非盈利性单位，也是全市最早开办的为社区老人提供居家养老专业化服务的试点单位。2006 年，德福中心首先在桂园街道开展社区居家养老服务试点，同年 10 月，在试点取得成功的基础上，在全区 10 个街道全面推广。到目前为止，该中心在岗员工 223 人，设有 1 室、1 中心、2 部、3 基地、10 个服务站，累计服务老人 2048 名，并解决了辖区 202 名“4050”下岗失业困难人员的就业问题。

服务的使用者分为三类：无偿使用者，即具有罗湖区户籍的“三无”老人；低偿使用者，即具有罗湖区户籍老年群体中的高龄老人、特殊群体老人；有偿使用者，即有经济来源并需要居家养老服务的老人或者社区居民。

(2) 购买居家养老服务的内容。罗湖区社区居家养老服务的内容主要包括：生

①罗湖基本情况，罗湖区 2010 年 1~12 月主要经济指标，均见罗湖区电子政务网。

活照料、家政服务、康复服务、日托服务、心理咨询、精神慰藉、临终关怀等。德福中心实际可以提供的服务内容包括：家政服务、精神慰藉、康复理疗、家庭护理4大项，居家清洁、洗衣、煮饭、洗澡、理发、按摩、陪聊、读书读报、陪同看病、陪同购物、陪娱乐（棋牌等）、简单身体检查、康复锻炼、外出散步、心理辅导、个案跟进、缝补衣衫、临终关怀18小项。

（3）资金投入方式。罗湖区社区居家养老服务工作资金来源由市福彩公益金、区财政、社会和个人共同筹集。具体资金渠道如下：第一，社区居家养老服务补助资金，由市福利彩票公益金承担。第二，区财政对居家养老服务补助资金进行配套资助。同时，承担与社区居家养老服务相关的管理、监督、评估等工作经费。第三，补助对象超出补助额度部分的服务费用，由补助对象个人支付。第四，动员和吸纳民间资本投资兴办居家养老服务事业，鼓励单位、个人对养老服务业的慈善捐助，促进投资主体、投资方式多元化发展。①

以德福中心为例，试点期间，市福彩公益金向该中心下拨了30万元开办资金。试点成功后，在全区10个街道全面铺开居家养老工作，区民政局、劳动局各拨款30万元到10个街道，支持德福中心在各街道成立居家养老社区服务站。2007年至今，市福彩公益金购买服务结算款共782.763万元，市民管局拨付培育民非组织开办经费2万元，累计拨付服务奖励金103.36万元（每服务一位老人一年奖励200元），区财政支持用于居家养老服务站开办、员工培训、日间照料中心硬件设施建设等经费共146.7万元，区劳动局拨付招用下岗失业人员岗位补贴经费共799万元（招用一位下岗失业员工，区劳动局给员工岗位补贴直补到员工账户800元/月，补助企业为员工购买社保316元/月，另给企业奖励金200元/月，这200元，为员工买社保和残疾人保证金共90元，还有商业意外保险等，企业实际获得100元/月/人）。

（4）运作机制。罗湖区各街道办事处自行制定确认服务机构的具体办法、委托服务协议、服务协议，并报市、区民政局备案。

根据所制定的确认办法，各街道办事处在各类社会福利机构、经卫生部门批准的医疗机构和社区健康服务中心、经民政部门登记的社区民间组织、经工商部门批准注册的可以提供居家养老服务项目的单位中，选择提供居家养老服务的服务机构。区民政局列出本辖区内居家养老服务机构名册，由社区工作站将名册予以公布，供补助对象选择。

①深圳罗湖区民政局：《罗湖区社区居家养老服务实施方案》（2008年修订稿）。

各街道办事处与经确认提供居家养老服务的服务机构签订委托服务协议，约定服务内容和服务收费标准等项目。

对具有罗湖区户籍老年群体中的高龄老人、特殊群体老人，实行居家养老服务补助。补助采用居家养老服务券（以下简称“服务券”）的形式发放给补助对象。服务券由市民政局统一印制，经区民政局审核批准符合条件的补助对象，由街道办按季度发给《深圳市社区居家养老服务记录本》和补助同等面值的服务券。

各街道办设立社区居家养老服务专用账户，区民政局每年分两次将补助资金与同等金额的服务券（市民政局统一印制服务券）一起下发给各街道办。各街道办每月及时将辖区居家养老服务补助的情况汇总（包括核准各类补贴的人数、标准、补助总额等）报区民政局。

各街道办负责组织、监督居家养老服务工作，对服务质量进行适时评估。区民政局适时组织对各街道居家养老服务工作的检查。①

3. 实践启示

（1）以社会组织为服务平台和联系纽带，构建各种力量合作参与的养老服务体系。政府向社会组织购买服务需要在一个完整的养老服务体系中进行，罗湖区的案例为这种体系的构建提供了有价值的经验，即政府引导与资助、社会组织协调与运作、社区居民和社会力量共同参与和协助的“委托—合作—参与式”模式。这种模式将有助于协调政府、社会组织、服务对象的关系，为他们的沟通和互动搭建通畅的平台，同时，还能在一定程度上整合各种社会养老服务资源，拓宽融资渠道，聚集闲置资源，提高资源利用效率。

（2）发挥政府的引导和支持作用，培育和发展为老年人服务的社会组织。在我国，社会组织往往都是在政府的引导和支持下成立起来的，其原因在于缺乏社会组织独立成长的社会土壤：一方面，社会认可度和信任度比较低，另一方面，社会捐赠支持的力度极其薄弱。再者，公民志愿参与社会组织，提供志愿服务的动机和热情较为缺乏。因此，在社会组织发育尚未成熟的阶段，政府的引导和支持显得特别重要。

（3）以养老带动就业，以就业促进养老。目前，“4050”人员的再就业问题成为困扰许多地方政府的难题之一。虽然国家和地方政府对这些人员给予了一些政策，

①深圳罗湖区民政局:《罗湖区社区居家养老服务实施方案》(2008 年修订稿)。

但由于这些人年龄偏大、技能比较单一、没有高等学历，他们再就业遇到很大难题。罗湖区针对40~50岁的下岗人员生活经历较为丰富，能吃苦耐劳，能理解老人的特点，依托劳动保障中对下岗人员再就业的相关优惠政策，对辖区失业人员中的"4050"、单亲、低保特困、零就业等失业群体进行摸底帮扶，吸收参与社区居家养老服务工作。因此，通过社会组织提供养老服务能为下岗失业人员开辟出更多的弹性就业机会。

(四) 上海市浦东区购买公共教育服务

近年来，上海外来人口中适龄儿童的比例逐年上升，相应的对上海义务教育服务的需求也日益高涨。2000年至2009年之间，在上海接受义务教育的外来人口子女数从26.3万上升到42.0万，上升了近60%，年均增加1.74万人。2009年，外来人口子女占全市义务教育阶段学生总数的38.5%。[①]因此，外来人口子女的受教育问题成为上海当前所面临的重要问题之一。

浦东新区是上海市外来流动人口的典型地区，流动人口超过100万，外来务工人员同住子女的数量每年以超过20%的速度增长。目前在义务教育阶段，外来务工人员同住子女的数量与户籍人口子女数量的比例已经接近了1∶1。尤其是，大量高端人群的持续导入所产生的对教育优质化服务的需求，对原来浦东所辖农村地区的公共服务能力带来了巨大挑战。

2005年，浦东新区成为国家首个综合配套改革试验区，区政府提出通过着力转变政府职能，大力培育和发展教育中介组织，建立"管办评"联动机制。同年6月，浦东新区社会发展局尝试委托上海市成功教育管理咨询中心管理东沟中学，第三方评估办学质量，拉开了浦东新区"管办评"联动购买教育服务实践的序幕。

1. 案例情况

(1) 服务的提供者和使用者。成功教育管理咨询中心（以下简称"管理中心"）是服务的提供者。它是由上海市闸北八中特级校长、成功教育研究所所长刘京海创办的民办非企业法人组织。闸北八中曾经是上海市闸北区的一所出名的薄弱中学，在刘京海担任校长后，致力于"成功教育"的探索与实践，形成了用"成功教育"思想以及一整套以成功教育理念为指导的学生培养模式与学校管理模式，办学质量极

①杨昕：《教育改变命运——上海外来人口子女义务教育的现状与问题》，《社会观察》，2010年第7期。

大提升，在社会上产生广泛影响。由于各地取经者络绎不绝，同时为加强对成功教育的研究与推广，刘京海校长注册成立了成功教育管理咨询中心。近年来管理中心针对薄弱学校教师的特点，为了加速普通教师成长，将优秀教师经验显性化，研究开发了初中数学、英语学科的电子平台，使一些有经验的优秀学科教师的教学经验可以依托电子平台为更多的教师运用，使更多的学生能获得令人满意的学习效果。

服务的使用者东沟中学创办于1950年，原是东沟镇管辖的农村初级中学。2003年，随着浦东新区城郊教育管理体制一体化的实行，东沟中学与浦东新区的86所农村初中一起由“镇管”划归浦东新区“统管”，归入浦东新区第一教育署。由于长期受各方面条件的限制，东沟中学管理水平与教育质量一直不高，基本处于浦东新区同类学校的中下层次，根据浦东新区社发局“公办初级中学的教育成本实证性研究”课题报告，在学校综合发展效益评估中，东沟中学在45所公办初中名列第29~39位。随着浦东新区城市化建设加快和新建社区人口的变化，东沟中学所处社区家长由原来以本地农民为主逐渐转向以外来白领为主。这对学校的办学质量提出了较高要求。

2005年，学校整体迁入占地29亩（1亩为666.67平方米，下同）的新校址，硬件设备设施达到上海市中小学建设一类标准（90标准）。但硬件设施的高水平配置并没有带来办学质量的显著变化。大批生源流失到区域内相对更好的学校。2005学年全校在校生仅为622名。由于办学水平不高，教师流动也很大，2005学年在编教职工54名，实际在岗教职工只有40名。学校的这种办学情况引起了浦东新区教育主管部门的高度关注。

（2）委托管理运作机制。浦东新区与管理中心在委托管理之初，签订了“委托管理协议”（下文简称“协议”），并以此为依据实施管理和评价。①

被托管学校与政府的关系界定。《协议》规定，托管期间东沟中学公办性质不变，继续享受作为公办学校应有的一切政府支持。即在委托管理期间，东沟中学与浦东新区政府的隶属管理关系保持不变；浦东新区政府保障东沟中学享有与浦东新区其他义务教育阶段公办初中学校同等的资源投入与政策保障。

在托管期内应达成的管理目标设定。《协议》明确委托管理期限为初中的一个教学循环，共4年；委托管理期间东沟中学应根据党和国家的教育方针，全面推进素质教育，办学水平和教育教学质量达到全区平均水平以上。

---

①《上海市浦东区公共教育服务“管办评联动”机制》，21世纪教育研究院网站。http://www.21cedu.org/edu-reform/2009/611/096119E3C6B2887A2573631EF6.html

购买服务的内容与委托管理主体的权利、义务。《协议》规定，托管期间，管理中心作为管理方，应在遵守国家和上海市、浦东新区的有关法律、法规和规章制度的基础上，根据浦东新区政府的要求和东沟中学实际制订具体的办学方案，包括引入教育理念、管理理念，建立有效能的管理模式，组织教育教学、培训教师以及各类教育资源的有效使用等全方位办学内容。

委托管理期间，管理方可以充分使用东沟中学的校舍、土地、设备、仪器等国有资产服务于学校办学，但不享有处置、处分学校资产和在办学目的之外使用学校资产的权利。管理方应依法接受政府的招生、人事、财务、资产等管理工作的要求，依法接受政府对东沟中学办学水平、教学质量、教育管理工作的监控和评估以及对校长的经济责任审计。

委托方与管理方的共同责任是：通过东沟中学的委托管理实践，探索建立现代学校制度的有效途径与方法，探索利用社会多种资源和方式发展浦东新区基础教育的途径和方法，促进浦东新区优质基础教育资源的扩大。为保障管理方享有充分的办学自主权，在委托管理期间，东沟中学的校长人选由管理方负责推荐，报社工委、社发局核准后聘用；学校实行校长负责制，依法组织实施教育、教学等各项管理工作。政府则应积极支持学校进行教育综合改革实验，并为学校开展教育、教学活动和管理工作提供及时的指导和有效的服务。

委托管理成效评价。一是评价依据。办学成效评价主要采用目标达成度评价方法来界定委托管理的成效。管理中心在接受托管后要制订“办学方案”，经过有关专业组织评估和社发局认定后，作为委托方与管理方共同遵守的办学要求和评估办学成效的主要依据之一。二是评价主体。作为公办学校，政府是提出评价的主体。但为了保障评价的科学性，政府委托专业的评价机构进行评价。做出评价的主体包括教师、学生、家长以及社区相关人员。

购买服务的经费支付。东沟中学的委托管理作为政府购买服务的一个项目，政府应支付必要的服务费用。政府作为服务购买方每年要通过专业机构对中心管理的东沟中学办学质量进行考核与评估。经考核，委托管理取得明显成效并达到委托管理要求的，管理方享有合理获得委托管理报酬的权利。

(3) 委托管理评估情况。2006 年 6 月，浦东新区组织委托管理研究课题组对东沟中学委托管理一年来的效果进行了一次问卷调查。问卷调查对象是东沟中学的 51 名（全体）教师和 198 名（分布于初一至初三）学生。调查显示，100%的教师和 89.2%的学生认为教学质量提高了；100%的教师和 85.5% 的学生认为教师发生了变化；95.9% 的教师和 85.%的学生认为比一年前更喜欢学校了。同年 6 月，东沟中学有 93 名初三毕业生参加了上海市毕业升学考试。据统计，东沟中学中考均分为 473.82（区平均分为 475.47），中考成绩排位，在第一教育署内从 2005 年的第 14 位上升至第 8 位。

2008 年 1 月 9 日、10 日，受浦东新区社发局的委托，上海浦发教育评估中心组织专家对成功教育咨询管理中心委托管理东沟中学进行中期评估。评估期间，专家听取了浦东新区教育督导室、教研室、德育室以及第一教育署对学校的办学情况的意见，专家们审阅了“上海市成功教育管理咨询中心委托管理东沟中学办学计划”和“成功教育东沟实验学校中期自评报告”，与学校领导进行了信息互动交流，与学校管理人员和教师个别访谈 22 人次，随堂听课 11 节，分别召开教研组长（7 人）、部分教师（10 人）、部分学生（10 人）、社区和家长代表（7 人）座谈会，进行了学生问卷（100 份）、教师问卷（40 份）、家长问卷（100 份）和社区问卷（7 份）调查。为了体现公平、公正和客观，考虑各年级学生进校时间的因素，学生问卷按学号随机抽样，其中初三 30 人（3 个班级），每班 10 人，初二 40 人（5 个班级），每班 8 人，初一与预备班 30 人，每班 2~3 人，家长问卷抽样方法同上，教师问卷抽样方法为整体教师数量的 80%（实际抽样人数占总体人数的 83.33%），社区问卷在街道中随机抽样，并在召开社区座谈会时进行调查。专家还查阅了有关资料，巡视了学校的环境和学生的行为规范。在广泛收集有关信息的基础上，专家们认真地进行了汇总与讨论，对委托管理做出了评估意见。

2. 实践启示

（1）通过服务外包提高服务效益是教育公共服务发展的新选择。随着经济的发展和人民生活水平的不断提高，民众对教育消费日趋个性化、多样化，但传统政府控制下品种单一的学校教育无法满足人民日益增长的教育需求。浦东新区的实践表明，通过委托优质教育管理机构管理薄弱学校的办法来加速提高薄弱学校发展的成效是显著的。它的实践为政府提供了一条新的管理思路，即通过品牌中介机构的专业服务来提高政府公共服务的能力和水平。但这也对当前教育管理的体制和管理能力提出了更大的挑战，那就是教育服务外包、中介参与管理必须建立在政府职能收缩、中介机构充分发育、监管制度非常明确的基础上。

（2）政府职能转变是政府购买服务提高服务专业化程度的前提。教育公共服务购买的实施首先建立在教育资源可以通过市场经济方式进行有效配置的基础之上。传统行政管理体制下，政府集管办评于一身，资源高度集中于政府等权力机构，既导致政府由于职能不明、管理不专业而产生管理的低效率，又使得民间由于没有产生可市场化服务的环境条件而无法有效孕育可参与教育服务的专业机构。浦东新区在“管办评”分离联动机制的探索过程中，通过对政府职能划归、学校职能划让和社会职能划转的方式，明确了政府、学校和社会市场组织在教育公共服务中的功能定位，构建起了由政府、学校、市场和社会组织等多元主体共同参与教育公共服务治理与服务的格局。这既为专业的民间教育服务机构的孕育提供了环境，也为政府通过购买专业的服务提升公共服务水平奠定了基础。

（3）发挥专业组织力量参与公共服务是提升服务水平的有效途径。政府购买教育服务既需要解决要不要购买服务的问题，更需要解决向谁购买服务、购买什么服务的问题。浦东新区“管办评”分离联动机制的创设将体制外中介机构引入，使教育资源的跨区域选择与优化配置有了可能，委托管理、购买专业服务的方式使教育资源投入效能的提高有了新的抓手。

长期以来，政府对学校有形的“硬件”建设投入较容易操作与把握，而对无形的“软件”建设，往往迫于政府职能和运作机制的限制，很难有效控制投入效能。浦东新区东沟中学的实践通过委托管理的方式，购买引进了一整套的专业管理服务，包括流程化、细节化的学校管理模式、学科教学的电子平台等，使政府对学校的资源投入效能有了专业保障。这种购买专业服务的方式也开始被引用到专业评估服务等方面（如委托具有专业资质的社会评估机构对学校年度办学绩效进行评估等），体现了政府通过购买社会化、专业化的教育服务，提高公共资源使用效能的积极尝试。

（4）培育充足的品牌专业机构参与竞争是提高服务效能的保障。关于如何购买服务的问题，从世界范围内的经济社会发展经验看，服务效能的提高首先需要有一个非垄断的可充分竞争的环境。这首先需要有一批可参与竞争的机构来激起竞争的意识，促进服务质量和效益的不断提高，即通过竞争实现优选。但从浦东乃至上海和全国范围来看，社会组织（包括教育的专业化社会中介机构在内）的发育和发展现状均呈现数量有限、总体质量不高的特点，处于起步阶段，需要大力培育和扶持。

对于包括专业性社会中介机构在内的社会组织的培育，在目前情况下，政府无疑应承担更多的责任，但培育的方式不能沿袭传统包办之路，而主要应该通过环境创设、政策调控、项目委托等方式，运用市场经济体制的基本规律来培育和扶植它们，使其在实践中成长。

（5）完善的管理监督机制有利于政府监控外包教育服务质量。公共教育服务是直接面向学生提供的育人服务，直接关系到一个国家劳动力的素质，因而这种服务不同于其他服务可以进行补救服务，是不可逆的，这对服务的质量保障提出了极高的要求。

从浦东新区的实践看，以东沟中学的托管为基础的委托管理质量监控，主要通过以“办学方案”实施效果评价为主的目标评价建立起了第三方质量监控制度；通过实施前期、中期和终期评估，对委托管理进行了过程性监控；参与评价的主体既包括教师、学生，又包括了家长、社区，基本体现了多元主体参与治理的思路。

第三编 战略思路与政策体制

第七章 我国社会服务业发展的战略思路

发展社会服务是形成“社会经济”的内生动力。我国社会服务业发展思路体现在：把扩大社会服务消费作为消费升级和扩大内需的战略途径；把发展社会服务业作为转变经济发展方式的重要内容；把社会服务业作为社会事业发展的新思路；把促进社会服务消费作为深化社会体制改革的推动力。加快服务消费产业发展，应着力体现“六化”原则和方向：服务功能化，门槛公平化，经营市场化，发展规范化，服务专业化，消费多元化。

一、应对金融危机以来我国关于民生问题的思路转变

（一）民生问题正在改变人们对经济发展根本目的的重新认识

中央提出科学发展，第一就是要以人为本。过去很长一段时间，我们在发展上“重物、轻人”，城市建设拆了又建，建了又拆，高楼大厦如雨后春笋，广场大道建得比欧洲的还漂亮。人民群众普遍感到物质丰富了，但生活好像并没有增加多少幸福感、安全感、和谐感和成就感，说明这种“见物不见人”的增长已经脱离了人民群众的需求新变化。特别是目前农村的住房、道路等硬件建设已大为改善，有的甚至已经超过城市，但群众还是感觉城乡之间的发展差距有拉大趋势，突出地表现为教育、就业、社会保障、文化等民生领域的差距。我们必须把握需求变化的客观规律和新趋势、新动态，把不断增长的民生需求作为“十二五”的工作重心之一，这也体现了社会主义的本质要求，体现了党执政为民的根本宗旨。

（二）改善民生与发展经济是相辅相成、相互促进的关系

改善民生需要以经济发展为基础，同时又是推动经济持续发展的动力和手段。我国传统文化中厚生利民、济世为民等观点中即包含民生与经济相融的思想。马克思主义的民生思想认为，民生问题是人类社会生存发展的基本问题，民生问题的解决要坚持生产力和生产关系相统一。

经济发展是社会事业发展的基础。新中国成立 60 年来，我国财力愈渐殷实，1950 年全国财政收入 62 亿元，2009 年财政收入为 68447 亿元，60 年间仅从数字上看增长了 1000 倍。特别是“十一五”以来，连续几年净增财力近 1 万亿元。现在国力大增，具有发展社会事业和改善民生的经济实力。但经济发展本身并不能代表民生发展，更不能取代民生发展。重经济、轻社会，重建设、轻民生，重物质、轻人本的思想，唯 GDP 论英雄，都不是科学发展。2008 年我国 GDP 已超过德国成为世界第三大经济体，2010 年超过日本成为第二大经济体，国际上一些吹捧中国的机构和学者预测我们在不远的将来还要超过美国成为世界第一大经济体。不要为这些言论冲昏了头脑，更不能因为经济总量上去了就沾沾自喜。古人云：以铜为鉴，可以正衣冠；以人为鉴，可以明得失；以史为鉴，可以知兴替。在 1840 年第一次鸦片战争之前，中国就曾是世界第一大经济体，当时经济总量是英国的 6 倍。但旧中国民不聊生，在工业革命的枪炮之下不堪一击。现在我们在奥运会上的金牌总量已经超过美国成为世界第一，但是不是就是体育强国呢，我看不是这样，我们的群众体育普及范围和国民健康素质在世界也只居于中等水平。目前，我国的高速公路通车里程超过美国居世界第一，道路远远比日本等发达国家修得更宽更好，但公民的文明交通素养比别国差得很多。这些都深刻地说明了经济发展是民生的基础，但并不是民生改善和社会进步的必然。

改善民生愈渐成为推动经济持续发展的动力和手段。党的十六大以来，中央明显加大了统筹解决经济和民生问题的力度，先后提出构建社会主义和谐社会、推进社会主义新农村建设等重大战略思路，通过改善民生推动科学发展取得了显著成效。2003 年取消农业税，在全社会产生极大反响；2005 年以来实施义务教育经费保障机制改革；2007 年实行了“两免一补”政策；新型农村合作医疗保障制度、农村最低生活保障制度相继建立；2009 年全国开始试点新型农村社会养老保险。2009 年开始实施建立国家基本药物制度和公立医院改革等医药卫生体制改革，都是真正的惠民工程。在老百姓眼中，远比建广场和高楼大厦要得民心、顺民意、惠民利。我国社会主义建设和发展的历程表明，只有在发展经济的同时保障和改善民生，才能赢得

人民群众的支持，才能推动社会不断进步，否则，就会遭遇挫折。

（三）通过保障和改善民生拉动经济增长和转变发展方式的共识正在形成

当前，深入学习贯彻科学发展观，我国正在加快经济发展方式转变，保障和改善民生对拉动经济增长和转变发展方式的作用正在显现，开始逐渐形成“社会经济”发展的内生动力。特别是在应对国际金融危机中，将保增长与惠民生有机结合起来的成功实践，是我国取得的一条重大经验。一是把增加投资与改善民生、刺激消费结合起来，民生投资和民生消费有力支撑了内需扩大。2 年前应对国际金融危机，政府实施两年新增 4 万亿元投资计划，涉及民生领域的投资增长明显加快。在扩大内需的两年投资计划中，2008 年中央政府新增投资 1.18 万亿元，2009 年中央政府投资总额达 9080 亿元。新增投资重点放在改善民生上，以投资带消费，以消费促增长，实现一举多得。中央政府的投资用于加快保障性住房建设、农村民生工程、社会事业、灾后恢复重建的投资超过 50%。自 2008 年第四季度以来①，仅社会事业累计安排中央投资 555.8 亿元，建成 15898 个基层医疗卫生服务项目、4323 个基层计划生育服务项目、4645 个乡镇综合文化站项目，改造完成 20 个重点中医院项目，改造农村初中校舍面积 623.9 万平方米。中央财政投入保障性安居工程 493 亿元，基本建成廉租房 27 万套、开工建设 126 万套，新增租赁住房补贴 54 万户；实施棚户区民房改造 10 万户、采煤沉陷区民房治理 12.9 万户，国有林区棚户改造 15.7 万户，试点地区改造完成农村危房 18.5 万户。为刺激居民消费需求，出台了“家电下乡”、“汽车摩托车下乡”、汽车家电“以旧换新”等措施，2009 年财政资金投入 320 亿元。全年县及县以下消费品零售额 40210 亿元，增长 15.7%，增速首次超过城市。实施更加积极的就业政策，出台了促进高校毕业生和农民工就业的政策措施，帮助城镇就业困难人员和灾区劳动力就业，减少金融危机对就业的影响。进一步提高农村义务教育公用经费标准，继续改善中小学教师待遇和办学条件。2009 年教育投入增长 37.2%，卫生、社会保障和社会福利业增长投入 58.5%。民生投资有力拉动了消费需求，为实现了经济企稳回升，实现全年经济增长 8.7%发挥了重要作用。从取得的效果来看，加大民生投入，提高城乡居民的收入，不仅能够直接拉动投资、促进消费，而且通过“让利于民”“藏富于民”，能为进一步启动居民消费和民间投资打下基础，形成推动经济可持续发展的生机和活力。

①本部分数据来自国家发改委相关网页和信息资料。

民生建设有力推动了结构调整，改善社会环境，并促进社会管理体制改革的深化。金融危机对全球社会发展都造成了重大影响，2009 年 10 月美国失业率高达 10.2%，为 26 年来最高。尽管我国也出现了一些地区和行业面临较大困难，但没有出现大批企业倒闭、大量工人失业的现象，2010 年全年城镇新增就业 1102 万人，为全年目标 900 万人的 122%，城镇登记失业率控制在 4.3%。2009 年全年经济实现 8.7%的增长，不仅高于发达经济体，而且在“金砖四国”中居于首位。在国际金融危机冲击下，广东、浙江等东南沿海地区加工制造业受到较大影响，说明我国劳动力低成本优势已严重削弱，传统意义上的“人口红利”基本结束。为应对新的挑战，发展社会事业，加速培育“社会经济”，即加速能够积聚人力资本的教育、卫生、文化等领域的发展，为经济发展转向依靠劳动者素质提高和自主创新、管理创新提供强有力的人力资源保障，通过人力资本提升积极培育战略性新兴产业，增强服务创造价值和创新驱动能力。加速低能耗、无污染的社会事业及其产业发展，积极扩大社会服务消费，扩大其对经济增长的贡献份额，从而起到有效调整产业结构和需求结构的作用。通过改善民生，建立健全社会保障体系，可以为人们实现自身有效需求提供保障。如医疗、养老保障体系建立，使人们少了后顾之忧，能够放心大胆地消费。注重运用改革的办法调动各方面的积极性，增强发展的动力与活力。2009 年3 月份，我国全面启动医药卫生体制改革，这项改革既注重完善体制机制，又注重加强医疗卫生设施建设，有利于以改革促发展、保民生。在 3 年内，各级政府新增投入 8500 亿元，其中中央财政投入 3318 亿元。

二、“十二五”时期社会服务发展战略思路

（一）把扩大社会服务消费作为消费升级和扩大内需的战略途径

发展社会服务产业，既能实现经济的持续快速增长，又能符合服务消费的发展规律，推进服务消费的战略性发展。当前出台服务消费的相关政策时，一定要充分考虑到居民的消费愿望和消费能力，既不能超前，也不能滞后；另一方面要充分考虑到资源的承载能力和利用效率，不能饮鸩止渴，以环境污染、生态破坏和资源浪费为代价来换取短缺的服务消费增长。同时，应从服务专业人才的培养、服务业相应的法律法规的建立、城镇化为服务业发展预留相应的空间、政府与金融部门对居民服务业的支持、放宽国内市场准入的限制等方面着手，完善有关法律法规，促进服务消费规范健康持续发展。

（二）把发展社会服务业作为转变经济发展方式的重要内容

要高度重视现阶段服务消费对我国经济社会发展的作用。一是服务消费领域的发展，有利于促进我国产业结构调整，促进就业。当前，促进服务消费快速发展，不仅对扩大居民消费起到重要推动作用，而且还有利于促进就业、优化三次产业结构，有利于缓解经济发展的能源和资源的瓶颈制约。二是正确认识服务消费对拉动内需的作用。在应对金融危机时期，面对我国实体经济受到全球经济危机显著冲击的严峻形势，保增长促发展成为政府工作的首要目标。随着我国居民收入进一步提高，服务性消费支出增长加速。通过大幅增加消费领域的产品和服务的供给，可以把城乡居民潜在的消费需求转化为现实的生产力，使服务性消费需求成为拉动内需的一个推动力。

（三）把社会服务业作为“十二五”时期社会事业发展的新思路

服务消费的发展和社会事业的发展是相辅相成的关系。改革开放以来，我国经济发展呈现持续增长态势，但是社会事业的发展速度明显滞后于经济发展，社会事业领域的基础设施建设薄弱，服务消费产品的供给严重不足。而随着我国经济实力的不断提高，社会事业的发展具备了较好的经济基础，通过把人们对服务消费的需求作为带动社会事业发展的契机，可以改善我国社会事业发展滞后的局面，促进我国社会事业的快速发展。

（四）把促进社会服务消费作为“十二五”时期深化体制改革的推动力

将服务业的发展和推进体制机制改革相结合，将教育、文化等服务消费领域的产业发展和事业单位改革相结合。由于服务业产生的巨大需求，为原有这些领域中的事业单位带来了较大的经营发展机遇。通过抓住机遇，可以化原来事业单位改革的障碍为推动其发展的动力。当前，特别是结合深化医药卫生体制改革、文化体制改革、国家中长期教育改革发展规划纲要实施，通过促进相关社会服务产业发展，为社会领域体制改革增强活力，为社会力量参与具有广阔市场需求的服务产业释放空间，可以有力推动若干重大体制改革的实施。

三、社会服务业发展原则及方向

随着国民经济的持续快速增长和人们生活水平的稳定提高，服务消费的地位和重要性也日益增强。但长期以来，社会发展严重滞后于经济发展，服务消费的供给能力不足、供给水平有限，服务消费的需求没有得到有效引导和开发，导致服务消费的整体发展相对落后。目前，在大多数商品都处于供过于求的情况下，服务消费仍然存在明显的供给不足，诸多居民急需的服务处于供不应求的局面。人们对发展服务消费的认识依然存在偏差，对服务业在促进第一、第二产业发展方面的重要作用认识不够，对发展服务消费在促进经济与社会协调发展方面的重要作用认识不够。同时，体制性制约，缺乏市场竞争，服务业社会化、专业化程度低，服务行业自身发展不够规范等因素制约了服务业的发展。当前，加快服务消费产业发展，应着力体现“六化”原则和方向：

1. 服务功能化

重视服务消费的功能性。产业层次的提高和制造业的高级化离不开社会服务业的引导，服务业的引导性越强，产业结构升级步伐就越快。特别是要重点增强社会服务业对提高国民经济整体素质和效率的引导能力。要引导城乡居民从实物消费更多转到提高人力资本积累的教育、医疗、文化、健身等服务消费上，以及增加养老、旅游等提高生活质量的消费，使经济发展更多依靠劳动力的素质提升上来，使产业和区域核心竞争力转到人才和创新竞争上来。要特别重视文化、医疗、旅游、养老等产业功能作用的发挥，培育成为一批重要的新兴产业甚至支柱产业。

2. 门槛公平化

当前，我国大城市中居民服务消费设施不足的情况还十分普遍，服务消费的供给不足。应该公平开放社会服务产业的市场准入，鼓励、支持和引导社会资本参与社会事业建设，提高社会服务产品的供给水平、质量和效率，引导潜在需求巨大并面向市场需求的职业技能培训、医疗健身、文化娱乐、社区服务、老龄照料、旅游休闲等社会服务业加快发展。

3. 经营市场化

提高经营效率，加快服务领域的体制机制改革。加快推进管办分离改革，使服务消费的提供尽可能通过市场化方式解决。对于服务消费中具有产业属性的领域，如职业培训、文化娱乐、医疗健身等，要与文化、教育、医疗领域的体制改革相结合，通过经营市场化促进服务业发展。

4. 发展规范化

要规范发展服务业，促进服务企业的组织形式规范化。积极培育规模型企业，促进服务企业规模经营、品牌经营和连锁经营。社会服务业尚处于起步和逐步壮大的过程中，很多规范尚未建立起来，很多服务标准和服务监管都还跟不上市场发展需求，很多不规范的行为或纠纷制约了行业发展，使城乡居民有愿望但不敢消费，如养老、护理、家政等诸多领域，都有一个行业规范化的过程。

5. 服务专业化

政府部门应对服务消费领域的服务制定标准，提高服务水平。对从事服务业的人员进行专门培训，设立从业资质标准，提高人员的专业化水平。采用现代化的技术手段，实施管理标准化。未来的社会服务，一定是专业化的服务，是以质量取胜的品牌服务。

6. 消费多元化

居民服务消费既有基本需要层面的，更有发展需要层面和享受需要层面的。这些内容在发展顺序上有先有后，在重要性上有强有弱，在经济成本上有高有低，不同年龄、不同收入水平、不同爱好的消费者在具体消费时对其有所侧重。要以满足居民基本服务消费需求为基础、以扩大中等收入群体的服务消费为主体、以适度发展高端服务消费为补充，形成服务消费多元化格局。

四、社会服务业发展战略选择

（一）需求转型战略

当前和今后发展社会服务业，必须明确是在市场经济的大背景下发展，不能脱离这一客观条件。市场经济的根本规律是需求决定下的总供给与总需求平衡规律，背离社会需求去发展社会服务业不具有可持续性。从长期来看，供给对经济发展的制约力较大，但从短期来看，扩大需求，尤其是扩大内需仍是我国经济发展的关键。因此，社会服务业的发展要实行需求转型战略。一方面，密切关注需求总量和需求结构的变化，建立根据需求进行供给的决策机制；另一方面，坚持服务创新，创造新的需求，引导需求转型。例如在医疗服务上，建立更加方便高效的预约挂号服务方式，在全社会逐步普遍建立家庭医生服务制度，使服务从被动转为主动为需方服务。

（二）结构调整战略

社会服务产业发展要向提高质量、提高效益转变，向优化产业布局转变。当前，我国正处于城市化快速发展时期和居民消费升级时期，特别是城市化带来人口结构变化迅速，原来的很多社会服务设施布局、服务内容及层次都在发生明显变化，原来主要依靠事业单位提供服务的体制格局也在文化等诸多领域发生深刻变革，同时新技术手段和现代管理又为积极培育社会服务产业新型业态提供可能，推动社会服务产业结构调整和升级将是一个长期的过程。积极培育市场主体，推进产权主体多元化，推动跨地区、跨行业联合或重组，重点培育发展一批实力雄厚、具有较强竞争力和影响力的大型社会服务企业和企业集团。积极扶持中小型社会服务企业发展，为其发展提供必要的资金支持。设立社会服务产业发展基金，实行市场化运作，推动资源重组和结构调整。着力改善社会服务产业消费环境，从政策引导、公共服务体系建设等方面改善公众消费预期。

（三）公私并举战略

公立服务与私立服务发展并举。公立服务着重发展基本社会服务，私立服务着重发展适应市场需求的优质服务。公私并举战略主要解决规模扩展和错位发展问题，使社会服务的总供给能够迅速上去，有效提高社会服务业的供给能力。厘清政府的公共服务职能和社会服务产业经营职能，从制度上保障平等准入、公平竞争的市场环境。政府要制定完善金融信贷、收费价格、税收以及财政性资金投入、土地等经济政策，鼓励各种所有制形式举办社会服务产业。同时，全面开放经营性社会服务市场，适当降低准入门槛，严格政府监管，确保服务质量。向外资开放的领域都要向内资开放。鼓励和引导各类社会资本以独资、合资、合作多种形式参与社会服务产业，简化各类行政审批，清理和修订与发展环境不相适应的相关政策法规。

政府主导社会基本公共服务供给，要充分考虑我国社会体制改革相对滞后现状，社会服务业发展需要充分发挥政府政策的引导作用。一是要改革政府包办的公共服务供给模式。积极运用政府购买、特许经营、投资补助、贷款贴息等多种方式，形成多元化的政府公共服务供给模式。鼓励和吸引社会投资主体举办公共服务，推动公共服务投资主体多元化。拓宽社会事业发展融资渠道，畅通社会资金进入公共服务领域的通道。推动公共服务建设和运营市场化，由社会专业化组织负责公共服务的建设、管理和运营。探索通过基金等引导竞争性的社会服务产业发展。二是深化事业单位改革。按照公益性程度及营利性和非营利性特征，划分社会事业机构类型，实行不同的管理和运行模式。深化社会事业单位内部改革，探索建立新型的社会事业单位法人治理结构和产权制度，提高运行效率。

（四）现代治理战略

借鉴吸收现代管理体制和先进企业组织运行机制，创新社会服务产业的管理和运行机制。探索通过实施品牌化经营战略，如教育集团、医院集团、文化演艺集团等，提高社会服务产业的管理现代化水平。建立社会服务机构的现代治理架构，形成以理事会为基础的现代事业法人治理机制，赋予学校、医院、研究机构等独立的事业法人地位。促进社会单位内部治理结构转变，推进董事会治理结构。鼓励专家和社会名流担任独立董事。大力推进董事会治理模式，聘请各界资深专家和社会名流担任独立董事。

（五）创新发展战略

现代科学技术新成果的运用提供了更强大的优化资源配置和提高服务效率的技术手段。充分运用现代民生科技的先进技术成果支撑社会服务业升级发展。如网络，使医疗服务更加便捷，使远程教育和终身学习更加具有可能，使旅游信息系统更加发达，使社会服务基础设施资源利用更加高效。技术支撑将使社会服务更加便利、更加人性化，科技创造新生活，科技助推新业态。

创新发展不仅体现在技术上，还体现在标准化发展上。制定实施社会服务业的基本行业标准或国家标准，包括准入标准、服务标准、质量标准等，在大力放开的基础上，实施严格的标准化监管。建立健全社会服务动态监测制度体系，建立、修正相关的法律，为改革后的“授权型”和“独立型”公共服务提供机构以及非营利组织制定运作和监管规则。消除社会服务监管规则的准入歧视，创造公开、公平、公正和透明的监管环境，鼓励和支持私人机构提供社会服务。探索建立独立的社会服务评估机制，特别重要的是，在现代监管体系的建设过程中，专业化的行业监管机构处于中心地位。提高社会服务监管手段的效力。

第八章　推进社会服务业发展的改革创新

一、推进社会服务业发展关键在深化改革

2011年9月22日，中共中央政治局常委、国务院副总理李克强主持召开“十二五”服务业发展规划编制工作座谈会。李克强在讲话中强调，经济结构战略性调整是加快转变经济发展方式的主攻方向，发展服务业是调结构的重要突破口。要按照“十二五”规划主题主线的要求，开创服务业发展新局面，促进结构调整取得更大进展。“十二五”服务业规划既是发展的规划，也是改革的规划。推动服务业大发展，必须加快改革步伐，把政府引导和市场机制有机结合起来，充分发挥企业主体的作用。他还强调，要支持社会资本进入服务业领域，加强市场监管，促进公平竞争、高效发展。推进社会领域和事业单位改革，在政府切实履行好基本公共服务职责、保障基本需求的同时，把非基本服务的运行更多地交给市场调节。

早在2007年3月发布的《国务院关于加快发展服务业的若干意见》中，就提出“建立公开、平等、规范的服务业准入制度”,“凡是法律法规没有明令禁入的服务领域，都要向社会资本开放；凡是向外资开放的领域，都要向内资开放”。然而，近几年的实际状况并不尽如人意，服务业长期存在的“玻璃门”非但没有完全打破，在某些领域甚至还有“加厚”的迹象。

因此，排除传统惯性因素和某些既得利益势力的干扰，突破过度管制和垄断壁垒，打通制约服务业发展的制度瓶颈，为服务业发展营造良好的法治、政策和社会环境，可谓当务之急。特别是在当前“控通胀”与“保增长”的两难选择下，放宽服务业市场准入，鼓励社会资本投向服务业，既有助于疏导资金流向，化解流动性难题，也有助于激发市场活力，创造新的经济增长点。

二、加快社会发展方式与政府社会发展职能转变

经济发展和社会发展是相辅相成的，是协调配合的系统。转变经济发展方式就

是解决我国经济发展中的重大失衡问题，实际上是三个层面的战略调整：一是需求结构，二是供给结构，三是要素驱动结构。三大战略结构调整都与社会发展密切相关。需求结构调整有赖于激发教育、医疗保健、文化娱乐等公共服务消费，同时，基本公共服务制度的完善将为内费扩大提供基础保障；供给结构调整有赖于逐步放开服务业市场准入，大力发展社会服务产业；要素驱动结构调整有赖于教育、科技等社会事业加速培育和积累的人力资本，夯实创新驱动的制度基础。因此，社会发展将有力推动经济发展方式转变。

转变经济发展方式的同时也要转变社会发展方式。社会发展方式转变是指将社会事业发展与社会体制改革相结合，将增加投入与转变机制相结合，推动公共服务的政府单一供给向政府、市场、社会三元共担转变；公共服务的政府计划供给向规划引导和公众需求主导结合转变；政府管控式社会管理向以自律为基础、以法制为保障的多元治理结构转变。

长期以来，我国社会服务业相对滞后于经济发展，突出表现在以下几方面：一是经济高增长、快增长，社会慢发展、低发展。“十一五”期间，我国经济年均增长11.2%，财政收入年均增长21.5%。然而，城乡居民的幸福感却跟不上经济总量的快速增长，大多数居民认为自己买不起房、看不起病、上不起学，经济快速增长的成果还未均衡惠及全民。居民收入占国民收入的比重，劳动报酬占初次分配的比重不断下降，61%的职工认为普通劳动者收入偏低是最大的不公平。贫困边远地区社会事业发展更加落后，如贵州等西部贫困地区30%小学生营养不良，青海、云南、广西、宁夏四个省份12%的农村小学生发育比城市同龄孩子“晚熟”两年。社会慢发展、低发展态势与我国经济高发展的形势极不协调。二是物质产出丰富，人的发展长期被忽视，即所谓“见物不见人”。我国经济物质在不断创造多个世界第一，如汽车产销量、铁路客货运量运输密度、高铁营运里程和在建规模等。然而，人的发展，对人本身的投资却长期被忽视。我国每年约2.4亿多的农民工长年流动，未能及时享受到城市化发展成果，却可能成为新一轮城市排挤的对象，成为治理“城市病”简单的行政政策手段指向，使得以人为本的执政理念难以让百姓信服。从反映社会窗口的群体性事件来看，1993年共8709宗，2006年达9万宗，2010年达12万宗。可见，34万亿元的GDP经济盛宴并不能让社会矛盾得以缓和。三是经济建设成就突出，社会领域软实力提升严重滞后。“十一五”时期，我国经济总量的国际地位实现“三连跳”，2010年首次成为世界第二大经济体。与此同时，社会领域的软实力却相对落后。2009年，全国学前3年幼儿入园率仅为50.9%，农村学前1年幼儿园入园率还不到30%。国际图联设定一个国家公共图书馆的藏书应达到人均2册的标准，我国人均公共图书馆藏书仅有0.3册。体育人口数只占全国总人口的1/4。四是经济发展投入“三高”，社会发展投入“三低”。经济发展投入总量高、政府和社会投资热情高。“十一五”时期，全社会固定资产投资年均增长率25.5%，其中，民间固定资产投资额年均增长30.6%，大大高于同期GDP增长率。与此相对应的是，社会发展投入的总量不足。财政用于社保和就业的支出比重远小于国际平均水平的18%，2010年仅为9.97%。民间资本投资社会领域的增长缓慢甚至出现下降趋势。2009年社会办医疗机构是政府办医疗机构的4.1倍，但其诊疗人数仅占全国医疗机构总诊疗人数的2.7%。从2002年开始，社会捐赠教育办学经费总体上不断降低。

更加重视社会领域的改革开放，将社会发展方式融入市场经济体制，在缩小社会发展短板的同时，推动深度市场化；在推动政府转向竞争导向和公平导向的同时，提升政府社会发展职能。一是要促进发展战略协同。经济建设和社会建设落脚点都是人的全面发展。在新的发展阶段，避免“中等收入陷阱”，需要更加重视社会发展，将加强社会建设、推动社会转型发展提到与经济发展同等战略地位。促进国富向国强民富转变，以人的现代化和社会制度的现代化为重点，全面推进我国迈上更高水平的现代化。二是促进发展阶段协同。社会发展水平与经济发展阶段相适应，从生存型全面进入发展型社会发展阶段。促进经济总水平与社会总福利水平、财力总规模与民生支出总规模基本协调，财政用于民生等社会领域支出比重提高到50%左右。社会发展速度要与经济发展速度基本适应。提高在校大学生农村生源比例，扩展社会阶层上升通道。三是促进发展体制协同。社会体制改革不能仅将目标锁定在与市场经济体制相适应上，但也不能忽视与市场经济的融合。市场机制必然会渗透到社会领域，社会体制改革要与市场经济体制交融。未来30年的改革开放要更加重视社会体制改革，一方面是改革社会组织的官僚化和行政化体制，另一方面，重建国家和社会的信任关系，充分发挥自治、自律在调节社会运行中的基础性作用。

为此，要加快社会服务领域的政府职能转变。科学界定政府介入的范围和程度。强化政府推动社会服务业发展方面的服务职能和引导作用。理顺行业部门之间的职责关系，形成有利于社会服务业发展的部门协作机制。

三、建立现代事业制度与培育社会服务市场主体

大力推进社会服务领域的管办分开、政事分开，推进社会服务领域事业单位的

企业化、社会化进程，确定其市场主体身份，使之与其他社会服务企业平等参与市场竞争和资源配置过程。建立科学合理的招投标机制，增强社会服务市场资源配置的透明、公开。

按照政事分开、政府与市场中介组织分开、经营性与非经营性分开的原则，科学划分社会事业单位类型，并实行不同的支持政策和管理运营模式。尽快研究拟订全面推行事业单位分类改革方案和社会保障、国有资产管理、人事管理、收入分配等方面的配套政策。承担政府职能的事业单位明确转为政府部门。承担公益性社会服务的事业单位，实行国家财政全额拨款，积极鼓励公益类事业单位进行合并、重组和整合。经营性事业单位采取股份制改造、招标拍卖等方式，实施转企改制。

按照社会主义市场经济的要求，推进事业单位内部改革，形成富有活力和效率的管理运营机制。探索建立新型的法人治理结构。对于公益性和非营利性事业单位，实行理事会领导下的执行人日常负责的制度，建立科学的绩效评估制度，将绩效评估与财政拨款相挂钩。探索建立竞争性的劳动人事制度。全面实行管理者聘任制和全体职员竞争上岗、优胜劣汰的制度。探索建立有效的激励和约束制度。实行区别于政府部门的薪酬制度和奖励制度。建立符合社会事业单位特点的绩效考核制度，减少过于追求赢利和短期利益的不恰当激励。

四、实施富民取向的民生财税体制改革

“十二五”时期，在深化财税体制改革任务中，将加快社会事业等社会服务作为财税支出体制改革的重点加以考虑，国家基础设施建设和社会事业发展的重点转向农村，大幅度增加对中西部地区农村公益性建设项目的投入。对各级政府的支出责任进行科学合理的划分，要形成有法律法规保障的、相对稳定的基本财政支出结构制度安排。财政支出占 GDP 的比重保持在 21%以上，R&D 支出占 GDP 比重增加到 1.8% ~ 2%。公共财政用于民生的支出占 2/3 以上，其中用于教育、医疗卫生、社会保障、住房保障、公共文化的支出比重力争达到 50%以上。财政性教育经费的增长幅度明显高于财政经常性收入的增长幅度，逐步使财政性教育经费占 GDP 的比重达到 4%~4.3%。实现免费中等职业教育，具备条件的地区可以探索实行高中阶段义务教育。加大中央政府和高层级地方政府对社会保障的支出责任，实现基本养老保险基金全国统筹。大幅度增加对城镇廉租住房和农村住房改造的支持力度。积极探索纵向转移支付制度和横向转移支付制度相结合的机制，重点增加对限制开发和禁止

开发区域用于公共服务和生态环境补偿的财政转移支付。整合现行转移支付项目，打破现行税收返还、财力性转移支付与专项转移支付三分天下的格局，收缩标准支出的范围，在部分基本公共服务领域引入整额拨款，构建以专项转移支付为主的格局。建立中央对省、省对下两级转移支付为主，中央对特殊县为辅的新型转移支付体系。在限制和禁止开发区试行基本公共服务最低标准，为其执行国家政策提供足够的资金支持。研究制定鼓励消费的政策，通过政策调节，提高居民收入水平，营造良好的消费环境。扩大居民服务消费要与提高居民收入结合起来，实施城乡居民收入倍增计划，制定若干鼓励消费的政策措施。对于旅游、住房、汽车、教育等大额消费支出，可以通过抵税、补贴等方式，给予一定的政策支持，并将短期性的"绿通"政策变为常态化的"普通"政策。

五、完善鼓励民间投入社会服务业的体制机制

（一）放宽民间投入的体制机制

发展市场需求的社会服务，首先要在投入体制上进行转变，为民间投入社会服务创造更加宽松的体制环境。一方面需要推进政府投入与社会投入重心的转变，把更多市场能做的领域让给民间力量去做；另一方面要在增加投入的同时，积极推进投入方式的转变，充分发挥现代投融资手段的作用。当前，要着重把鼓励民间投入的政策与教育、医药卫生、文化和住房（特别是保障性住房）等重大体制改革有机对接。2010年5月，国务院发布《关于鼓励和引导民间投资健康发展的若干意见（国发〔2010〕13号）》，进一步拓宽了民间投资的领域和范围，并明确指出要为民间资本进入而积极推进医疗、教育等社会事业领域改革。将民办社会事业作为社会公共事业发展的重要补充，加快培育形成政府投入为主、民间投资为辅的公共服务体系。其中，将重点鼓励民间资本参与政策性住房建设。支持和引导民间资本投资建设经济适用住房、公共租赁住房等政策性住房，参与棚户区改造，享受相应的政策性住房建设政策。重点鼓励民间资本参与发展医疗事业。支持民间资本兴办各类医院、社区卫生服务机构、疗养院、门诊部、诊所、卫生所（室）等医疗机构，参与公立医院转制改组。支持民营医疗机构承担公共卫生服务、基本医疗服务和医疗保险定点服务。重点鼓励民间资本参与发展教育和社会培训事业。支持民间资本兴办高等学校、中小学校、幼儿园、职业教育等各类教育和社会培训机构。

（二）推进公共服务提供方式多元化改革

建立社会事业发展的社会参与机制，积极鼓励、支持和引导各类市场主体和社会组织参与社会事业发展，促进社会事业举办主体多元化、建设运营市场化和部分领域产业化。放宽市场准入，凡法律法规未禁止的社会事业领域，鼓励和引导各类社会资本以兼并、收购、参股、合作、租赁、承包等多种形式参与社会事业。探索运用BOT、特许经营、PPP（公私合营）、财政补贴、贷款贴息、税收优惠等措施鼓励社会力量举办营利和非营利公共服务。完善社会捐赠税收抵扣政策，鼓励个人和企业捐赠发展社会事业。对社会事业国有资产重组和置换，实行必要的税费减免和土地出让金返还，用于社会事业的重点项目建设。研究推进社会事业政府采购的办法措施，拓展社会力量举办社会事业的发展空间。鼓励组建跨省市的医疗服务集团、教育服务集团、文化产业集团等，允许非公有资本采用多种形式，参与基本医疗服务主体框架外的公立医疗机构的改制，兴办公益性或经营性医疗机构以及组建医疗投资公司、医院管理公司和医疗服务集团。

六、进一步扩大社会服务领域的对外开放

（一）社会领域是我国新时期改革开放的重点和亮点

我国前30年改革开放，主要是经济领域的改革开放。在新的时期，我国改革开放将一如既往向纵深推进，社会领域将是改革开放的重点和亮点。因此，要把社会领域的开放作为新30年改革开放的战略重点。逐步有序扩大社会发展领域对外开放，改善市场准入等对外开放条件，营造良好的外商投资环境，提高社会服务产业的竞争力。加大实施“走出去”战略的力度，增强国家软实力。培育在文化、旅游、体育和高级职业培训等社会服务产业领域的领军企业和服务品牌，创新“走出去”的形式和手段，积极参与国际合作和竞争。抓紧利用国际金融危机带来的人才流动机遇，加快引进高层次人才步伐。

（二）进一步明确和扩大社会服务开放领域

随着我国改革开放程度不断提升，我国经济社会发展的国际化程度日益扩大，社会发展和社会服务需求都将有更大的空间。社会服务业的开放，要从被动开放变为主动开放。我们在加入WTO之前，很多服务领域有限制和保护门槛，但随着按照国际惯例开放服务市场，社会服务业的国际资本、管理、技术和人才进入是发展的

需要，同时，更是国内居民发展的需要。当前，我国旅游业持续兴旺发展，国内市场难以满足需要，开放更多的国外旅游目的地市场就是顺应群众之需。我国在优质社会服务市场上一直供不应求，优质教育、优质医疗等资源短缺，且多为政府掌控的资源，放开发展一批优质私立机构是社会的需要。目前，由于国内难以有效满足优质学校教育需求，越来越多的中产以上社会阶层纷纷将子女送到海外接受教育，同时，国际人才和跨国企业也把目标选在了具有更好教育条件、医疗服务和文化消费的国家。促进社会服务业发展，要进一步明确并扩大社会服务开放领域。除法律法规禁止或涉及国家安全的领域外，都应鼓励国内外资本采取多种方式参与社会服务业发展。

（三）赋予发达地区和城市扩大社会服务领域改革开放先行先试政策

我国社会服务业以及社会事业的发展，要紧紧依靠深化改革、扩大开放，走内涵发展的道路，赋予发达城市和地区推进社会事业发展先行先试的改革政策，发挥各地综合配套改革先行先试的示范作用，解放思想，逐步消除妨碍社会事业发展的体制性障碍。除对内的体制转变外，要加快推进文化、教育、卫生和体育等社会事业领域的体制机制创新。加大发达地区社会事业对内对外开放力度，扩大社会资本进入法律法规未禁入的社会事业领域，全面提升整个区域的对外开放水平，在更广领域、更高层次上全面参与国际合作与竞争，争创改革开放的新优势。要进一步打破行政壁垒，发挥市场配置资源的基础性作用，不断完善社会发展区域协调和合作机制。在经济发达地区积极发展多元投资合作办学，鼓励高等教育机构跨省市合作和跨省市发展，支持非公有资本参与非义务教育阶段公办学校的改制和重组，鼓励非公有资本投资建立高水准的高校，大力发展非学历培训。如在深化粤港澳合作中，国家给予澳门特殊政策，在珠海横琴岛建设澳门大学新校区。在我国经济国际化程度最高的上海等地区，鼓励合作举办高端医疗服务机构。

（四）提高社会服务领域利用外资质量和水平

鼓励和允许国内外资本以独资、合资、合作、联营等方式进入发达地区的文化、教育、医疗、体育、旅游等服务领域，提高利用外资的质量和水平。鼓励参与改组国有服务企事业单位，促进多元办社会服务业的格局形成。选择部分地方试点建设高水平中外合作办学机构，高水平、综合性中外合作医疗机构等，积累经验，逐步扩大试点领域和范围。积极鼓励、支持和引导社会资本、非公有资本参与电影制作发行放映、建设改造影院和组建电影院线。

（五）推动一批有影响力和竞争力的社会服务业品牌向国际市场发展

以文化产业为例，开展文化领域对外开放的试点工作，培育一批文化产品和服务出口基地，扩大我国文化产品和服务在国际市场的份额。重点培育发展有实力、有竞争力和品牌影响的影视产业集团。我国的中医药有很深的文化底蕴，是培育海外市场的重要领域。我国对外汉语教育培训和对外中国文化交流也具有很大市场，在我国成为全球第二大经济体之后的若干年内，对外贸易和国际经济合作会更广泛开展，来华投资、创新、合作和旅游观光等海外人员会越来越多，对外汉语言培训就是蓬勃发展的领域。

第九章　我国社会服务业发展的战略重点

我国社会服务产业涉及旅游、文化创意、体育、养老服务等领域，受法律法规、经济社会发展水平、宏观政策、社会氛围等因素的影响，社会服务产业各领域的发展阶段有早有晚、发展速度有快有慢、发展水平有高有低，各领域不可能完全做到同步发展，因此需要全面推进、重点突破，统筹兼顾、协调推进。而且随着经济社会发展水平的逐步提高，社会服务产业的内涵和外延还将发生变化，发展方式不断创新，这要求社会服务产业发展既要立足当前，更要着眼长远，实现社会服务产业的战略发展。随着未来居民收入的提高，居民消费观念不断转变，服务消费需求将进一步增加。要大力发展面向民生的服务业，积极拓展新型服务领域，不断培育形成服务消费新的增长点。

一、旅游服务业发展战略重点

（一）完善旅游产业链，推动旅游业的产业化发展和转型升级

（1）创新旅游管理方式，改革现行的旅游行政管理体制。我国现行旅游管理体制最大的问题在于多头管理、政出多门、条块分割。党的十七大报告明确提出了加快行政管理体制改革，意在通过行政体制改革和政府模式的变革推动整个社会经济的良性运行和协调发展。从旅游业本身来看，如何把握契机，在加强政府主导的同时，不断创新旅游行政管理方式，形成科学有效的管理体制，就成为事关旅游业持续发展的重大问题。

（2）加强旅游区域协作，形成旅游发展合力。需要从国家和政府层面积极介入，根据各地旅游业发展的实际情况，有针对性地推动区域旅游合作的深入开展，促进区域旅游的协调发展。一是要建立区域旅游协商互动机制。由政府出面建立旅游合作日常协调组织，共同制定旅游合作规范，采取定期或不定期的方式，就旅游合作范围、方向、途径和形式进行较为深入的探讨，并根据现实中反映出的问题及时加以修正。在此基础上积极探索多级响应和快速反应的协调机制，保证旅游市场健康

有序地发展。二是要完善旅游公共信息服务，建立信息互通机制。加强旅游公共信息服务是促进旅游业产业升级的一个重要环节，各地政府和旅游主管部门通过互联网站建立信息传递和共享的平台，打通信息沟通渠道，这样就不仅加强了区域内和区域间政府部门及企业界的沟通交流，而且使得旅游者可以更加便利、全面、直接、快捷地获取旅游资讯。三是要建立市场互惠机制，不断稳固既有的旅游产业链。应积极鼓励和推动各地旅游部门和企业在着眼于打造整体旅游的前提下，打破市场障碍，联合营销，相互合作，共同开发旅游线路，设计开发独具地域特色的旅游产品。

(3) 打造产业集群，实现旅游业集群式发展。集群化成为促进旅游业发展的重要途径。加速我国旅游产业的集群化发展需要由政府部门加强引导，从宏观层面上对旅游产业集群的发展进行长远谋划，通过多种行之有效的方式整合旅游产业价值链，整合相关资源，形成集酒店、度假、娱乐、休闲、购物等为一体的旅游产业集群，优化旅游产业链条，从而减少内部竞争、促进信息流动、提高旅游企业生产率，在此基础上力促形成若干个在国际上具有较强竞争力的大型企业集团，进一步提升我国旅游产业的核心竞争力。

(二) 综合开发旅游资源，推动旅游业的精细化和品牌化发展

(1) 创新资源开发模式，综合开发旅游资源。新的资源开发模式应当是一种综合性的、整体意义上的开发，开发的主体日益多元化，从政府部门到企业单位，再到特定区域中的每一个人，开发形式也从过去的行政命令改为企业运作、全民参与，开发资源包括自然资源、人文资源和社会资源，即充分调动一切可以调动的力量为旅游产业的发展服务。

(2) 发挥区域优势，建设独具特色的区域旅游品牌。在创新资源开发模式的基础上，深入挖掘区域特色文化，努力塑造具有区域特色的旅游品牌。一方面，加快和加大旅游公共服务基础设施建设，不断提升旅游项目和旅游设施的水准，改善旅游服务质量，推出一系列有竞争力的旅游城市和景区品牌、饭店和旅行社品牌，打造一大批有鲜明特色、有市场吸引力的精品旅游线路。另一方面，大力加强品牌宣传的力度，推动品牌的广泛传播，采用多种途径和手段展开旅游营销，塑造鲜明独特、影响深远的强势旅游品牌。

(3) 调整旅游产品结构，创新旅游消费模式，推动旅游经济增长方式转变。以综合开发旅游资源、塑造旅游品牌为契机，调整旅游产品结构，着眼于建设生态文明、节约能源资源，创新旅游消费模式，推动旅游经济增长方式的转变，即旅游经

济发展方式由数量型增长向效益型增长转变，旅游方式由基础层面的观光型旅游向提高层面的参与型、休闲型、度假型旅游转变，加快旅游目的地体系建设。要从过去的以旅游管理部门为中心向以旅游消费者为中心转变，从以现有资源为中心向以满足消费者需要为中心转变，改变现阶段旅游产品偏重自然山水观光、旅游消费偏重旅行消费、旅游竞争偏重低级价格竞争等现状，提升旅游产品的文化内涵及科技含量，增加参与性、互动性强的旅游产品和旅游项目，增强旅游的购物、休闲、度假、商贸等功能，提高旅游业的综合经济效益，从而提高资源的使用率，实现旅游业的可持续发展。

（三）加快旅游业组织结构调整，深化旅游业现代企业制度建设

(1) 以国有大型旅游企业股份制改革为契机，加快国有旅游企业战略布局调整和改组，实现投资主体和产权多元化，完善法人治理结构。在市场机制不断完善的基础上，积极鼓励、支持和引导非公有制经济在旅游业中的发展，并为其健康发展创造良好的法治环境、政策环境和市场环境。

(2) 大力调整旅游企业组织结构，严格按照专业化、集团化、国际化、网络化标准对旅游企业进行组织整合。鼓励不同行业、不同所有制和境外的旅游企业参与到我国旅游的整合中来，鼓励优势企业进行低成本扩张，鼓励跨行业、跨所有制、跨地区的投资、联合、兼并，着力培育一批具有国际竞争力的企业集团，提高规模经营和集约经营水平，增强我国旅游产业核心竞争力。

(3) 积极鼓励旅游业自身探索新的产业组织形式，以适应日益变化的旅游消费的需要。其中旅客集散中心作为适应散客旅游需求快速增长的新的企业组织形式，能够较好地满足散客“吃、住、行、游、购、娱”等“一票通”的要求，值得在“十二五”期间在主要枢纽城市大力推广。

（四）扩大对外开放，推动旅游业的国际化发展

(1) 按照国际标准，加强我国旅游业的标准化、规范化管理。按照国际标准经营我国的旅游业，促进和加快我国旅游业现代企业制度的建立和进一步完善，从而进一步缩小我国旅游业与世界旅游发达国家的差距，同时根据国际旅游市场的不同需求及其发展变化，推出一系列适销对路的旅游产品。在不断扩大对外开放的过程中，我国的旅游企业可以更加积极主动地参加一系列国际旅游组织的活动，促进旅游对外交流与合作，进一步发挥旅游业在自由贸易区中的独特作用。

(2) 放宽市场准入，吸引更多的境外企业参与我国旅游经营。扩大对外开放，需要变革传统的“肥水不流外人田”的迂腐思想，改革不合理的政策和条例，积极鼓励更多的国外企业特别是国际知名旅游企业集团参与到我国旅游业的经营中来。这样可以加强与主要客源国的旅行社集团和饭店管理集团的联系与合作，引导他们帮助我国开发和整合资源、开拓市场，还可以积极引进旅游发达国家和地区先进的管理经验、经营机制和服务模式，推动我国旅游业管理水平和服务质量的不断提高。

(3) 统筹考虑入出境旅游，发挥旅游业对于平衡国际收支的作用。以三大市场协调发展为基础，统筹出入境旅游，转变片面发展入境旅游的观念和思想。这样既可以发挥旅游业对平衡国际收支的作用，同时又能为我国旅游业发展塑造良好的外部环境，从而有助于我们积极开展双边或多边旅游国际合作，积极开展与国际旅游组织的合作，与世界旅游组织等国际旅游机构建立了良好的工作关系，有利于我国旅游业不断融入到全球旅游业发展之中，拓展了国际活动空间。

(五) 坚持统筹协调，改善城乡旅游市场环境

(1) 坚持以人为本，推动旅游业良性发展。以旅游业为视角，以人为本就是以旅游消费者为本，最大限度地满足广大人民群众的旅游需求，着力解决长期困扰旅游市场健康发展的一些深层次问题，维护旅游者合法权益，不断推动旅游业的良性发展。当前尤其需要加快建设和不断完善旅游公共服务体系，推进旅游法规建设，建立旅游安全、保险、紧急救援、信息服务等公共服务机制，推动文明旅游，努力为旅游业发展营造良好的环境。

(2) 统筹城乡旅游发展，推进城乡经济社会一体化格局的形成。从目前及今后较长的一段时间看，统筹城乡旅游发展的一个重要工作是大力发展乡村旅游。我国约 70%的旅游资源在农村、山区和少数民族地区，因此潜力最大的旅游市场在农村，潜力最大的旅游需求在乡村旅游。乡村旅游发展的好坏在一定程度上决定了我国的旅游产业结构是否合理，旅游消费体系是否完善，旅游消费市场的发展是否健康。现阶段需要重视和推动乡村旅游、红色旅游、生态旅游的发展，通过统筹规划、改善环境，规范标准、集约经营，加强培训、改进服务等多种措施，推动乡村旅游提质增效，丰富完善乡村旅游产品，做大做强乡村旅游市场，进一步扩大城乡旅游交流，把乡村旅游培育成为旅游消费的增长点。

(3) 发挥旅游业在文化发展和繁荣中的作用。旅游消费是一种精神消费和文化消费，文化是旅游的灵魂，旅游产品品质的提升依赖于旅游产品文化含量的不断提

高，要积极挖掘文化旅游资源，探索将文化因素渗透到旅游中的新渠道、新途径，培育旅游与文化紧密结合的新业态，既注重推动传统文化通过旅游业焕发生机，又能够促使新兴文化通过旅游业实现更大、更健康的发展。

（六）加快旅游立法建设，推动旅游法制化建设

(1) 树立正确的旅游立法基本原则和指导思想，促进旅游产业的健康稳定、可持续发展。旅游立法工作要始终坚持贯彻科学发展观，坚持宪政原则、法治原则、民主原则、科学原则等普遍原则，更要按经济法的本质和基本原则进行立法。旅游立法工作既要解决赋予相关行政管理部门相应的职权，保证政府对旅游经济有效管理的问题，又要能够控制政府有关部门的权力，防止对旅游市场的过度干预。要着重解决市场主体的个体营利性和社会公益性的矛盾，要明确旅游者、旅游经营者、旅游管理者之间的权利义务关系，以解决诸如旅游资源开发与保护，旅游投诉涉及多部门责任划分、联动处置等边际性、交叉性老大难问题。

(2) 整合旅游法规和规章，尽快制定旅游产业基本法。就立法工作本身的要求看，我国制定旅游基本法的条件已基本成熟，宪法、民法等一系列法律为旅游立法提供了重要的立法法源基础，同时旅游业的既有相关法律提供了丰富的法规类法源基础。因此应尽快整合上述法源基础，从中分析出与旅游业密切相关的法律法规，并根据相应的立法精神，制定出能够切实反映旅游业现状、规范和指导旅游业发展的旅游基本法。

(3) 明确执法主体法律地位，加强旅游执法队伍建设。第一，旅游执法是贯彻落实相关法律条款、加强旅游市场管理的重要环节。加强旅游执法工作，必须坚持民主原则和“三公”原则，严格按照相关实体法和程序法的要求执行，做到客观、科学、合理、正当和透明，防止行政自由裁量权被不正当地滥用，以权谋私，曲判枉法。第二，旅游执法关键在队伍建设。切实改变专业旅游执法队伍人员少、经费缺乏、执法办案质量不高的状况，由财政核拨人头经费、办公经费、办案经费，从人力、物力、财力上予以必要保障，切实保障旅游质量监督执法正常运行。在此基础上逐步实现全国县以上旅游热点地区旅游质量监督执法网络化，把旅游市场管理纳入规范化、法制化管理的轨道。

（七）完善旅游人才培养体系，建设高素质旅游从业人员队伍

(1) 多方重视，共同合作。在旅游人才培养的过程中，旅游行政部门、旅游行

业协会、旅游院校和旅游企业等应多方联动，优势互补，共同合作。政府要继续发挥主导作用，除了在政策及资金等方面给予旅游教育必要的支持外，还应为人力资源建设提供指导性意见、政策和制度的保障。行业协会应充分发挥桥梁和纽带作用，加强服务、协调、监管，统筹旅游教育及研究活动，大力开展培训及资格认证工作。旅游企业与高校加强校企合作，在人才提供、课题研究、学生实习和培育师资等方面互利互惠。就旅游高等学校本身而言，应在专业设置、课程设置方面做出积极调整，完善与旅游业发展相适应的旅游高等教育体系，重视师生的实践经历和工作经验、加强与企业的合作。

（2）建立和完善多层次的培训体系。开展多种形式的教育培训，建立和完善旅游人才多层次培训体系。可以采取行业协会、旅游企业独立操作，也可以采取行业协会、旅游企业及高等院校多方合作的形式，采取从业资格考试、岗前培训、挂职锻炼和在职进修等手段，加强对旅游从业人员的培训，从而形成一个全方位、多形式、交叉式的培训网络结构。

（3）积极开展旅游教育国际合作，重视国际化人才培养。积极开展和加强国际合作，以合作办学、联合培养、教师互访、学术交流等方式，尽快实现教育理念和人才培养质量与国际接轨。引进国际组织教育培训机构先进的管理、培训理念，高素质的师资以及一流的课程体系、教材、教学方法，加快国际化人才的培养步伐。

二、文化服务业发展的战略重点

（一）坚持需求导向，准确把握群众文化生活的新要求新期待

文化需要人民，人民需要文化。人民群众是文化的载体，文化只有被大众接受、认同并成为全社会行动的价值取向和道德准则，才能成为整合社会的力量。人民群众是文化传承的主体，文化只有被大众自觉接受，才能转化为凝聚人心、稳定社会的精神力量。在文化转型期，随着人们自主意识和参与意识的提高，文化事业的发展壮大更具有了强大的生命力，也使文化转型发展成为必然。因此，文化转型发展的各项内容都要坚持人民群众的需求导向。

1. 围绕人民群众的需求来发展文化产业，使文化发展成果惠及全体人民

要让文化走出象牙塔、走出文人的小圈子，走向人民大众，走向普通百姓，努力使文化发展成果惠及全体人民。要贴近实际、贴近生活、贴近群众，文化服务内容要让人民群众满意，文化产品的创造要从人民群众的伟大实践中汲取思想营养和

艺术灵感。基本公共文化服务体系既要深刻反映现实生活，又要弘扬社会主义核心价值，体现中华民族优秀传统。无论是文化事业单位还是文化企业，都要面向市场、面向群众。公益性事业单位也要具有市场意识、尊重市场规律，其产品和服务也必须符合群众的需要、经受群众的评判。

2. 准确把握人民群众精神文化生活的新要求新期待

随着我国经济社会的转型发展和小康社会的到来，人民群众物质文化生活的要求进一步提高，同时，人们思想意识形态开始分化，迫切需要丰富的精神文化。物质生活的改善，不仅给人们参与文化活动提供了必要的经济条件，也激发起新的文化需求，工作节奏的加快也需要文化娱乐来调节身心，信息网络的快速发展也为人们享受和接触新文化提供了条件。准确把握人们对文化生活的新要求新期待要靠完善群众需求表达的渠道，要合理运用新科技建立并创新常态化的文化意愿和信息反馈机制。

（二）正确处理规模与质量的关系，提高文化领域投资效率

从发展方式看，文化软实力体现为文化发展的规模速度与结构质量的统一。规模速度关系文化发展的基本实力和当前影响力，而结构质量关系文化发展的竞争水平和长远发展。加快文化事业转型发展，必须立足当前，着眼长远，着重处理好规模速度与结构质量的关系，努力推动文化建设全面协调可持续发展。

1. 继续大力推进文化快速发展的同时，努力提高文化发展的质量，推动文化事业内涵式发展

我国文化消费市场供需矛盾十分突出，我国居民的实际文化消费还不到同等发展水平国家的 1/4，大大低于国际平均水平，文化产业发展存在“战略性短缺”。按照国际标准计算，在人均 GDP 超过 3000 美元时，我国文化消费支出总量应该达到 40000 亿元以上，而目前统计只有 8000 亿元，供需之间存在上万亿元以上的缺口①。因此，文化发展首先要保持一定的规模速度，来满足人民群众的文化期望和要求，缩小与发达国家的文化发展水平差距。与此同时，片面强调发展规模速度，走“粗放型”发展道路是不行的。从立足文化的长远发展和后劲、推动文化建设走科学发展道路来讲，必须坚持以结构调整为主线，努力在文化发展的质量上下工夫。要推动文化改革创新，大力调整和改善文化产业结构、文化产品结构、文化区域发展结

①文化部：《“十二五”文化发展规划初步思路》，指出结构性缺口即为 1 万亿元。

构和文化建设投资主体结构等，充分激活一切文化生产要素，构建现代文化产业体系。

2. 通过科学合理的规划、创新公共文化服务供给机制，提高文化事业投资效率

政府在公共文化供给上要发挥主导作用，提高文化事业投资的效率。需要提高文化事业发展规划的科学性，适应城市化发展、人口和产业布局变动的趋势，坚持适度规模集中原则，合理配置和布局文化设施。加强对公共文化服务体系建设项目的前期论证和后期评价，提高文化事业经费使用效益。在加大对公共文化服务投入的同时，必须认识公共文化物品和服务生产与供给的可分割性。国外经验表明，政府公共财政对公共文化只能进行有限度的投入，政府的责任应该是引导更多的企业和社会公众对公共文化进行投资。通过服务的市场化、资金的社会化，达到公共文化服务的良性运转，为社会提供高质量的公共文化服务。在一些农村乡镇，由政府引导建立包括企业、社会团体和个人自愿参加的农村乡镇文化发展基金会来筹集资金是很好的形式。但社会筹集资金不能代替政府对农村公共文化投资的主体责任。

（三）深化文化体制改革，融合现代科技做大做强文化产业

文化产业发展的动力是改革和科技，深化文化体制改革，是促进文化产业加快发展的前提和基础，科技与文化的结合会给旧的话语体系带来“地震”。2010 年 2 月 3 日，胡锦涛总书记就加快转变经济发展方式提出了八个方面的意见，“加快发展文化产业”就是其中的一个重要方面，这充分说明文化产业在我国国民经济中的重要地位。

1. 继续深化文化体制改革，形成了多种所有制文化企业平等竞争的格局

摆脱将转企改制简单片面地理解为甩包袱、推责任的错误认识，在推动经营性文化事业单位转企改制改革的关键环节上取得突破。按照国务院对经济体制改革的总体部署，2010 年要加快国有文艺院团体制改革，推进非时政类报刊改革，制定出台公益性新闻出版单位改革意见，基本完成中央各部门各单位经营性出版社转制任务。要进一步深化事业单位改革，建立文化投入的制度性保障体系，创新公共文化服务手段和方式，提高公共文化服务水平。继续推进文化市场综合行政执法改革。

2. 鼓励科学技术与文化资源结合，充分发挥信息、数字和网络技术对文化产业发展的引领作用

文化产业易与新技术对接，具有较强的创新应变能力，具有典型的供给创造需求的特征。公共文化事业也要充分利用新型科技，扩大服务半径。公共文化资源要

允许并鼓励他人分享、使用并且不介意被别人再利用。图书馆、博物馆以及公共文化艺术演出机构要建立并完善免费网站和网络路径。对现有的设施进行信息形式的宣传，并灵活运用网络手段将观众和文化设施进行联动，例如，让来访者可以自由调用网站上的数字内容并且提供分享他们自己的文化作品。打通文化产业的数字通道，鼓励文化产业与信息技术、网络技术、数字技术对接，创新文化产品和服务，加强原创性作品创作。打造文化产业新型业态，形成具有核心竞争力的知名品牌，以适应城乡居民消费结构的新变化和审美、娱乐、休闲的新需求，使产业发展出旺盛的生命力和创造力。

3. 大力推动文化产业发展，推动国家经济社会发展

截至2007年年底，我国人均国内生产总值已超过3000美元，按发达国家的文化消费支出，我国文化产业增加值应在4万亿元，可当年增加值才近7000亿元，由此可以看到，我们的文化市场需求空间还很大。根据美国、英国、芬兰、丹麦、澳大利亚等国开展的有关版权相关产业对国民经济贡献率的调查显示，版权相关产业的发展速度远远高出其他产业的发展，其版权产业的增长率几乎是其他国民经济产业部门增长率的一倍左右。美国文化产业占GDP比重在20%以上，是仅次于军工的第二大产业。日本文化娱乐业收入超过汽车和钢铁产业收入的总和。韩国在亚洲金融危机后，迅速转变发展方式，确立了文化立国战略，以动漫影视为主的文化产业异军突起。纽约、伦敦、东京等世界许多城市都把发展文化产业作为产业转型的重要突破口。文化产业的产业链较长，对其他行业产生的影响较大，对国家经济的推动作用较强。韩国文化产业振兴院2004年公布了韩国文化产业的影响力系数，其值为1.13，明显高于制造业（1.06）和服务业（0.90），表明文化产业对其他产业有很强的关联带动作用。据估算，到2010年，我国文化产业占国民经济的比重达到3%，“十二五”将达到5%，将成为调整产业结构和转变发展方式的重要力量。要制定文化产业发展专项规划，提升文化产业的战略层次，推进文化产业实现新跨越。建立和完善文化产业法律法规。培育壮大骨干企业，统筹规划，加快建设一批产业示范基地，发展各具特色的地方文化产业群。加大政府投入和税收、金融等政策支持，积极发展移动多媒体广播电视、网络广播影视、手机广播电视等新兴文化业态，推动文化产业升级。

（四）以结构调整为主线，加快文化产业发展转型

文化产业振兴规划在基本原则中提出了“以结构调整为主线，着力提高文化产

业发展质量和水平”，这是一条非常重要的原则。

(1) 调整产品结构。目前我国文化产业基本完成产品的市场化过程，今后的发展依赖于在市场机制作用下形成合理的产品结构。如何有效地优化文化产品结构，以便既满足人民群众不断增长的消费需求，也满足国民经济结构调整新出现的生产需求，成为摆在我们面前的重要任务。

(2) 调整企业组织结构。今后几年对于我国文化产业来说，既是大企业盘活存量、重新洗牌的机遇期，也是个人创业、建立中小企业的最佳时期。但文化市场开放度不够，还有许多不利于企业发展的障碍。

(3) 调整所有制结构。目前的主要问题还是国家没有从文化产业竞争性领域退出，民营资本准入限制过多，多种所有制共同发展的合理格局远未形成，极大地制约了我国文化产业现实潜力的充分发挥。

(4) 调整技术结构。我国文化产业在不同地区、城乡之间发展很不平衡，不是所有地方都适合发展高技术装备的文化产业类型，那些产自乡村或不发达地区的，创意设计投入很高，富含民族文化符号，劳动密集程度高但同样以知识产权为基础的工艺类产品，已经具有相当大的出口规模。应该建立一个合乎我国经济、社会发展现实要求的、多层次的文化产业技术结构。

(5) 调整区域布局结构。由于文化生产单位对行政主管部门还有较大的依赖性，在地方政府“攀比”作用下，出现了在经济建设领域常见的“投资饥渴症”，甚至在一些地方导致显而易见的重复建设，浪费了宝贵的经济文化资源。

(6) 以改革的全面深化来推动文化产业发展模式转型，为我国文化产业的可持续发展奠定稳定的制度基础和形成完善的政策保障。

要完成三个方面的任务：第一，明确改革目标，围绕公民文化权利构建基本文化制度，形成文化体制改革的基础。第二，调整改革重点，转变政府职能，充分发挥市场资源配置的基础性作用。第三，梳理产业政策，完善政策衔接，充分利用国民经济结构调整的战略机遇期。

(五) 提升国家软实力，以文化“走出去”形成发展新动力

文化服务的规模、质量和水平成为国家或地区吸引力的重要因素。在当前国际经济政治文化发展的大背景下，提高国家软实力，归根到底有利于增强国家的硬实力。提升国家形象的国际亲和力、提高国家文化影响力要求提高文化对外开放的深度和广度。

要正确处理继承传统与对外开放的关系。一个国家的文化软实力体现为传统文化与文化开放的统一。传统文化是构建文化软实力的必要条件和内源，国外文化则是构建文化软实力的重要条件和外源。当今世界，经济全球化深入发展，文化交流日益加深，处理好继承发扬优秀传统文化与加强对外文化开放交流的关系，对于提高国家文化软实力，具有非常重要的意义。

在新的历史时期，提高我国文化软实力，一个首要前提和基础，就是要立足我国基本国情，大力继承和弘扬中国优秀传统文化，滋润孕育符合时代精神和时代潮流的新文化，注重文化产品和文化资本输出，采取多种措施精心铸造国际文化市场的“中国品牌”。这是提高我国文化软实力的思想文化内源，是中华文化自立于世界文化之林的立身之本。同时，提高我国文化软实力，还要放眼世界，博采众长，兼收并蓄，善于从外来文化中汲取营养。要充分利用日益拓宽的国际文化交流平台，积极研究借鉴国外一切于我有利的文化成果和有益经验，推动中华文化与世界各国文化相互融合，彰显我国文化软实力的世界性价值。

三、体育服务业发展的战略重点

(一) 以需求为导向，从荣誉体育向生活体育转变

体育是国家荣誉的重要载体。我国自20世纪50年代开始的体育事业肩负着“强国强种”的政治使命，对体育的投入与产出都以实现国家的政治使命和目标为第一原则。虽在1952年也提出“普及与提高相结合”，但由于中国人力、财力、物力等资源所限，采取的是偏向于竞技体育发展的战略。随着人们生活水平的提高，在总量上人们对体育的需求显著提高，在结构上出现体育需求的多样化、分层化，人们不仅仅满足于观赏性体育需求，而是要自主地参与体育活动，体验体育运动的快乐。在这种情况下，原有的体育供给能力难以满足需求的快速增长，不能满足日益增长的多样化、个性化需求，有效供给能力严重滞后。

从参与型需求来看，过去对体育被动的、单一性的需求已被主动的多元化需求所代替，人们不再满足类似工间操、广播操这样简单的体育供给，转而追求符合自身条件和消费水平的健身、娱乐、休闲、探险类的体育需求，各类新型运动休闲娱乐项目方兴未艾。从观赏性需求看，人们从依靠在电视上收看四年一届的奥运会和亚运会，观看的对象以本国运动员为主，发展到现在不仅观看奥运会、亚运会和各单项的世界锦标赛，而且观看NBA、欧洲五大联赛、大师杯网球赛、世界拳王争霸

赛以及国内的四大职业联赛等。

我国可能是全世界举办各类比赛最多的国家，全运会、城运会、省运会、市运会，足球联赛、篮球联赛、排球联赛……但却没有哪一项体育赛事能够与娱乐大众相结合、发挥社会效应。目前，中国的体育赛事产业的发展水平仍十分落后，现行的供给方式和供给品很难有效满足人们的体育需求，加快推动中国体育从‘争光体育’向‘生活方式体育’转变，由“政绩体育”转向民生体育，满足人们发展的体育需求已经成为转型的重要内容。

(二) 转变体育供给结构，从竞技体育向群众体育转变

群众体育体现着一个国家体育发展的程度，可以为竞技体育的发展创造良好的社会环境，为竞技体育的发展提供为数众多的爱好者和支持者、设备、人才资源等，是竞技体育发展的基础和保障。在我国，体育人口由两部分人组成：一部分称为“当然体育人口”，包括武装力量人员、在校学生和从事体育工作的专业人员；另一部分称为“或然体育人口”，就是指 70 岁以下的成年人中经常参加体育活动的人。目前全国经常参加体育锻炼的人数达到 3.4 亿，占总人口的 28.2%，扣除当然体育人口，仅为 8.3%，这反映出我国群众体育的参与水平。

在对我国城乡居民体育活动点的调查中，当前面临的主要困难仍是经费匮乏、场地拥挤和器材缺少，分别占 27.0%、21.9%和 17.6%。调查发现，对今后群体工作要求和愿望依次为：要求建立配套的体育场所，占 26.8%；加大对体育知识的宣传力度，占 16.9%；希望能有专人指导体育锻炼，占 16.3%；希望建立健全群体法规政策，占 15.2%；希望进一步开放体育场馆，占 13.8%。对体育场所和场馆的需求将成为群众参加体育活动首先需要解决的物质性问题，占到总数的 40.6%。这说明社会所能提供的体育资源相对不足。在长期坚持锻炼的人群中，选择场馆健身的人只有 28%，大多数人（72%）健身的场地是在马路边、广场、公园或公共健身场所。这与居民离体育场馆的距离和消费水平都有很大关系。

奥林匹克的一个重要宗旨，就是以体育育人，全面发展人的素质。开展群众体育活动，提高全民健康素质是体育工作的根本任务。要坚持以增强人民体质，提高全民族身体素质和生活质量为目标，高度重视并充分发挥体育在促进人的全面发展、促进经济社会发展中的重要作用。

我国自新中国成立初开始实施的竞技体育优先发展战略，大大提升了竞技体育的实力。当前，需要转变供给结构，从注重竞技体育向群众体育转变。竞技体育应

该从依靠国家投资转向依靠市场和社会投资，国家则应该加大群众体育的供给，加大对群众体育基础设施和软环境的建设，使体育回归普通大众，促进人的全面发展。

（三）转变投入方式，从数量投入向质量投入转变

在体育事业的投入上，如何保证投入的产出效益，涉及体育能否科学发展的问题。当前，我国体育事业的投入以国家财政投入为主，1978~2008 年各级财政对全国体育系统共投入资金 1842. 4 亿元，其中中央投入 295.2 亿元，地方政府投入1547.2 亿元。自 1995 年以来，体育事业的投入更是达到 18.71%的平均增长速度。从投入主体来看，政府投资仍是主体，社会投资自 1993 年才开始投入，并且成逐年上升趋势；但是与财政拨款经费相比，长幅较小、比重较低。体育基本建设经费仍然以国家为主，地方投入较少。

从投入的结果来看，质量不高。以我国竞技体育为例，体育资源配置不合理，对奥运会和全运会项目投入较多，而对民族传统体育项目投入较少。突出表现在各省（市）、地区在运动项目的布局上，都根据全运会的项目设置来发展本地区的运动项目，不根据自己的实际情况考虑哪些项目是优势，哪些项目处于劣势，不计算投入资金的产出效率，盲目追求大而全，浪费了大量的资金。在运动训练场地的建设上存在训练基地重复建设、功能单一的问题。此外，在各线运动员投入分配上，一线运动员资金投入较充足，对后备运动员投入严重不足。运动人才梯队配置不合理，后备力量严重匮乏，将影响中国竞技运动水平的稳定发展。

在群众体育的投入上，体育场馆等硬件设施的投入是其重点。2008 年，我国新建体育场地 1106 个，其中城镇 448 个，农村 658 个（学校 648 个，村庄 10 个）。改（扩）建体育场地 74 个。我国在加大建设的同时，也存在体育场地的减少。减少的原因有被占（8 个），改变用途 5 个，拆毁 32 个，废弃 3 个，其他 1 个，合计 49 个，这些场地规模达 2901249m^2，建筑面积为 178562 m^2，场地面积为 1380815 m^2，原始投资金额为 20.8428 亿元。减少的 49 个体育场馆，有 41 个属于全天开放的，部分开放的 4 个，不开放的 4 个。①

我国体育场地一方面出现人均场地面积不足和设施缺乏的局面，一方面又存在减少和被占的局面，这反映出在体育投入上只重视数量，没有重视质量，只重视基

①《体育事业统计年鉴》(2009 年)。

本建设，轻规划管理的粗放型增长道路。必须改变这种增长方式，实现体育资源的有效利用。

（四）努力推进体育服务产业化，培育新兴体育消费市场

1. 大力发展体育消费市场

体育消费是用于改善社会健康状况、优化生活方式、提高生活质量的重要消费。我国城市化进程的加快使得人们的自给性服务消费逐步减少，社会性服务不断增加，促进了社区体育和群众体育组织等体育服务业的发展。体育消费的增加和发展，促进了社会消费结构的优化和合理化。体育消费在消费结构中的地位和比重，常常可以反映出个人、家庭和社会的文明程度。体育消费分为观赏型消费、参与型消费和实物型消费。

要积极引导和激发居民体育消费意愿，树立“体育让生活更美好”的主题，多角度调动大众多样化、多层次的体育消费意愿，促进我国居民体育消费观念转变，使体育消费成为大众日常生活消费的重要组成部分。

要增强体育竞赛的娱乐性，重视观看体育竞赛所产生的愉悦性。要采取多种途径，大力提高我国居民的体育消费技能水平，国家和各级政府体育行政部门要进一步推动全民健身计划二期工程的组织实施，教育部门要配套改革各级各类学校体育教学内容体系，大幅度增加休闲娱乐类项目，引入技能教学体系，增加他们现在和未来参与体育消费所必需的技能储备。

要重点做好培育体育竞赛表演市场和体育健身娱乐市场的工作，以促进人民群众体育观赏性消费和参与性消费。要重视体育市场的管理工作，加强立法，以保证体育市场有序、规范、健康发展。主动打破体育产业的行业壁垒，以积极的态度开放体育市场，欢迎、鼓励和推动国内外、社会各个方面、各种所有制的组织、企业及个人参与体育产业的开发。

2. 推进体育产业与相关产业的互动发展

我国由于体育本体产业主要受政府调控，行业垄断性较强，其发展规模受到一定程度的限制。此外，体育竞赛表演业因为经营不善，严重缺乏经营高水平体育竞赛表演业的专业意识和手段，没有形成既有中国特色而又有国际影响力的国际国内竞赛产业品牌，体育竞赛表演市场不够发达。体育相关产业中，主要是体育用品制造业发展较迅猛，但就体育用品产业的内部结构而言，我国体育用品从整体上来看，自主开发、设计能力较低，产品科技含量不高，产品附加值低，大都以来料加工为

主。尽管我国是世界上最大的体育用品加工国，也是独立生产体育用品种类最多的国家，但符合国际质量标准的产品却很少，其中能为大型赛事所用的就更少。和体育密切相关的其他产业，主要是体育经纪业和体育金融保险业，在我国发展十分缓慢。

要进一步深化体育体制改革，加速体育社会化、产业化进程，以体育服务业为重点，努力构建与大众消费相适应的多种所有制并存、各种社会力量广泛参与、结构合理、规范发展的体育产业体系。

3. 加大投融资力度，完善相关产业政策

由于我国体育产业来源于国家计划经济下的公益事业，因此在其资本构成中，国家资本占主导地位。从新中国成立初期到现在，我国体育投融资体系经历了从“政府拨款型”过渡到“政府拨款为主，社会筹款为辅”以及目前“结合型”的过程。[①]目前体育产业投融资存在的主要问题是投入水平低，投融资体制不完善。

在转型过程中，要加强政府的规划、指导、调控和政策协调作用，要确立企业的投融资地位，发挥市场在资源配置中的基础作用；要引进多样化、市场化的筹资方式，扩大直接融资的比重和渠道。

四、养老服务业发展的战略重点

(一) 推动养老服务理念的根本转变

1. 养老服务从个人责任转变为公共服务

传统养老观念下，养老服务属于个人责任，个人或家庭承担赡养老人的义务，老人生活水平的高低完全取决于个人或家庭的资产实力和收入水平，社会互助和共济性不足。而现代养老观念下，家庭的养老功能日益淡化，政府和社会在养老服务中承担主要责任，养老服务发展为基本公共服务的主要内容。

2. 养老服务对象由传统福利救济对象转变为广大城乡居民

传统养老服务体系下，农村的五保户和城镇的“三无”人员是养老服务体系的主要服务对象，其共性特征是无法定赡养人、没有经济来源和失去劳动能力。现代养老服务体系下，由于五保户和“三无”人员的绝对人数在减少，相对比例也在下

①赵晓：《体育产业投融资分析》，载江和平，张海潮：《中国体育产业发展报告(2008-2010)》，第312页，北京，社会科学文献出版社，2010。

降，低收入群体开始成为养老服务体系的重点关注对象，养老服务机构也尝试为中等收入和高收入群体提供有偿服务，以提高他们的老年生活质量。

3. 养老服务模式由家庭养老转变为居家养老、社区养老和机构养老相结合

传统养老理念下，人们主要选择家庭养老，老年生活的形式、内容和水平均与所在家庭息息相关。现代养老理念下，家庭、社区和养老机构之间进行了合理分工，家庭主要满足老人的亲情需要，社区满足老人的健身需要、沟通需要和基本护理需要，养老机构则主要满足老人的专业护理需要和全方位照顾。

4. 养老服务提供主体由政府转变为政府、社会、企业和个人相结合

传统养老服务模式下，养老服务对象均为需要政府救助的困难群体，养老服务自然由政府提供。现代养老服务模式下，养老服务对象的覆盖范围得到扩大，政府的资金实力有限，无力承担全体覆盖对象的养老服务需求。同时政府的管理效率有限，不适合承担全体覆盖对象的养老服务需求，这样社会、企业和个人有参与养老服务的社会责任意识和奉献精神。

5. 养老服务水平由满足基本生活需求转变为满足多层次养老服务需求

传统养老模式下，养老服务水平仅仅为满足人们的基本生活需要，保障生存是第一位的。现代养老模式下，与人们日益增长的物质文化需要相适应，老人们已不再满足于基本生活需要，还有更高层次的精神文化需求，以更好地实现老有贻养。

（二）改革养老服务管理机制，推动养老服务社会化

1. 管理机制到位。健全养老服务相关的法律制度，完善的管理机制保障养老服务的发展。管理手段科学规范，既有管理机制，又有监督机制。如养老金的积累与使用，有专门管理部门，由审计部门监督。养老机构的管理，不论市政府投资兴建，还是企业、社团及私人投资兴建，必须按照国家规定的标准和要求办，受政府的监督。鼓励和引导养老服务机构组建行业协会，在业务合作、资源共享和行业培训等方面充分发挥其纽带作用和行业自律功能。

2. 养老服务社会化。充分调动家庭、社会等各方面的积极性，发展养老社会化。政府要不断加大养老费用支出，同时，推动社会力量积极参与养老服务业。一是落实社会融资政策。二是落实税收优惠政策。三是落实土地供应政策。四是落实医疗服务政策。运用现行的各项优惠政策引导和促进社会力量积极参与养老服务事业。

3. 推进居家养老服务工作，推进社区养老服务中心建设。居家养老要以日托照顾和上门服务为主要方式，为居家老人提供生活照料、家政服务、康复护理、医疗

保健等服务。建立县（市、区）、街道（乡镇）、社区（村）三级社区居家养老服务设施和网络，加强居家养老服务设施的无障碍建设和改造，方便老年人的日常生活。按照就近就便、小型多样、功能配套的要求，建设和改造一批托老所、日间照料中心、星光老年之家等社区养老服务设施。尽快制定和出台规范化的养老服务标准体系，并加强政府的行政监管，严禁危害老年人的合法权益。优化养老服务体系的运转流程，鼓励养老服务机构独立或联合开展全方位的综合性服务，以提高养老服务资源的利用效率。

（三）丰富养老服务体系的运营模式，实现其多层次发展

目前养老服务体系的运营模式主要有公办、公建民营、民办公助和纯民营四类，建议以公建民营和民办公助为主要模式，保留一定比例的公办养老服务机构，鼓励以高端群体为对象的纯民营养老服务机构的适度发展。对公办养老服务机构，政府统包统揽，根据老年人口分布情况进行归并集中，其服务对象将以传统福利救济群体为主，条件允许的情况下适当考虑自费寄养，同时加强其内部成本核算管理。对公建民营养老服务机构，在运营主体的遴选上实行竞标制度，政府主管部门与入选运营主体就双方的权利义务关系签订合同，政府对养老服务机构的相关资产享有所有权和处置权，入选运营主体允许在适度范围内获取赢利，但不得以赢利为目的。对民办公助养老服务机构，政府提供床位补贴和人头补贴，在营业税、所得税、车船税等税收上给予减免优惠，并协助解决水、电、气、通信等方面的优惠措施，政府也可以通过购买服务的形式来资助民办养老服务机构。对纯民营养老服务机构，实行完全的市场化运作，政府扮演好市场秩序维护者的角色即可。

（四）推进养老服务体系法律法规建设，增强养老保障法制化

依法治国是发展社会主义市场经济的客观需要和必然要求，社会主义市场经济的本质是法治经济。作为社会主义市场经济的组成部分，养老服务事业的发展也应做到有法可依和有法必依。建议尽快制定《养老服务机构促进法》，对现有与养老服务机构相关的法律法规进行综合提炼，从性质定位、发展模式、资金来源、运营管理、政府职能和法律责任等角度对其进行统一规范，以改变现有综合性立法太宏观、专项立法不系统的格局。在此基础上，出台《养老服务机构管理条例》、《养老服务实施办法》等规章制度，对养老服务机构和养老服务的具体内容进行规定。加快研究制定养老服务人身意外伤害事故的处理办法，为保护老年人的合法权益和养老服

务机构的利益提供基本依据。法制建设的深层次意义在于，通过制定和完善相关法律法规来提升养老服务机构和养老服务事业的法律地位，规范政府、社会和个人的权利义务关系，为出台各项政策提供法律依据，以保障养老服务机构建设和养老服务事业发展的连续性与稳定性。

五、教育服务业发展的战略重点

(一) 深化教育管理体制改革，推动教育又好又快地发展

(1) 深化考试招生制度改革，营造公正平等的竞争环境。进一步完善政府在考试招生中信息公开、综合服务和依法监管职能，逐步形成招考分离、分类考试、多元录取、自主选择的考试招生制度。考试招生要遵循公开、公正和平等的原则，适当考虑专业特长等因素，学校拥有充分的招生自主权，学生拥有充分的自主选择机会，建立健全有利于多样化人才、创新人才选拔的多元录取机制。

(2) 深化学校管理体制改革，促进学校管理的民主化和社会化。政府首先要对学校进行简政放权，明确各类学校的权利、义务和责任，让学校拥有更多的办学自主权，特别是向高等学校和职业学校放权，形成政府依法管理和学校自主管理相互协调的机制。为建立社会支持学校发展的长效机制，并扩大学校发展的社会参与度，高等学校要探索建立理事会，同时完善校务公开制度。行业协会、专业学会和其他中介组织是提升教育发展质量的重要外部因素，加大社会力量的参与程度，让更多的学校接受更有力的外部监督。

(二) 转变人才培养观念，创新人才培养模式

(1) 构建以素质教育为核心的人才培养体制，促进学生的德智体美全面发展。素质教育要贯穿于各级各类教育，贯穿于人才培养的全过程，形成各类人才辈出、创新人才大量涌现的局面。正直、诚信和社会责任感是学生的基本品德，学习兴趣、学习能力、思维能力、创新精神和实践能力是学生的基本素养，健康体魄和良好体能是学生的必备体质，积极心态、健全人格、审美能力和艺术修养是学生的基本美德，这些都应该成为素质教育的核心内容。素质教育的重点要根据不同教育阶段而有所不同，比如幼儿教育阶段要注重基本生活习惯和爱心的教育，义务教育阶段要注重良好行为习惯、法律意识、心理健康和公民素质的教育，高等教育阶段要注重职业道德和法制的教育等。学校、家庭和社会在素质教育体系中相互配合，形成三

位一体的教育体系。

(2) 创新人才培养模式，形成优秀学生脱颖而出的新机制。各级各类学校要创造条件为学生提供创新研究平台，支持学生开展创新性研究，以开发学生潜能。高等学校要积极探索创新人才培养的新途径、新模式，组织学生广泛参与科学研究，加大对学生创新实践活动的支持和资助力度，并完善大学生创新评价和奖励制度。同时要改进教育评估和人才评价体系，健全创新性人才激励机制。教育质量评估应由政府、学校和社会等方面力量共同参与，最好由相对独立的第三方来组织实施。

(三) 全面提升高等教育质量，增强自主创新能力

(1) 提高学生培养质量，输出更多的优秀人才。高等教育担负着培养高级专门人才、提升国家综合竞争力和引领社会文明的重要任务，是建设人力资源强国的关键要素，提高学生培养质量是新时期高等教育发展的战略重点。我国高等教育要摒弃灌输式的传统教学方式，更多地采取参与式教学，强化实验、实习和实践教学等环节的功能作用。高校要加强与国内外高水平大学、科研院所和用人单位联合培养拔尖创新人才，以提高学生的自主创新能力为出发点，营造产学研相结合的平台体系。政府要加大对高校重点学科、重大项目和前沿性学术创新团队的专项支持力度，并完善以质量和贡献为导向的科研评价机制。

(2) 优化高等教育结构，增强高等教育自我调整能力。普通高等教育要以培养学术型和应用型人才为主，职业高等教育要以培养职业型和岗位型人才为主，二者之间既要实行不同的招生、培养和质量评价办法，又要在理论体系、学位管理等方面有所衔接，以促进普通高等教育和职业高等教育的共同发展。在普通高等教育内部，要协调好各学位层次之间的关系，稳步发展本专科生教育，保持硕士研究生教育的适度增长，适当控制博士研究生教育，并以提高培养质量为主。在专业结构上，根据经济社会发展对人才的客观需求，适度调整长线专业并控制其规模，加快发展短线专业并向高、精、尖方向调整，做好高校不同专业毕业生的市场需求预测工作。在区域布局上，高等教育资源要适当向中西部地区等相对薄弱地区倾斜，通过扩大招生规模、对口支援等途径加快高等教育资源的均衡发展和均等化。

(四) 促进民办学校发展，形成多元化办学格局

逐步由市场提供高端优质教育服务。鼓励民办教育发展来提供多样化的高端优质教育服务。彻底改变现行城市部分公办教育资源不断优质化，而城市流动人口子

女教育却得不到有效保障的发展趋势。鼓励有实力的企业、学校、银行联手，组建教育发展公司，以参股、合资等方式投资教育，并在税收、贷款、土地征用方面给予一定的优惠政策。扩大民办教育和中外合资办学份额，鼓励私人资本投入，鼓励创办私立学校、营利学校，实现由市场提供高端优质教育服务。着眼于民办高校的长远发展，首先应把招生自主权还给学校，在此基础上对多元化的考试制度和招生制度进行统一，逐步给民办高校提供越来越大的发展空间。在专业选择和课程设置上，民办高校可以办出自己的特色，政府角色由行政指令转变为行政监管。政府应对公办高校和民办高校一视同仁，不能厚此薄彼，尤其是在贫困生资助等方面，以促进民办高校的可持续发展。

(五) 创新机制，促进教师柔性流动

1. “教师支教”模式

在实践中可以是教师“个体性”支教，也可以是学校“总体性”支教。一是个体支教模式，通过优秀教师个体支教影响一部分学生和一部分教师。但是，这种搞个体支教的方式，难以从根本上改变薄弱学校的制度和文化氛围。二是两校交往模式，通过两校之间定期开展教研活动等形式实施。但不一定能真正在对一方的教学活动中发挥作用。三是学校兼并模式，指城区学校兼并薄弱学校，虽然通过兼并可以较快地实现学校声誉的提升，但是磨合期较长，同时还受制于地理、文化、环境等因素。四是组建集团模式：以一所知名度颇高的学校为龙头，吸纳若干相对薄弱的中学，成“教学集团”。这一模式的好处在于可以借用名校的品牌、管理、传统等优势，逐步提升办学水准。但是名校毕竟有限，不可能到处挂牌。五是联合办学模式，这是一种可以最终实现两校教育质量的提高和办学水平的提高的模式。在师资、干部的互动交流中，实现“学校文化”的相互渗透和融合。

2. “文化托管”模式

文化托管是一种学校之间的互助方式，是指由师资较为雄厚的学校派出管理团队对较为薄弱的学校进行委托管理。在文化托管的运作过程中特别注重以科技为突破口，形成“文化托管”、“文化导入”、“文化浸润”等氛围，实现托管学校新理念与被托管学校在文化之间的有效衔接。

3. “城郊结对”模式

随着城市化进程的不断加快，城郊的协调发展将促进整个教育状况发生根本变化，城郊之间的关联度越来越高。同时，交通、信息技术的不断发展，也为城郊联动发展提供了可行性。“城郊结对”正是在这种背景下，城区学校与郊区学校互动、结为一体的成果。在城郊结对中，将两所或多所学校的工作进行统一协调，在相同的目标下，以相类似的状态和模式进行运作，达到城郊结对学校交流、吸收、融合的目标，促进教育资源均衡化发展。

六、医疗卫生服务业发展的战略重点

（一）改革医疗服务体系，促进政府职能和公立医疗服务体系归位

（1）完善医疗卫生机构运行机制。进一步理顺服务价格形成机制，完善医疗卫生机构经济补偿机制，使医疗卫生机构的经常性收支差额能够通过医保基金及个人的医疗服务付费和政府建立的基本公共卫生经费保障机制获得补偿。完善医疗卫生机构分工，积极稳妥地推行基层首诊制，提高基层医疗卫生服务的利用率，实现门诊服务下沉到基层。

（2）改革公立医院管理体制、运行机制和监管机制。统一规范政事分开、管办分开、医药分开、营利性和非营利性分开的实现形式。一是在管理体制方面，积极探索管办分开的具体模式并有效推广，建立理事会、董事会等多种形式的公立医院法人治理结构。二是在运行机制方面，完善人力资源管理制度，以聘用合同和岗位职责履行情况为依据，实行绩效考核。加强对医院总体收支情况的预算管理，实行医院全成本核算，强化成本控制。理顺医疗服务价格，取消以药补医机制。三是在监管机制方面，强化医院内部监督，完善医院内部控制制度，提高医疗服务质量和资金使用效益。充分发挥外部监督作用，完善医院信息公开的方式和途径，鼓励行业协会等社会组织对医院运行绩效进行独立评价和监督。

（3）加强医疗卫生服务机构纵向联合和资源整合。一是对于承担医学科研、教学功能的医学中心或区域医疗中心，以及承担全国或区域性疑难病症诊治的专科医院等医疗机构，要加大与一般城市医院的资源共享和技术支持力度。二是建立城市医院与县医院的制度性联系，完善城乡对口支援制度。三是发挥县医院在农村三级医疗卫生服务网络中的龙头作用，将县医院发展成为本地区医疗中心，引领带动乡镇卫生院提高医疗卫生服务水平。四是统筹推进包括乡村医疗卫生机构一体化管理在内的联动改革，筑牢农村三级卫生服务网络的网底。

（二）放宽高端医疗服务市场，加快推进多元办医格局形成

鼓励、支持和引导社会资本发展医疗卫生事业，大力支持社会力量举办基层医疗卫生机构与医院。保障社会办医疗机构在准入、执业、监管、医保定点、科研立项、职称评定和继续教育等方面享有公立医疗机构同等待遇。一是在服务准入方面，积极清理社会力量办医障碍，服务准入标准与公立医疗卫生机构一致。二是在税收政策方面，落实非营利性医院税收优惠政策，完善营利性医院税收政策。三是在人才培养方面，加强各级各类医疗卫生人才培养力度，社会力量举办医疗卫生机构的医务人员在职称评定和继续教育上与公立医院医务人员享受同等待遇。四是在医保定点方面，将符合条件的社会力量举办医疗机构纳入医保定点机构范围。加强对非公立医院的监管，引导非公立医院依法经营、加强管理、严格自律、健康发展。

（三）加快医疗保险业发展，迅速释放群众基本医疗服务消费需求

(1) 推动基本医疗保险的制度全覆盖。打破户籍和行政区划限制，建立异地就医、异地结算机制，制定并实施基本医疗保险在不同制度、不同区域之间的转移接续办法。我国目前的城镇职工基本医疗保险制度和农村合作医疗制度仍需要进一步扩大覆盖面。城镇职工基本医疗保险扩面工作应重点放在大批非公有制企业劳动者，如私营企业和个体经济组织的雇员，灵活就业人员以及农村进城务工人员上。放宽外来务工人员参保条件，不局限于有固定住所和固定职业，只要有参保意愿和劳动收入都可参加城镇职工医疗保险制度。进一步明确整合城镇居民医保与新农合的大方向，建立共识。统筹城乡医疗保障制度建设，积极推动城镇居民医疗保障制度与新农合制度并轨和管理整合。要以制度统一为目标，在筹资标准、补偿水平、起付线和封顶线、报销方式、基金管理等方面逐步实行统一办法。在制度整合初期，可以首先统一财政补助，统一管理服务，城乡居民筹资自愿选择，相应待遇水平有所差别。

(2) 合理扩大报销范围，适度提高实际补偿比例。将药师服务费、慢性病门诊医疗费用等纳入城镇基本医疗保险、新农合和医疗救助的补偿与救助范围；开展医疗补偿和救助的模式。同时，进一步降低城镇职工、城镇居民基本医疗保险和新农合补偿的起付线，提高封顶线和补偿比例，并逐步取消城乡医疗救助的起付线。积极消化各类基本医疗保险的结余基金。

(3) 大力发展补充医疗保险。提倡地方政府以购买医疗保障服务的方式，鼓励国内资质和信誉优良的国有商业保险公司参与发展补充医疗保险；重点针对基本医

疗保险补偿后群众负担依然较重的医疗费用开发多类型的、短期和中长期相结合的健康保险产品。发展面对中高收入人群的商业健康险种。

（四）振兴民族医药产业，保障质优价廉药品的供给

完善医药产品的定价政策。对新药和专利药品逐步实行定价前药物经济性评价制度。按照同质同价、优质优价的原则，对国内市场的所有同质量的医药产品执行相同的价格政策。鼓励抢仿、首仿专利药品。鼓励国内仿制能力强的非专利药生产企业瞄准国际上即将过期的专利药品进行抢仿研发，对于首仿新药实行单独定价优惠政策；对仿制药品实行后上市价格从低定价制度，例如对于次仿、三仿药品的价格在首仿药品价格基础之上依次下降10%、20%。

规范药品流通秩序，严格控制药品流通环节差价率。发展现代物流和连锁经营，促进药品流通企业的整合。基本药物实行统一配送。完善药品储备制度，保障用量小的特殊用药、急救用药的供应。加强医用耗材及植（介）入类医疗器械流通环节价格的控制和管理。

完善医药产品采购政策，提高国产医药产品的市场占有率。提高质量得分在评标标准中的权重。对国内产品达到欧美同类产品生产与质量标准的，给予一定的政策优惠。医疗卫生机构采购基本药物、适宜技术时，要按照《政府采购法》的要求，优先购买国货。

改革药品使用政策，鼓励使用本国质量优良产品和技术创新产品。加强用药指导和监管，尽快制定和完善诊疗指南和用药指南，规范医生的用药和治疗行为，加强药剂师和医生的相关继续教育。将优质国产药品纳入基本医疗保险报销目录。优先将我国率先在国际上取得突破性成果或进展的高端产品纳入医保目录。

（五）调整和振兴医疗器械产业，推动医疗服务成长为战略性新兴产业

抓住医改机遇，重点开发和配置面向基层医疗卫生机构的适宜技术。①选择有资质的行业领头企业作为主要供应商。产品的使用寿命和使用水平要保证8~10年的先进性和稳定性。根据医院具体条件适当提倡智能化、数字化装备，以满足网络化远

①当前，面向基层的、量大面广的适宜技术主要包括：X线机（鼓励发展数字化产品）、B超（优先发展数字化产品）、常规临检器械（普及型全自动或半自动生化分析仪）及试剂耗材、电生理检测设备（心电图机等）、急救类器械、医院基本装备（例如消毒灭菌等）。

程医疗的基本要求，降低医疗设备的采购成本和使用成本，给双向转诊、结果互认、资源共享建立物质条件。提高产业的集中度，发挥集群化效应，促进产业链的形成。在保证性能指标的情况下来核定最低价格。在安全有效的前提下，进入市场的医疗设备，在使用运行过程中要加强质量监管，实行强制淘汰机制。

面向基本医疗需求，重点研发综合性医院常用的大型医用设备和高值耗材①。建议政府组织以企业为主体的关键技术和核心部件的科技攻关联盟，并给予必要的政府补贴。严格执行政府采购法，支持国内骨干企业生产的技术成熟的、稳定可靠的产品。支持国内企业兼并重组，大力扶持行业领军企业的形成。②防止国外对具有战略意义的、国家支持过的项目的恶性收购。

面向未来，研发具有重大科技创新、具有产业化前景的高科技项目。严格限制质子刀等重粒子治疗设备的装备使用，同时鼓励和扶持国内企业跟踪科技前沿，努力赶超国际先进水平。鼓励和支持对人工心脏、腔内微系统等应用前景广阔、市场潜力巨大的高新产品的研发。

（六）催生家庭健康护理行业，开拓新兴就业领域和新的增长点

催生政府主导与发挥市场机制作用相结合的家庭健康护理行业。政府在社区设立家庭健康护理中心（站）等职场，或者依托于社区卫生服务中心（站）开展家庭健康护理业务，根据市场需求，提供健康家政、临终关怀等服务。同时政府有关部门要制定相应的行业标准、准入标准、执业标准和操作规范，并监督实施。

组织实施家庭健康护理人才培训规划，切实解决健康护理人才来源问题。“十二五”规划期间，选拔培养300万到400万家庭健康护理人员。一方面对社会富余卫生人员进行短期专业培训，使其具备健康护理从业能力；另一方面，对社会其他待业人员进行“X+1”的专业培训，使其胜任家庭健康护理工作。

建立政府、社保和个人三方共担的筹资机制。充分利用养老保险、医疗保险、政府补助，以及个人付费等多渠道，为家庭健康护理发生的费用提供相应的保障。建议政府从医改资金中拿一部分作为启动资金。

①这类医疗器械产品主要包括CT、MRI、血管造影机(DSA)、核素成像设备(包括PET/CT等产品)、放疗设备以及支架、人工关节、起搏器等高值耗材。

②我国医疗器械生产企业众多，截至2008年年底，达到1.3万家，大部分是中小企业，技术力量落后，产品创新能力低，产品属于重复、竞争领域，企业发展受到很大限制。因此鼓励国内企业重组，做大做强，有利于提高我国医疗器械产业的竞争力。

七、家政服务业发展的战略重点

(一) 加大政策扶持力度，促进家政服务业的产业化发展

家政服务业是一个城市经济发展到一定阶段的必然产物，其巨大的市场空间和广泛的就业机会，已成为促进一个城市服务业发展的新的增长点。政府的重视和支持对于家政服务业的发展作用至关重要。当前很多地方政府已经制定出台了包括家政服务在内的社区服务发展意见，如《苏州市“十一五”社区服务业发展规划》和《关于促进社区服务业发展的若干意见》，明确要求加快发展家政服务。这些政策的出台都为家政服务业的发展注入了强心剂。鉴于这些政策原则性较强，缺乏操作性，建议政府专门制定出台加快家政服务业发展的实施细则，明确有关政策和相应措施，家政服务员应比照享受公益性岗位的待遇，延长家政服务企业的税收减免年限，对从事家政服务业的家政公司，给予信贷、各种税费减免等方面的优惠，以鼓励和扶持家政服务业向产业化和规范化方向发展。同时希望政府加强对家政服务业的管理，由民政、劳动监察部门对全国家政服务市场进行一次全面的清理整顿，坚决取缔非法中介。

(二) 试行推广员工制，探索建立科学的企业管理模式

走企业化之路，推行员工制，实行公司制运作，应该成为未来家政中介公司可持续发展的方向。实践也证明，家政服务企业要摆脱小规模、低层次运作经营水平，就必须实行员工制，推动企业化管理模式。员工制的实行，不仅解决从业人员的托管问题，还可以从根本上改变家政服务员与雇主的关系，增强了家政从业人员的归属感、职业感和用户的信任感和安全感。员工制的推行，不仅可以提高行业门槛，缩小“散、乱、差”经营者的生存空间，还可以从根本上确立家政服务企业的管理行为，有利于行业的整合，形成品牌；有利于行业的发展，形成优势。例如：昆山好阿姨服务中心在经营过程中不断总结探索，大胆采取企业化管理模式，努力拓展服务领域和空间，城乡联动实行连锁经营，成功打造出了“好阿姨”服务品牌和注册商标。

(三) 加大培训力度，推进家政职业教育制度化

家政服务员的素质高低，决定着家政服务业的发展趋势。职业教育和技能培训是全面提升家政从业人员素质的关键环节。要根据本地市场需求、用户需要和从业

者的特点，以提高职业知识和实践技能为核心，开展不同层次、不同内容、不同职级的家政服务职业教育和培训，强化家政从业人员的专业化程度和综合素质，使更多的家政服务员持证上岗。尤其要加快培训、发展、壮大中高级家政服务及管理队伍，适应时代要求积极开设英语、中西烹饪、家庭理财、家庭保健与护理、饮食文化与营养等家政专业课程，建立一支满足市场需要的复合型家政服务管理人才和涉外家政服务员。要重视外来人口日益成为家政市场主力军的现实，逐步扩大外来人口培训计划，每年给予家政公司一定的培训名额，有效提高外来人员的家政服务水平。

八、保障性住房发展的战略重点

（一）积极探索和拓展保障性住房的筹资、融资渠道

各主体功能区应抓紧着手建立政府优惠政策扶持、社会资金投入的基本住房投资机制。通过土地优惠，引导社会资金投入保障性住房建设，减轻地方各级政府保障性住房财政投资压力，使保障性住房建设的运作保持较大规模并具有可持续性。同时，要以保障性住房投融资公司或公共住宅建设投资有限公司为平台，通过其向社会提供供应补贴和需求补贴两种保障模式，摆脱长期存在的“补砖头”和“补人头”困扰。而且，必须探索住房保障消费的税收政策，研究进一步完善住房公积金贷款政策，逐步实行对房贷利息支出扣减个人所得税税基的政策。

（二）坚持政府主导，充分利用市场机制实现住房保障资源配置

在市场经济下，住房保障虽然是政府主导，但同时也可以运用市场机制对保障资源进行配置。这些手段包括：通过规划政策和土地政策，调节和控制住房的售价和租价；利用住房补贴，支持中低收入家庭购（租）房；利用税收杠杆调节住房消费结构；利用金融政策，对中低收入家庭住房消费给予支持。

例如，美国通过容积率奖励或免税激励开发商参与住房保障用房的提供，如果开发商提供在建项目面积20%的低价住房，政府则给予33%的容积率奖励，或开发商若提供低价出租房则给予免房地产税的优惠。英国政府于2004年修改了《住房法》，要求各城市政府通过规划手段，强制要求新建项目中必须有一定比例的中低价位住房，由开发商建好后以同类商品房价格的70%卖给城市房屋协会，再由协会出租或出售给低收入者。法国、美国也有类似的配建制。

目前国内部分城市在商品房中配建经济适用住房或廉租住房，实际上也是运用市场机制来实现保障住房的供应。廉租住房、经济性适用房配建在商品房小区之中，不仅可以缓解短时期内政府投入住房保障的资金压力，而且可以共享城市配套设施和住宅小区配套，共享住宅小区的环境和有序的管理，有利于不同社会阶层的沟通和市场化的互助，避免“贫民窟”的弊端。

专栏：重庆公租房建设

近年来，我国各地都在积极探索保障性住房模式，其中比较有代表性的是当前重庆市实施的公租房建设。重庆市采取“低端有保障、中端有市场、高端有约束”的住房调控思路，推进以大规模建设公租房为核心的保障性住房体制机制创新，实施“市场＋保障”的“双轨制”住房供应体系。

重庆市公租房制度设计：

1. 政府主导。公租房永远姓公。公租房由市政府和各区县政府负责牵头建设，采取财政性投入和优惠政策支持建设和运营管理。由市地产集团等国有投资集团或区县政府性投资公司具体负责实施，建成后移交政府房屋主管部门和住房保障机构负责管理。

2. 均衡布局。按照“均衡布局、交通方便、配套完善、环境宜居”的原则规划，实行与周边商品住房无差别的“混建”模式。主城区选址在一、二环线之间新规划的 20 余个聚居区中混合建设，布局在轻轨沿线或交通条件较好的地区，容积率控制在 3.5~4.0，绿化率为 35%。

3. 广泛覆盖。准入打破城乡和内外差别，不设户籍限制。凡年满 18 周岁，在重庆市有稳定工作和收入来源，具有租金支付能力，符合政府规定收入限制的本市无住房或家庭人均住房面积低于 13 平方米的住房困难家庭、大中专院校及职校毕业后就业和进城务工及外地来渝工作的无住房人员，均可申请公租房。市、区政府引进的特殊专业人才和在重庆工作的全国、省部级劳模、全国英模、荣立二等功以上的复转军人住房困难家庭不受收入限制。

4. 套型合理。主城区项目单体规模以 80 万~100 万平方米、住宅套数 5 万套左右。住宅以中小面积为主，平均单套面积控制在 50 平方米以下，各项目 50 平方米以下的套数平均占比达 60%以上。配租面积与申请家庭人数对应，2 人以下（含 2 人）配租建筑面积 40 平方米以下的；3 人以下（含 3 人）配租 60 平方米以下的；4 人以上（含 4 人）配租 80 平方米以内的。

5. 租金优惠。坚持“让利于民”，建设用地以划拨方式提供，国有企业承建，无土地出让金、无相关税费、无开发商利润，租金只考虑建设成本中的贷款利息、房屋维修管理费用等因素，租金标准不超过同等地段、同等品质商品房市场租金的60%。租金实行动态调整，初定每2年调整一次。目前主城区公租房租金平均在10元/平方米·月，物业管理费通过社会招标确定物业企业为1.03元/平方米·月。符合廉租房申请条件等优惠条件的居民入住公租房，仅需按原廉租房租金等标准缴纳租金，缺口部分由其户籍所在地政府补足。

6. 方式灵活。每次租赁合同期限最长为5年，合同期满应退出。需续租的，应在合同期满3个月前重新申请，经审查符合条件的重新签订合同。承租人在租赁5年期满后，可选择申请购买居住的公租房，出售价格以综合造价为基准，定期由物价、住房保障、财政等部门研究确定并向社会公布。购买的公租房不得进行出租、转让、赠予等市场交易，但因特殊原因需转让、抵押处置时，由政府回购，回购价格为原销售价格加同期银行存款活期利息。

7. 配套完善。公租房项目按照不超过15%的比例配套建设公共建筑和商业建筑，包括中小学、幼儿园、社区组织工作用房、警务室、生活超市（菜市场）等，其中学校等公共建筑标准以地域配套服务原则、按照国家建设标准实施，如北部新区民心佳园建设学校1所18000平方米、幼儿园1所3200平方米，沙坪坝区康居西城建设中小学34870平方米、18班幼儿园2所共8260平方米、社区组织工作用房3780平方米、停车位（住宅0.35个/100平方米、商业0.5个/100平方米）。同步配套建设公交车站、健身等服务设施。

8. 管理规范。制定出台《重庆市公租房管理暂行办法》、《重庆市公租房管理实施细则》，创新管理手段和模式。

重庆市计划在本届政府任期内即到2012年共开工建设公租房4000万平方米，其中主城区3000万平方米，远郊区县约1000万平方米，加上廉租房、经适房、危旧房和棚户区改造，将解决占城镇人口30%的中低群众住房困难问题，比国务院要求“十二五”期末全国各省市住房保障率达到20%的目标高出10个百分点。

第十章　促进社会服务业发展的政策体系

就扩大社会服务的重点领域，本章提出促进旅游、文化娱乐、体育、医疗服务、老龄服务等若干领域的相关发展政策建议：

一、促进旅游服务产业发展的政策要点

旅游业资源消耗低、带动系数大、就业机会多、综合效益好，近年来我国旅游业快速发展，产业规模不断扩大，产业体系日趋完善，人民群众日益增长的大众化、多样化消费需求为旅游业发展提供了战略性新机遇。我国应坚持以国内旅游为重点，积极发展入境旅游，有序发展出境旅游，推动各地旅游业特色化发展，把旅游业培育成国民经济的战略性支柱产业和人民群众更加满意的现代服务业，力争到2020年旅游产业规模、质量、效益基本达到世界旅游强国水平。当前扩大旅游消费拉动内需增长的作用，可采取以下一些举措：

1. 增加中短期休息日，增加居民出游时间

继续发挥好“黄金周”的旅游效应。“黄金周”实施10年来，对旅游的促进效应十分明显，2008年“十一”长假全国共接待游客1.78亿人次，实现旅游收入796亿元，分别是1999年的3.57倍和5.65倍。可考虑将“五一”期间的放假时间调整为七天；中国传统节日，如清明、端午、中秋节的放假时间调整为四天。研究实施春假制度，考虑增加大、中、小学生的春假，假期可安排在四五月份，时间为一周左右，相应缩短暑假一周。此举既给学生提供了接触社会、接触自然和参与社会实践的机会，又为家长和孩子旅游出行提供了时间。

2. 转变休假观念，进一步落实带薪休假制度

倡导各级领导带头安排带薪休假；鼓励在机关和企业事业单位普遍推行带薪休假制度，加强工会、劳动部门对带薪休假落实情况的监督检查。休假是一种生活和工作理念的体现，国外总统等国家首脑都定期休假，也提倡公司等实行年度休假制度。应把带薪休假作为一种基本工作制度在全社会普遍推行。

3. 大力发展假日经济

充分利用居民假日休闲时间集中的特点，开展景点、商场、餐饮、电影、演艺、民航、高速公路、铁路等多行业联合折让促销活动，带动多元消费。针对短假期增多，积极发展城市近郊出游。政府一方面要对旅游市场展开必要的监管，防范欺诈等行为；另一方面要鼓励和支持交通运输部门提供良好的交通条件，为城市居民的出行提供便利。可考虑在大中城市开展近郊游优惠政策，如在国家法定假日期间，取消或减免高速公路收费，鼓励自驾车旅游。目前，全国拥有私人汽车约 3400 万辆，自驾游已成为增长最快的旅游方式。

4. 提高旅游资源的利用率，培育新的旅游热点

国家有关部门研究制定整合旅游资源的有关政策，打破地方壁垒和保护，促进旅游资源能够跨行政区域进行整合，提供更多更好的旅游产品和线路。进一步扩大免费开放范围，可考虑将城市公园等场所纳入免费开放范围，促进旅游消费。大力推进旅游与文化、体育、农业、工业、林业、商业、水利、地质、海洋、环保、气象等相关产业和行业的融合发展，支持有条件的地区发展生态旅游、森林旅游、商务旅游、体育旅游、工业旅游、医疗健康旅游、邮轮游艇旅游。把旅游房车、邮轮游艇、景区索道、游乐设施和数字导览设施等旅游装备制造业纳入国家鼓励类产业目录，大力培育发展具有自主知识产权的休闲、登山、滑雪、潜水、露营、探险、高尔夫等各类户外活动用品及宾馆饭店专用产品。大力发展旅游购物，提高旅游商品、旅游纪念品在旅游消费中的比重。以大型国际展会、重要文化活动和体育赛事为平台，培育新的旅游消费热点，扩大旅游消费。

5. 优化旅游消费环境

逐步建立以游客评价为主的旅游目的地评价机制。景区门票价格调整要提前半年向社会公布，所有旅游收费均应按规定向社会公示。增加旅游目的地与主要客源地间的航线航班、旅游列车，完善旅客列车车票的预售和异地购票办法。城市公交服务网络要逐步延伸到周边主要景区和乡村旅游点，公路服务区要拓展旅游服务功能。进一步完善自驾车旅游服务体系，规范引导自发性旅游活动。建立健全旅游信息服务平台，促进旅游信息资源共享。广播、电视、报刊、网站等公共媒体要积极开设旅游栏目，加大旅游公益宣传力度。加快旅游基础设施建设。重点建设旅游道路、景区停车场、游客服务中心、旅游安全以及资源环境保护等基础设施，加强主要景区连接交通干线的旅游公路建设。加快推进中西部支线机场建设，完善旅游航线网络。确保景区和交通沿线通信顺畅，加强重点城市游客集散中心建设。

6. 积极推动旅游新业态新领域发展

发挥旅游对休闲产业的主导作用，重点推进短途旅游和特色旅游的发展。短途旅游和特色旅游具有费用少、时间灵活等优势，更适合居民的旅游需要，当前全国各地在短途旅游和特色旅游的开发方面力度不够，过于追逐经济利益导致市场秩序不规范，过于注重政府引导带来跟风现象严重，这都影响到社会公众对旅游的兴趣和积极性。要抓好特色乡村旅游和观光农业发展，作为新农村建设的重点加以支持。针对不同群体的特点，研究制定相关政策促进旅游业的发展。针对老年人，可开发适合老年人消费的旅游产品，制订出台景区对老年人门票减免政策和旅行社老年团的税收优惠政策。鼓励各地政府为本地和外地居民发放优惠旅游券，活跃多种形式的旅游活动。

7. 加大政府对旅游服务的投入

地方各级政府要加大对旅游基础设施建设的投入，加大对旅游宣传推广、人才培训、公共服务的支持力度。中央政府投资重点支持中西部地区重点景区、红色旅游、乡村旅游等的基础设施建设。国家旅游发展基金重点用于国家旅游形象宣传、规划编制、人才培训、旅游公共服务体系建设等。安排中央财政促进服务业发展专项资金、扶持中小企业发展专项资金、外贸发展基金以及节能减排专项资金时，要对符合条件的旅游企业给予支持。要把旅游促进就业纳入就业发展规划和职业培训计划，落实好相关扶持政策。

8. 加大旅游消费和旅游企业发展的金融支持

对符合旅游市场准入条件和信贷原则的旅游企业和旅游项目，要加大多种形式的融资授信支持，合理确定贷款期限和贷款利率。符合条件的旅游企业可享受中小企业贷款优惠政策。对有资源优势和市场潜力但暂时经营困难的旅游企业，金融机构要按规定积极给予信贷支持。进一步完善旅游企业融资担保等信用增强体系，加大各类信用担保机构对旅游企业和旅游项目的担保力度。拓宽旅游企业融资渠道，金融机构对商业性开发景区可以开办依托景区经营权和门票收入等质押贷款业务。鼓励中小旅游企业和乡村旅游经营户以互助联保方式实现小额融资。支持符合条件的旅游企业发行短期融资券、企业债券和中期票据，积极鼓励符合条件的旅游企业在中小企业板和创业板上市融资。鼓励消费金融公司在试点过程中积极提供旅游消费信贷服务。积极推进金融机构和旅游企业开展多种方式的业务合作，探索开发适合旅游消费需要的金融产品，增强银行卡的旅游服务功能。

二、促进文化娱乐产业发展的政策要点

近期，扩大文化娱乐消费需求的具体措施有：

1. 制定和完善有关政策以及实施细则，进一步推进公共文化机构免费或优惠向公众开放

政府建立扶持公共文化机构实施免费或优惠向公众开放的所需资金补贴机制。建立覆盖全国的票务网络系统（演出、电影、体育、旅游、交通等），为大众提供开放性的票务平台。贯彻落实《国务院办公厅关于印发文化体制改革中经营性文化事业单位转制为企业和支持文化企业发展两个规定的通知》中的相关税收优惠政策，研究确定文化产业支撑技术的具体范围，加大税收扶持力度，支持文化产业发展。

2. 积极探索扩大政府购买文化服务范围

发放“文化消费券”，由消费者自主选择文化消费的品种和服务。可以发放“惠民戏票（电影票）”，或直接补贴，对电影、演出、红色旅游等文化内容消费产品和服务给予支持。对学生、低收入人群、老人、残疾人、农民工等特殊群体，通过定向赠送演出券或政府出资购买文化产品和服务，直接提供给这些社会特殊群体，采用多种方式培育文化市场。

3. 鼓励企业员工文化消费

鼓励企业为员工制定文化娱乐消费的福利措施。内容包括健身、娱乐、旅游在内的休闲与听音乐会、看电影、参观展览等文化消费。不断适应当前城乡居民消费结构的新变化和审美的新需求，创新文化产品和服务，提高文化消费意识，培育新的消费热点。加强原创性作品的创作，打造一批具有核心竞争力的知名文化品牌。努力降低成本，提供价格合理、丰富多样的精神文化产品和服务。加快建设具有自主知识产权、科技含量高、富有中国文化特色的主题公园。开发与文化结合的教育培训、健身、旅游、休闲等服务性消费，带动相关产业发展。

4. 鼓励社区开展群众性文化活动

通过政府政策支持，鼓励居委会在社区附近组织群众喜闻乐见的文化娱乐活动，鼓励演出机构、群众组织等各类演出群体参加社区演出，提高群众文化娱乐参与性，培育文化娱乐消费意识。

5. 加强扩大文化消费和文化产品及服务供给能力的财政金融支持

设立全国文化创意产业发展政府引导基金和文化产业发展基金①，通过政府、市场运作，鼓励社会力量提供更多适合群众需求的文化产品。北京等地已普遍设立了政府引导基金，创新财政资金使用方式，引导社会力量，利用市场投资机制推动创新性强的文化产业企业快速发展。

6. 发展重点文化产业

以文化创意、影视制作、出版发行、印刷复制、广告、演艺娱乐、文化会展、数字内容和动漫等产业为重点，加大扶持力度，完善产业政策体系，实现跨越式发展。文化创意产业要着重发展文化科技、音乐制作、艺术创作、动漫游戏等产业，增强影响力和带动力，拉动相关服务业和制造业的发展。影视制作业要提升影片、电视剧和电视节目的生产能力，扩大影视制作、发行、播映和后续产品开发，满足多种媒体、多种终端对影视数字内容的需求。出版业要推动产业结构调整和升级，加快从主要依赖传统纸介质出版物向多种介质形态出版物的数字出版产业转型。出版物发行业要积极开展跨地区、跨行业、跨所有制经营，形成若干大型发行集团，提高整体实力和竞争力。印刷复制业要发展高新技术印刷、特色印刷，建成若干各具特色、技术先进的印刷复制基地。演艺业要加快形成一批大型演艺集团，加强演出网络建设。动漫产业要着力打造深受观众喜爱的国际化动漫形象和品牌，成为文化产业的重要增长点。

7. 培育骨干文化企业

着力培育一批有实力、有竞争力的骨干文化企业，增强我国文化产业的整体实力和国际竞争力。坚持政府引导、市场运作，科学规划、合理布局，在重点文化产业中选择一批成长性好、竞争力强的文化企业或企业集团，加大政策扶持力度，推动跨地区、跨行业联合或重组，尽快壮大企业规模，提高集约化经营水平，促进文化领域资源整合和结构调整。鼓励和引导有条件的文化企业面向资本市场融资，培育一批文化领域战略投资者，实现低成本扩张，进一步做大做强。

8. 加快文化产业园区和基地建设

加强对文化产业园区和基地布局的统筹规划，坚持标准、突出特色、提高水平，促进各种资源合理配置和产业分工。对符合规划的产业园区和基地，在基础设施建设、土地使用、税收政策等方面给予支持。建设若干辐射全国的区域文化产品物流中心，建设一批文化创意、影视制作、出版发行、印刷复制、演艺娱乐和动漫等产

①中宣部等部门在牵头搞文化产业发展基金。

业示范基地，支持和加快发展具有地域和民族特色的文化产业群。

9. 建设现代文化市场体系

建立健全门类齐全的文化产品市场和文化要素市场，促进文化产品和生产要素的合理流动。重点建设传输快捷、覆盖广泛的文化传播渠道。发展文艺演出院线，推动主要城市演出场所连锁经营。支持全国文化票务网络建设。推进有线电视网络整合，鼓励通过并购、重组等方式，进行广电网络的区域整合和跨地区经营。推进电影院线、数字电影院线的跨地区整合以及数字影院的建设和改造。支持国有出版发行企业以资本为纽带实行跨地区兼并重组。鼓励非公有资本进入文化创意、影视制作、演艺娱乐、动漫等领域。支持优先选用拥有自主知识产权、产品质量水平高的文化设备及产品。

10. 发展新兴文化业态

采用数字、网络等高新技术，大力推动文化产业升级。支持发展移动多媒体广播电视、网络广播影视、数字多媒体广播、手机广播电视，开发移动文化信息服务、数字娱乐产品等增值业务，为各种便携显示终端提供内容服务。加快广播电视传播和电影放映数字化进程。积极推进下一代广播电视网建设，发挥第三代移动通信网络、宽带光纤接入网络等网络基础设施的作用，制定和完善网络标准，促进互联互通和资源共享，推进三网融合。积极发展纸质有声读物、电子书、手机报和网络出版物等新兴出版发行业态。发展高新技术印刷。运用高新技术改造传统娱乐设施和舞台技术，鼓励文化设备提供商研发新型电影院、数字电影娱乐设备、便携式音响系统、流动演出系统及多功能集成化音响产品。加强数字技术、数字内容、网络技术等核心技术的研发，加快关键技术设备改造更新。

11. 注重文化产品和文化资本输出，精心铸造国际文化市场的“中国品牌”

文化产品输出，是一种平等的文化交流，是文化价值观的传播过程。产品的输出与输入的竞争，在本质上其实是文化生存与传播权力的竞争。我国要针对国外市场发展外向型文化装备制造产业，建立出版传媒产业园，开发电子传媒、传媒软件、电子芯片等新兴高科技电子文化产品。鼓励文化集团在国外设立办事处，拓展国际文化经贸资源。深入研究国际图书市场特点和国外读者阅读消费心理，大力推动文化创新，开发生产出既体现中国文化特色又具备国际传播潜力的产品，采取多种措施精心铸造国际文化市场的“中国品牌”。要经常性地与海外文化产业建立业务联系，通过交流等各种方式，借鉴欧美国家文化产业发展的经验，促进我国文化产业不断发展。

三、促进体育产业发展的政策要点

1. 加大对公共体育服务发展的扶持力度

增加政府投入，重点支持县、市、区的体育场、体育馆和其他中小型群众体育设施建设。试行体育消费券计划，政府提供资金补贴，让老百姓能够免费或低偿享受场馆健身、赛事观看等活动，培养居民良好的健身习惯和体育爱好。加强城市社区配套体育健身场馆等设施建设，并研究鼓励体育俱乐部等加快发展的政策措施。大力发展体育健身市场。在不断加大投入，加强城乡居民基本体育服务的基础上，积极培育体育健身市场，培养群众体育健身意识，引导大众体育消费。广泛开展群众喜闻乐见的运动项目，加强群众体育俱乐部建设；积极稳妥开展新兴的户外运动、极限运动等项目的经营活动，因地制宜地开发和培育具有地方特色的体育健身项目，加强对民族民间传统体育项目的市场开发、推广。

2. 创新公共体育设施运营管理模式

鼓励社会力量参与公共体育场馆的经营管理。鼓励有条件的学校体育馆向社会开放，鼓励机关、企事业单位的体育设施创造条件向社会（社区）开放，实现体育资源社会共享。鼓励支持群众性体育组织发展。改革和创新体育社会团体管理模式，在加强业务指导和依法监管的同时，完善体育社团法人治理机制，充实体育社会团体业务职能，发挥体育社会团体服务功能。提高体育社团自我发展、自我管理、自我服务和自律规范的能力。鼓励支持社会力量兴办体育类民办非企业单位，促进体育事业健康发展。

3. 完善体育捐赠税费优惠政策

鼓励社会捐赠体育事业，对企业发生的体育活动广告支出以及对企业、个人和其他社会力量向公益性体育事业的捐赠，可按规定在其相应的应纳税所得额中予以扣除。

4. 努力开发体育竞赛和体育表演市场

积极引导规范各类体育竞赛和体育表演的市场化运作。借鉴吸收国内外体育赛事组织运作的有益经验，探索完善全国综合性运动会和单项赛事的市场开发和运作模式；支持地方根据当地自然人文资源特色举办体育竞赛活动，鼓励企业举办商业性体育比赛，积极引进国际知名的体育赛事，努力打造有影响、有特色的赛事品牌。

5. 积极稳妥地发展职业体育

规范职业体育俱乐部建设，健全职业联赛赛制，活跃和规范联赛市场。积极探索中国特色职业体育发展道路，对于拓宽体育发展渠道、扩大体育社会参与、发展大众体育具有积极意义。要从国情和项目特点出发，借鉴国际经验，鼓励引导、规范发展足球等职业体育赛事。完善职业体育的政策、制度和管理体系，严格职业体育俱乐部准入和运行监管，扶持职业体育俱乐部建设，健全职业联赛赛制，促进规范健康发展，不断提高职业体育水平。

6. 做大做强体育用品业

进一步提升我国在世界体育用品业中的地位。积极推进标准化工作，制定完善国家标准和行业标准，加强涉及强制性标准体育用品的质量监管，加强体育用品产品的认证工作，有效推动体育用品的品牌建设，增强我国体育用品的国际市场竞争力。打造国际一流的体育用品博览会。大力促进体育服务贸易。以体育劳务、赛事组织、场馆建设、信息咨询、技术培训等为重点，逐步扩大体育服务规模。积极开拓海外市场，提升我国体育服务行业在国际上的竞争力。鼓励各类运动项目，特别是我国的优势项目和民族特色项目走出去，积极参与国际竞争，培育和形成一批实力雄厚、专业性强的体育服务贸易企业，树立我国体育服务贸易品牌。

7. 推进体育产业与传媒等相关产业互动发展

发挥体育产业的综合效应和拉动作用，推动体育产业与文化、旅游、电子信息等相关产业的复合经营，促进体育旅游、体育出版、体育媒介、体育广告、体育会展、体育影视等相关业态的发展。

8. 加强公共体育设施建设和管理

各级政府要立足国情、面向社会、服务群众，合理规划和布局公共体育设施，切实加强城乡公共体育设施的建设和管理，提高设施综合利用率和运营能力，充分发挥公共体育设施在提供社会体育服务、满足群众体育需求方面的作用。认真做好政府投资建设的公共体育场馆及其配套设施的监管工作，防止闲置浪费或挪作他用。公共体育设施应当根据其功能、特点向公众开放，并在一定时间和范围内，对学生、老年人和残疾人优惠或者免费开放。对露天体育场，要创造条件免费开放；已经免费开放的，不得改为收费经营。有条件的学校体育场馆应当向社会开放，鼓励机关、企事业单位的体育设施创造条件向社会开放，实现体育资源社会共享。完善政策，健全机制，探索运营管理的新模式。多渠道投资兴建体育设施，加强中小型体育场馆和体育服务设施建设，特别要大力加强农村基础体育设施建设。大幅度增加群众性体育场所的数量，改善体育设施和服务的供给结构、质量和效率，满足群众性体育运动和健身需求。政府对用于群众健身的体育设施日常运行和维护给予经费补助，并根据其向群众开放的程度，在用水、用气、用电、用热等方面给予政策优惠。

9. 加强体育无形资产开发保护

加强对体育组织、体育赛事和活动名称、标志等无形资产的开发，依法保护知识产权。完善中国奥委会、中华全国体育总会、全国性单项体育协会等群众性体育组织的市场开发模式，理顺和明确各相关主体在市场开发活动中的身份及其相互关系。强化知识产权对各类体育企业的导向作用，提升体育产业的知识产权创造、运用、保护和管理水平。在引进国外先进技术和管理经验的同时，加大自主研发和科研成果转化，开发科技含量高、拥有自主知识产权的产品。加强体育产品品牌建设，推动体育企业实施商标战略，增加体育产品商标内涵，提高产品附加值，提升体育产品的市场竞争力。

四、促进老年服务产业发展的政策要点

加快发展养老服务业是适应人口老龄化和社会发展进步的客观要求，还是促进相关产业发展、增加社会就业岗位的重要举措。当前，要将老年护理业的发展作为拉动内需、扩大就业、改善民生、应对人口老龄化的重要举措。

1. 进一步健全养老服务体系

构建养老服务新格局。按照政策引导、政府扶持、社会兴办、市场推动的原则发展养老服务业，加快建立和完善以居家养老为基础、社区服务为依托、机构养老为补充，各类养老服务机构协调发展，多种养老服务方式相互配合的养老服务体系。要建立公开、平等、规范的养老服务业准入制度，积极支持以公建民营、民办公助、政府补贴、购买服务等多种方式兴办养老服务业，鼓励社会资金参与兴办养老服务业，形成能满足各类老年群体多层次、多样化服务需求的养老服务新格局。制定社会养老服务机构发展规划。各级政府应将加快养老服务业发展纳入国民经济和社会发展计划，将养老机构床位数作为社会发展的导向性指标，统筹规划养老服务业发展的总体目标、布局、投资、用地等。在城乡规划、建设和旧城（村）改造中，各级政府和有关部门要根据老年人口数量增长和养老服务需求提高的要求，将老年公寓、养老院、敬老院等养老机构建设纳入规划。

2. 拓宽养老服务业的资金渠道

加大公共财政对养老服务业的投入力度。各级政府要从履行社会管理和公共服

务的职能出发，把养老服务事业作为公共服务体系的重点，不断增加对养老服务业的财政投入。在继续安排好养老机构建设资金的同时，根据需要适当安排一部分资金用于养老机构补助、购买服务和贷款贴息。鼓励金融部门充分发挥信贷支持作用。金融机构要支持养老服务事业发展，增加对养老机构及其建设项目的信贷投入，适当放宽贷款条件，并提供优惠利率。政府有关部门要主动做好服务，协调担保机构解决养老机构的贷款抵押问题，财政对福利性、非营利性养老机构承担保证和监管功能。对于规模大、前景好、市场急需的养老服务项目，财政部门要给予必要的贷款贴息。

3. 加大对养老服务业发展的政策扶持

做好养老机构的登记服务管理。按照福利性、非营利性和营利性的分类标准，做好各类养老机构的登记服务管理工作。福利性养老机构在事业单位登记管理机关办理登记手续，非营利性养老机构在民办非企业单位登记管理机关办理登记手续，营利性养老机构在工商行政管理部门和税务部门办理登记手续。重点鼓励兴办非营利性养老机构，逐步减少福利性养老机构，适度发展营利性养老机构。加大对养老机构的税费优惠扶持。认真落实国家对福利性、非营利性养老机构的税费扶持政策，暂免征收社会福利院、敬老院、养老院、老年公寓等养老机构的企业所得税、养老服务收入营业税以及养老机构自用房产、土地、车船的房产税、城镇土地使用税和车船使用税；营利性养老机构要照章纳税，纳税确有困难的报经税务部门批准可给予减免照顾；除国家法律法规另有规定外，减免养老机构的各项行政事业性收费。保证养老机构的基本用地需要。按照养老机构发展规划，确保养老机构用地的有效供应。养老机构建设用地一般采取划拨方式供应，对符合规划要求并具备划拨条件的养老机构用地，要予以坚决保证。对符合规划要求但不具备划拨条件的养老机构用地，采取协议出让方式供应，并加以严格审批，确保土地真正用于养老服务事业。鼓励企事业单位、个人利用闲置的房屋资产兴办养老机构，政府给予相应补偿。协助解决养老机构在公用事业支出方面的优惠待遇。鼓励政府主办和特许经营的供水、供电、供气、通信、有线（数字）电视等经营单位为养老机构提供优质服务和优惠收费，其中用水、用电、用气（燃料）等价格与居民用户实行同价，并免收相应的配套费，免收电话、有线（数字）电视、宽带互联网的一次性接入费，并减半收取通信费和听视费。支持养老机构服务项目的适度扩充。养老机构具备对外开展护理、康复及医疗服务条件的，可申请纳入社区医疗机构设置规划，经审批可纳入城镇职工基本医疗保险定点范围，养老机构入住老年人中的参保人员可按规定享受相应待遇。建立和完善养老机构与社区、家庭之间的合作平台，开展养老机构的上门服务。

4. 鼓励社会力量积极参与养老服务业

鼓励社会力量投资兴办养老机构。按照“谁投资、谁管理、谁受益”的原则，大力支持和引导不同所有制性质的单位和个人以独资、合资、合作、联营、参股等方式兴建适宜老年人居住、生活、学习、娱乐、健身的养老机构，开展老年护理服务，为老年人创造良好的养老环境和条件。鼓励支持慈善机构等民间组织兴办养老机构，鼓励下岗失业人员创办家庭养老院、托老所，积极引进和利用外资发展养老机构。下岗失业人员兴办养老机构或养老机构吸纳下岗失业人员，经相关部门批准，可享受国家规定的下岗失业人员再就业税收优惠政策，并免收属于行政管理类的各项行政事业性收费。鼓励社会力量对养老机构进行捐赠。企事业单位、社会团体和个人等社会力量，通过非营利性的社会团体和政府部门向福利性、非营利性养老机构捐赠，允许其在缴纳企业所得税和个人所得税前予以全额扣除。

5. 深化养老服务机构管理体制改革

推进福利性养老机构管理体制改革。在国有资产保值增值、维护老年人合法权益的前提下，采取公办民营、托管、合资合作等多种形式，加快福利性养老机构的改革、改组、改造。逐步淡化养老机构的行政色彩和事业单位属性，逐步实现向非营利性养老机构的转变。建立和完善养老服务行业协会，发挥其联系政府、社会和个人的协调作用。加快建立和完善养老服务人力资源体系。加强教育培训和队伍建设，有计划地在高等院校和中等职业学校增设养老服务相关专业和课程，加快培养老年医学、护理、营养和心理等方面的专业人员，提高养老服务从业人员的职业道德、业务技能和服务水平。各类养老机构的从业人员要实行职业资格认证制度，持证上岗，逐步实现养老服务人员的职业化、专业化。改革和完善养老机构收费制度。公办公营养老机构的收费标准由价格管理部门确定，公办民营养老机构的收费标准会同价格管理部门确定，其他养老机构的收费标准由养老机构根据设施条件、服务项目和服务标准自行确定，报价格管理部门备案。养老机构接收农村五保人员和城镇“三无”人员，其费用由政府按规定支付或购买服务的方式承担。养老机构接收符合分层分类救助的其他困难老人，其费用由政府按规定给予适当补贴。完善养老机构的运行管理机制。养老机构要不断提高服务水平，加强对老年人的日常护理和管理，切实防止意外伤亡事故发生。发生意外事故后，有关部门要积极帮助养老机构做好协调工作，保证其日常工作的正常进行。民政部门要会同卫生部门、法制部门、法院研究制定有关事故鉴定、责任认定和赔偿的有关意见，指导各地处理好养老机构的责任分担问题。推进养老机构的信息化建设，对入住老年人基本信息实行联网管理。建立政府部门之间畅通有效的沟通协调机制。民政部门要充分发挥职能作用，按照政府宏观管理、有关部门配合、社会力量兴办、养老服务机构自主经营的管理体制的要求，依法做好指导、协调、扶持和管理工作，促进养老服务机构健康发展。各有关部门要按照各自职责密切配合，依法履行监管和服务职责，完善相关制度，认真落实各项扶持政策，形成扶持养老服务机构发展的合力。

6. 加强养老服务标准化、信息化、专业化建设

各地要建立养老服务标准化体系。制定和完善养老服务质量、服务资质、服务规范、服务设施、服务安全卫生等标准。制定失能老年人评估标准，为失能老年人提供相应的服务有标准依据。健全完善养老服务机构内部管理制度。同时，要依托现代技术手段，建立统一的养老服务信息系统，掌握养老服务的基本底数和发展动态，为政府采集行业信息、公众接受养老服务、行业规范化发展提供信息支持。要不断加强专业化建设，省、市、县都要加强和建立养老机构院长岗前培训和养老护理员持证上岗制度，培养和引进中高级专业人才。大力开展养老服务志愿服务活动，逐步实现志愿活动的制度化、规范化、常态化。

五、促进健康产业发展的政策要点

健康是民生之本，人的生命高于一切。“十二五”时期，我国人均 GDP 将从 2010 年 4000 美元提升到 6000 美元左右[①]，在“十三五”时期将进入人均 GDP 1 万美元阶段，也就是意味着进入富裕国家阶段，健康产业具有愈加广阔的发展前景。要抓住城乡居民健康消费需求旺盛的有利时机，积极促进国内健康产业发展成为社会服务业的支柱产业。

1. 利用当前人才潜力充裕的时机，扩大医疗卫生服务行业的就业规模

以医疗服务收费制度和医疗保险支付制度改革为突破口，建立能够体现护理服务技术和劳务价值的医疗服务价格体系和医疗保险支付体系，从制度和机制上促进我国扩大临床护理队伍。争取用 5 年时间，培养安置 260 万名护士，把我国数百万护理岗位的潜在需要变成现实需求。以住院医师规范化培训为突破口，努力克服优

①以 2010 年人均 GDP 达到 4000 美元为基础，按照年均增长 8%、适当考虑人民币汇率变动因素，到 2015 年我国人均 GDP 进入 6000 美元阶段。

质人才不足现象。建议分步骤对新上岗的医学毕业生实行3年以上的规范化住院医师培训。通过建立健全培训基地、师资队伍、考核办法，解决基层卫生人才不足的问题。

2. 改革医疗保险支付制度，扩大医疗报销补偿范围，增加护理需求

把家庭康复护理、临终关怀护理等纳入基本医疗保险补偿范围。改革护理制度，关键是解决护理质量不高的问题。推行优质护理服务，提升患者满意度，并通过医疗保险来解决护理费用上调。目前全国有900家医院的7300多个病房开展优质护理服务示范工程。但护理费是很早以前制定的标准，如北京一级护理每天9元，二级护理7元，三级护理5元，严重背离护士的劳动价值。医疗护理费用上调，主要应通过医疗保险来支持。北京将上调到每天90元、70元、50元三档，同时推进住院零陪护。

3. 建立异地就医、异地结算机制，加快医疗保险业发展，迅速释放群众消费需求

打破常规，改善服务，快速提高各类基本医疗保险的参保率。打破户籍和行政区划限制，建立异地就医、异地结算机制，制定并实施基本医疗保险在不同制度、不同区域之间的转移接续办法。进一步降低城镇职工、城镇居民基本医疗保险和新农合补偿的起付线，提高封顶线和补偿比例，并逐步取消城乡医疗救助的起付线。加快推进医保费用易地结算，解决患者垫支、跑腿、排队等问题。[①]改革医院收费方式，在推行医疗保障“一卡通”基础上，逐步实现医保费用在医院直接结算、易地结算。

4. 积极消化各类基本医疗保险的结余基金

《医药卫生体制改革近期重点实施方案（2009-2011年)》指出：新农合统筹基金当年结余率原则上控制在15%以内，累计结余不超过当年统筹基金的25%。从2011年起，坚决将各种医疗保障基金的统筹结余率控制在25%以内，下一步可以参照发达国家的通行做法，将统筹基金结余率控制在10%以下。

5. 大力发展补充医疗保险

提倡地方政府以购买医疗保障服务的方式，鼓励国内资质和信誉优良的国有商业保险公司参与发展补充医疗保险；重点针对基本医疗保险补偿后群众负担依然较重的医疗费用开发多类型的、短期和中长期相结合的健康保险产品。发展面对中高

①根据2010年11月10日卫生部消息，卫生部拟出台相关办法。

收入人群的商业健康险种。

6. 振兴民族医药产业，保障质优价廉药品的供给

完善医药产品的定价政策。对新药和专利药品逐步实行定价前药物经济性评价制度。按照同质同价、优质优价的原则，对国内市场的所有同质量的医药产品执行相同的价格政策。鼓励抢仿、首仿专利药品。鼓励国内仿制能力强的非专利药生产企业瞄准国际上即将过期的专利药品进行抢仿研发，对于首仿新药实行单独定价优惠政策；对仿制药品实行后上市价格从低定价制度，例如对于次仿、三仿药品的价格在首仿药品价格基础之上依次下降10%、20%。完善医药产品采购政策，提高国产医药产品的市场占有率。提高质量得分在评标标准中的权重。对国内产品达到欧美同类产品生产与质量标准的，给予一定的政策优惠。医疗卫生机构采购基本药物、适宜技术时，要按照《政府采购法》的要求，优先购买国货。

7. 振兴医疗器械产业，促进产业做大做强

抓住医药卫生体制改革机遇，重点开发和配置面向基层医疗卫生机构的适宜技术。选择有资质的行业领头企业作为主要供应商。产品的使用寿命和使用水平要保证8~10年的先进性和稳定性。根据医院具体条件适当提倡智能化、数字化装备，以满足网络化远程医疗的基本要求，降低医疗设备的采购成本和使用成本，给双向转诊、结果互认、资源共享建立物质条件。提高产业的集中度，发挥集群化效应，促进产业链的形成。在保证性能指标的情况下来核定最低价格。在安全有效的前提下，进入市场的医疗设备，在使用运行过程中要加强质量监管，实行强制淘汰机制。面向基本医疗需求，重点研发综合性医院常用的大型医用设备和高值耗材。建议政府组织以企业为主体的关键技术和核心部件的科技攻关联盟，并给予必要的政府补贴。严格执行政府采购法，支持国内骨干企业生产的技术成熟的、稳定可靠的产品。支持国内企业兼并重组，大力扶持行业领军企业的形成。防止国外对具有战略意义的、国家支持过的项目的恶性收购。

8. 催生家庭健康护理行业，培育新的增长点

催生政府主导与发挥市场机制作用相结合的家庭健康护理行业。政府在社区设立家庭健康护理中心（站）等职场，或者依托于社区卫生服务中心（站）开展家庭健康护理业务，根据市场需求，提供健康家政、临终关怀等服务。同时政府有关部门要制定相应的行业标准，准入标准、执业标准和操作规范，并监督实施。组织实施家庭健康护理人才培训规划，切实解决健康护理人才来源问题。未来5年，选拔培养300万到400万名家庭健康护理人员。一方面对社会富余卫生人员进行短期专

业培训，使其具备健康护理从业能力；另一方面，对社会其他待业人员进行专业培训，使其胜任家庭健康护理工作。建立家庭护理费用由政府、社保和个人三方共担的筹资机制。

六、促进群众急需的教育服务业发展政策要点

发展教育服务将有助于国民整体素质的提高，有助于减轻家庭的教育负担，有助于扩大内需，有助于增加就业。

1. 通过制定实施政府补贴政策，大力发展民办公助的幼儿园，重点推进幼儿教育发展

幼儿教育是人生教育的基础，对幼儿智力的开发非常关键。我国幼儿教育发展的总体水平偏低，师资力量薄弱，教育方式陈旧，农村幼儿教育更为落后，应该得到政府和社会的特别关注。市场经济发达国家都对幼儿教育给予高度重视。针对当前幼儿教育供需矛盾突出的现象，又避免纳入政府免费教育的过重负担，宜采用政府负责、市场提供幼儿教育的方式，但对于为普通家庭提供幼儿教育的幼儿园，政府可以给予税费减免等政策，减轻普通家庭负担，提高幼儿园的教育服务质量。鼓励有条件的地区试点实行幼儿教育补贴制度，中央政府给予一定比例的资金支持，然后逐步向其他地区推广，尤其是广大农村地区，最终实现全国范围内的广覆盖。

2. 以提高义务教育水平和质量为重点，发展为义务教育服务的现代信息服务

当前，义务教育阶段学校的标准化建设，硬件标准化较容易实现，但相关软件服务则是薄弱环节，要加强相关现代信息服务。通过推进基本公共服务均等化规划，继续实施中西部地区农村初中校舍改造工程。启动新一轮农村中小学现代远程教育工程，对我国现有农村中小学远程教育设施进行升级，以信息化带动教育现代化。加快推进农村义务教育学校标准化建设，统一规划，分步实施，逐步使每一所学校都成为办学条件合格的学校。

3. 试点实行义务教育阶段学生的免费中餐计划

国家实行义务教育制度，这是法律规定的权利和义务。按照义务教育的本来之义，国家应该给予免费的义务教育。近年来，国家已逐步给予一定项目的免费政策，如减免学费、杂费、书本费，一些地方开始减免学生生活费。随着财力不断充实，国家应该给予更多的义务教育免费项目。到 2010 年年底，我国财政收入约 8 万亿元，按照国家中长期教育改革发展纲要目标，教育经费要达到 GDP 的 4%以上，大

量的新增教育投入要寻找服务方向。下一步，可以推进义务教育阶段学生免费中餐计划，所需经费由地方财政负担，中央政府给予资金补贴。

4. 政府提供培训券，大力发展各种职业培训

政府通过发放培训券，对于下岗失业人员、农民工、大学生等群体进行培训。加强职业教育基础能力建设，通过多种形式，对新增劳动力、返乡农民工、复转军人、在职职工和下岗失业人员等进行职业教育培训，加快培养高素质技能人才和高素质劳动者，增强就业、再就业和创业能力。试点实行中等职业教育免费制度，让更多的初高中毕业生免费接受一定期限的职业教育。鼓励企业与职业教育学校合作开展定点培训，所需培训经费在一定比例内允许税前列支。

5. 开展创业者、中小企业培训

为解决大学生就业困难的问题，应该在促进就业和创造宽松创业环境上提供支持，引导和分流一部分愿意创业的人才通过自主创业来实现就业。通过政府专项资金资助，鼓励大学和培训机构对创业者开展创业培训，支持创业活动。继续加大中小企业培训计划，通过导师辅导计划，对中小企业经营者进行经营管理、市场营销、财务等方面的培训，促进企业规范发展，提高企业经营管理能力。

6. 加快民办教育发展

制定优惠政策，鼓励个人、企事业单位、行业组织等以多种方式办学。研究出台相关措施，要保障民办学校在招生、学位授予、对外合作办学、教师聘任、学生升学等方面，与公办学校具有同等的权利。研究完善公共财政对民办教育的资助制度，对承担政府委托教育服务项目的民办学校，政府要予以资助。

七、促进家政服务业规范健康发展的政策要点

随着我国居民消费水平提高，消费观念的提升，以及城市化和老龄化快速发展，传统家政服务业市场需求稳步发展，并从居家保洁、保姆型服务向家庭护理、居家养老服务、家庭保健、家庭教育和私人理财等服务层次升级，家庭服务业愈来愈有广阔的市场空间。当前，家政服务业良莠不齐，下一步政策重点主要是规范和提高，促进行业健康发展。

1. 加强从业人员的培训，提高家政服务质量

政府和有关部门建立培训基地，推动职业培训。依据行业标准及市场需求，设计专业化的培训课程，由专任教师进行系统化的培训和指导，促进家政服务业能更

快更好地提升专业化水平。开设家政服务企业和服务人员评定资格证书。提高家政服务业从业人员的专业化水平和综合素质，加快发展中、高级家政服务员队伍，并逐步实现家政服务业从业人员持证上岗制度。

鼓励高校以及相关研究机构开设与家政相关的专业。提升家政服务水平，培养家政服务人才。在美国大部分的学院及州立大学都开设有家政专业，其师资培养、研究与推广服务的经费来自政府的专款基金。正是由于政府的重视力度与支持力度大，美国的家政服务业才会有如今的成熟度。因此，作为一个发展中国家，我们应该吸取国外先进经验，鼓励高校及有关科研机构开设相关专业，以培育更多的家政服务人才，提供更多品种更高质量的家政服务。

2. 适应社会发展和需求变化的要求，提高家政服务层次

加快中高级保姆、育婴师、家庭教育、家庭护理和保健、家庭管家、家庭理财、涉外家政服务等具有一定文化素质和综合能力的家政服务业发展。（根据广州等地的情况，涉外家政需求难以满足，广州的菲律宾等外籍家政服务人员由于会英语、懂儿童教育，特别能吃苦，又具有严格不与雇主发生习惯冲突的教养等，月薪5000多元。）

3. 为家政服务业制定合理的标准

对家政服务行业进行细化量化要求，能够规范并利于该行业的健康有序发展，进而提升家政服务业的整体质量，更能通过“服务标准”的认定，为人们提供参考标准，解决人们对家政服务的隐忧，更好地发挥家政服务业的“服务”功能。

4. 完善工商登记，维护市场经营秩序

工商部门应简化程序，依法登记，对符合法定程序、材料齐全的，要尽快办理相关手续，对下岗失业人员从事家政服务个体经营的，凭《再就业优惠证》，免收工商行政性收费，其他家政服务个体经营户管理费按最低额征收。同时要加强市场监管，对无照经营家政服务业的，要加大整治取缔力度，维护市场经营秩序，使家政服务工作逐步走向规范化。

5. 发挥行业协会的管理职能，提升服务形象

为居民家庭服务业成立一个行业协会。政府部门在宏观规划和调控的基础上，充分授权行业协会。协会在主管政府部门指导下，参照家政服务国家标准和宁波、深圳等地的地方标准，在充分调研基础上制定行业标准和规范，包括企业和员工分级、分类标准。协会应把企业员工获得职业培训证书的比例，作为企业定级的重要指标，以此提高企业参与职业培训的积极性。对于参加职业培训并获得等级证书的

员工，则应在员工的定级和薪酬上有所体现。

6. 拓展家政服务领域，实现家庭服务网络化

家政服务业要充分利用网络资源优势，建立起沟通家庭服务与市民的桥梁，提供供求信息，开展网上服务，实现家庭服务网络化、市场化、社会化，扩大营业范围，拓展家政服务领域，要逐步建立社会化的家庭服务体系，以使家政服务业在社会经济发展和人们生活中发挥积极的作用。

7. 推动家政服务地方立法，明确家政服务的法律地位

针对家政服务法律空白现状，可参考北京、深圳等地的立法经验，推动家政服务立法，明确家政服务适用于哪个现有法律，或增加新的条款，或创设新的法律法规。通过立法措施，规范企业、员工和家庭雇主的法律权利及义务，从而有效地预防风险的发生。在此基础上，提出考虑如何解决“五金”问题的思路，一方面要充分考虑家政企业的实际经营情况，另一方面也要保护劳动者的合法权益。

8. 建立完善家政服务员社会保障制度，解除家政服务员的后顾之忧

由于目前从事家政服务的对象大多数是下岗失业、无业人员，加上家政行业流动性大，大多数都没有参加社会保险，而且从事家政的绝大多数是中年妇女，家庭负担重。因此，解决她们的基本生活保障和社会保险问题，既是她们的迫切需求，也是构建和谐社会的最根本的要义所在。要积极探索建立家政服务综合保险，切实维护消费者和家政服务员双方的合法权益；要采取多种渠道，解决长期从事社区家政服务人员的医疗、养老、安全等社会保险费的缴纳问题，使她们老有所养、病有所医，真正发挥出社会保障作为社会秩序的“稳定器”、经济运行的“减震器”和社会公平的“调节器”的作用。

八、加快公共租赁住房建设与运营管理的政策要点

适应我国工业化、城镇化深入发展，城乡居民需求发展的要求，进一步完善住房保障制度，加快基本住房保障服务，扩大基本住房保障覆盖面，实现“住有所居”的战略目标。

1. 扩大基本住房保障服务覆盖面

基本住房保障服务对象，原则上现有住房低于当地政府规定的基本住房标准的家庭，依靠自身收入（财产）无力在市场购买和租赁基本住房的家庭，均应纳入基本住房保障范围。当前，除低保或低保边缘户外，要将中等偏下收入家庭、新就业

职工和外来务工人员等住房困难群体纳入。扩大农村危房改造试点面。

2. 加快以公共租赁住房为主的保障性住房土地供用

加强保障性住房土地供应，改善供地结构，保障性住房用地占大中城市住宅用地总量不低于20%~30%。新增住宅建设用地优先满足保障性住房用地。在年度供地计划中单独列出。没有落实保障性住房供地的城市，不得向商品住房建设供地。

3. 完善公共租赁住房建设和运营的土地、税费、金融等支持政策，鼓励社会机构投资建设和运营

扩大住房公积金用于公共租赁住房建设试点。2010年8月，住房和城乡建设部确定北京等28个城市为利用住房公积金贷款支持保障性住房建设试点城市。如2010年北京计划发放公积金贷款420亿元，其中一半用于支持保障性住房建设。

4. 加大公共租赁房和廉租房建设，创新运作机制

完善“政府主导、市场运作、惠及于民、持续发展”的公共租赁房建设收购管理机制。探索对存量住房采取政府购买或长期包租的方式，为低收入者提供廉租房。公租房和廉租房的管理逐步并轨，租金由暗补变明补，实行统一管理。调整住房建设用地供应结构，加大廉租房、公共租赁房的比例。

5. 创新政策性住房保障机制，统筹城乡一体化建设与住房保障建设

落实扩大政策性保障住房供地的各项政策，确保各类政策性住房供地规模占全市住房供地的50%以上。探索建立通过产权置换将城中村和城乡结合部宅基地腾退的机制，引导中心城区人口向新城和郊区集中居住，在保障农民利益的基础上，提高土地使用效率。鼓励集体经济组织依照规划、利用存量房建公租房，鼓励园区建设租赁房。

6. 加快小城镇和新农村村庄整治，建立完善农村住房救助制度

全面完成农村危房改造任务。设立农村住房保障性基金，建立完善农村住房救助制度，加快农村地区人口向重点镇和中心村集中。实施农村建材下乡政策，补助农村住房改善。积极实施农村危房改造。继续推进农村危房改造。全国2844万户，目前改造不到5%，其中中西部地区需要住房改造的就达1336万户。同时，适应主体功能区规划实施，应加大游牧定居工程的实施力度。

7. 大力推进各类棚户区改造和旧住宅小区综合整治

完成集中连片城市和国有工矿棚户区改造，稳步推进非成片棚户区和零星危旧房改造。完成现有国有林区（场）棚户区（危旧房）、国有垦区危房、中央下放地方煤矿棚户区改造。开展旧住宅小区综合整治，改善基础设施条件，完善居住功能。

专栏：北京市开展利用住房公积金贷款支持保障性住房建设试点

2010 年 8 月，住房和城乡建设部确定北京等 28 个城市为利用住房公积金贷款支持保障性住房建设试点城市。截至 2009 年 12 月底，北京市当年归集住房公积金 482.54 亿元，完成全年归集 420 亿元计划的 114.89%，提取 297.29 亿元，净增185.24 亿元。累计归集住房公积金 2296.31 亿元，提取 1201.53 亿元，余额1094.78 亿元。2010 年度，统计局口径以外的住房公积金建立人数（私营企业等）计划新增 15 万人。计划全年归集住房公积金 520 亿元，计划全年发放住房公积金贷款 210 亿元，计划全年余额 310 亿元，全年利用住房公积金贷款支持保障性住房建设资金总规模控制在 210 亿元以内。

参考文献

1. 安华，金栋. “全民医保”背景下的中国商业健康保险定位与发展：澳大利亚经验的启示. 南方金融，2008（6）

2. 财政部，中宣部. 关于支持文化事业发展若干经济政策的通知. 国办发〔2006〕43 号文

3. 关于加快发展体育产业的指导意见. 国办发〔2010〕22 号文

4. 关于进一步鼓励和引导社会资本举办医疗机构的意见. 国办发〔2010〕58 号文

5. 郭怀英. “十一五”时期我国服务业政策的调整与创新. 国家发改委信息，2005-10-16

6. 郭怀英. 垄断性服务业的市场化改革：国际比较及启示. 宏观经济研究，2004（12）

7. 郭怀英. 我国服务业形势与“十二五”展望. 宏观经济管理，2010（10）

8. 国家统计局. 中国统计年鉴. 2009. 北京：中国统计出版社，2009

9. 国家统计局. 中国统计年鉴. 2010. 北京：中国统计出版社，2010

10. 国家发改委. “十二五”现代服务业发展规划（征求意见）. 2011

11. 国家中长期教育改革和发展规划纲要（2010-2020 年）. 2010 年 5 月 5 日国务院常务会议通过

12. 国务院办公厅关于加快发展服务业若干政策措施的实施意见. 国办发〔2008〕11 号文

13. 国务院办公厅转发全国老龄委办公室和发展改革委等部门关于加快发展养老服务业意见的通知. 国办发〔2006〕6 号文

14. 国务院关于非公有资本进入文化产业的若干决定. 2005 年 8 月 8 日新华社授权发布

15. 国务院关于鼓励和引导民间投资健康发展的若干意见. 国发〔2010〕13 号文

16. 国务院关于加快服务业发展的若干意见. 国发〔2007〕7 号文

17. 国务院关于加快旅游业的意见. 国发〔2009〕41 号文

18. 国务院关于加快培育和发展战略性新兴产业的决定. 国发〔2010〕32 号文

19. 国务院关于进一步推进长江三角洲地区改革开放和经济社会发展的指导意见. 2008

20. 洪露，李秋实. 医院产业深度报告. 安信证券分析报告，2010-03-15

21. 胡祖才，薛元，刘宇南. 把社会服务产业培育成新的增长点. 宏观经济研究，2009

22. 荆林波，史丹，夏杰长. 中国服务业发展报告——面向“十二五”的中国服务业. 北京：社会科学文献出版社，2011

23. 李艳丽. 社会事业和社会产业协调发展问题研究. 北京：经济科学出版社，2009

24. 刘辉煌，徐华亮. 中国城镇居民服务消费的地区差异分析. 消费经济，2008 (1)

25. 刘莉. 我国体育事业宏观调控存在的问题及法制对策. 科学之友，2009（1）

26. 卢映川，万鹏飞等. 创新公共服务的组织与管理.北京：人民出版社，2007

27. 全国老龄工作委员会办公室. 中国老龄事业的发展 白皮书. 2006

28. 任旺兵. 中国服务业发展现状、问题、思路. 北京：中国计划出版社，2007

29. 任旺兵等. 我国服务业的发展与创新. 北京：中国计划出版社，2004

30. 商务部. 积极发展城市服务业不断创造就业机会. 2009

31. 台恩普，陶立群. 促进老龄产业发展的机制和政策. 北京:科学出版社，2009

32. 文化产业振兴规划. 2009 年 7 月 22 日国务院常务会议通过

33. 新华社发布. 国家中长期人才发展规划纲要（2010-2020 年）. 2010-06-06

34. 杨玉英. 适应扩大内需、促进服务消费的社会事业发展研究. 国家发改委社会司研究报告. 2009

35. 叶成万. 制约我国体育事业和谐发展的若干问题及思考. 武汉体育学院学报，2007(6)

36. 中共中央关于深化文化体制改革、推动社会主义文化大发展大繁荣若干重大问题的决定. 2011 年 10 月 18 日十七届六中全会

37. 中国老龄事业发展“十二五”规划. 2011 年 8 月 17 日国务院常务会议通过

38. 中华人民共和国国民经济和社会发展第十二个五年规划纲要. 北京:人民出版社，2011

39. 珠江三角洲地区改革发展规划纲要（2008–2020 年），2008

40. 韩姝. 中国教育培训年增 30% 市场规模达 3000 亿元. 中国青年报，2010–02–16

41. 成思威. 中国文化产业年度发展报告（2010）. 序一. 北京：北京大学出版社，2010

42. 中共中央 国务院关于深化医药卫生体制改革的意见. 中发〔2009〕6 号文

43. 王元. 扩大社会事业投入渠道的建议. 调查研究建议. 2007–04–12

44. 王春正，李守信等. “十一五”社会发展展望. 北京：中国计划出版社，2006

45. 张平主编. “十二五”规划战略研究（上、下）. 北京：人民出版社，2010

后 记

本书是在我们关于面向市场需求的民生服务业研究报告基础上形成的。在应对金融危机促进经济增长的政策研究和“十二五”社会事业发展思路研究过程中，我们逐渐认识到社会服务产业是一个新的经济增长点，并组织团队加强了这个问题的研究。2010 年 12 月，山西经济出版社与国家发改委产业所服务业室姜长云主任策划出版一套“中国服务经济丛书”，考虑到社会服务领域是服务经济不可缺少的一个新兴或重要领域，于是丛书主编邀请我来组织编写社会服务业的书稿。我把近年来我们关于社会服务业、社会事业转型发展等研究报告和文章作了梳理，听取了姜长云主任等的建议，采取了篇章结合的体例，并适当增加了部分内容，在此基础上形成了本书的基本框架和内容。

对社会服务业的关注是在应对金融危机时期迅速升温的。总体来说，社会服务业得以受到重视和发展是与民生问题紧密联系的。在近些年来，民生问题的提出和研究都很普遍，但将民生问题和服务产业结合尚是最近两三年提出的。2008 年年底，在研究应对金融危机的一揽子政策措施时，国家发展和改革委员会社会发展司提出扩大服务消费拉动内需的意见，作者参与了相关研究工作。在这段时间，我们逐渐形成了一些认识和判断，主张把社会服务业作为扩内需的一个增长点。社会发展司非常重视这些研究和政策举措，系统地整理形成了在《社会发展工作》和《宏观经济研究》等刊物发表的文章《把社会性服务业培育成为新的经济增长点》、《社会性服务业：扩大内需的重要组成部分》，为国内当时研究社会服务业奠定了良好基础。2009 年，在研究“十二五”社会发展思路过程中，我们提出教育、医疗卫生、文化体育等发展要遵循事业和产业并重的原则，并明确提出要在群众必需的基本公共服务基础上，大力发展适应市场需求的社会服务产业。在 2010 年 3 月召开的全国“两会”上，政府工作报告明确提出了要加快发展“面向生产的服务业”和“面向民生的服务业”，第一次鲜明地将市场需求的社会服务作为社会服务产业的重要内容加以发展，作为拉动消费的热点加以支持，为我们进一步坚持具有产业属性的社会服务通过市场机制加快发展树立了信心。由于明确提出“社会服务”的时间不长，真正在民生与服务结合的研究上应该才刚刚开始。国家发展和改革委员会产业所杨玉英副所长、姜长云主任、郭怀英研究员，宏观经济研究院信息部任旺兵主任等对服务业有较多研究，为我们提供了诸多参考学习的基础。2010 年 3 月底，国家发展和改革委员会产业协调司召开专家座谈会，国家将在“十二五”专项规划中首次编制服务业发展规划，并把社会服务作为其中重要内容加以考虑。可以预见，在“十二五”时期，面向市场需求的社会服务将会得到更大发展，当前正是研究相关发展重点和发展政策的有利时机。

本书的形成要特别感谢国家发改委社会发展司对我们研究提供的大力支持，刘宇南副司长给予悉心指点，并协助提供调研机会。宏观院产业所姜长云主任为书稿框架和特色提供了宝贵建议。在长期研究合作中，我们的研究团队成员付出了大量工作，特别感谢国家发改委经济体制与管理研究所张璐琴博士为整理数据、撰写有关章节做了大量工作，宏观院社会所邢伟副研究员、北京体育大学李圣鑫博士、中央民族大学舒燕飞博士、首都医科大学李颖博士等在讨论和相关政策建议上提供了大量有价值的工作。山西经济出版社李慧平主任为书稿编写付出了辛勤劳动，感谢出版社和责编对本书的大力支持。有关地方发改委等部门给予了调研支持，在此，对大家一并表示衷心的感谢。

社会服务业的发展正刚刚步入快速上升阶段，许多实践和理论问题亟待深入研究，目前，我们的研究也还很肤浅，有很多思考也只是浅尝辄止，对读者来说还不解渴，我们将在以后的研究中不断深化，也希望更多的专家学者和广大读者参与研究讨论。

2011 年 11 月 3 日

图书在版编目(CIP)数据

社会服务业:战略与选择 / 孙长学著. —太原:山西经济出版社,2012.1

(中国服务经济丛书)

ISBN 978-7-80767-486-3

Ⅰ.①社… Ⅱ.①孙… Ⅲ.①服务业—经济发展—研究 Ⅳ.①F719

中国版本图书馆 CIP 数据核字(2011)第 278519 号

社会服务业:战略与选择

著　　者:孙长学
责任编辑:李慧平
助理责编:申卓敏
封面设计:卫　玮

出 版 者:山西出版传媒集团·山西经济出版社
社　　址:太原市建设南路 21 号
邮　　编:030012
电　　话:0351-4922133(发行中心)
　　　　　0351-4922085(综合办)
E - mail:sxjjfx@163.com
　　　　　jingjshb@sxskcb.com
网　　址:www.sxjjcb.com

经 销 者:山西出版传媒集团·山西经济出版社
承 印 者:山西人民印刷有限责任公司

开　　本:787 毫米×960 毫米 1/16
印　　张:14
字　　数:228 千字
印　　数:1—3000 册
版　　次:2012 年 1 月第 1 版
印　　次:2012 年 1 月第 1 次印刷
书　　号:ISBN 978-7-80767-486-3
定　　价:35.00 元